Ernest PICARD

LIEUTENANT-COLONEL D'ARTILLERIE BREVETÉ
CHEF DE LA SECTION HISTORIQUE
DE L'ÉTAT-MAJOR DE L'ARMÉE

1870

LA

GUERRE EN LORRAINE

**

LIBRAIRIE PLON

LA

GUERRE EN LORRAINE

★★

DU MÊME AUTEUR, A LA MÊME LIBRAIRIE

Bonaparte et Moreau. *L'Entente initiale. Les Premiers Dissentiments. La Rupture.* Un volume in-8° accompagné de cinq cartes. 7 fr. 50

(Couronné par l'Académie française, prix Furtado.)

1870. La Perte de l'Alsace. 4ᵉ édition. Un volume in-16 . . . . 3 fr. 50

Ernest PICARD

LIEUTENANT-COLONEL D'ARTILLERIE BREVETÉ
CHEF DE LA SECTION HISTORIQUE DE L'ÉTAT-MAJOR
DE L'ARMÉE

1870

LA
GUERRE EN LORRAINE

★★

Avec une carte

PARIS

LIBRAIRIE PLON

PLON-NOURRIT et Cⁱᵉ, IMPRIMEURS-ÉDITEURS

8, RUE GARANCIÈRE — 6ᵉ

1911

Tous droits réservés

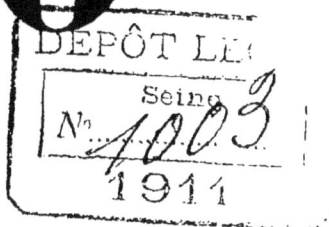

1870

LA GUERRE EN LORRAINE

QUATRIÈME PARTIE

REZONVILLE

CHAPITRE PREMIER

PRÉLIMINAIRES DE LA BATAILLE

Le champ de bataille de Rezonville. — Départ de l'empereur. — La reprise de la marche retardée. — Instructions de Bazaine pour la matinée du 16. — Renseignements contradictoires recueillis sur l'ennemi. — Situation de l'armée du Rhin vers 9 heures du matin. — Le hasard favorise Bazaine dans la répartition des forces.

La route de Metz à Verdun, par Mars-la-Tour, traverse dans toute sa longueur, à partir de Gravelotte jusqu'à Hannonville-au-Passage, le champ de bataille du 16 août. Les limites orientale et occidentale en sont marquées par deux ruisseaux :

la Mance et l'Yron. Entre eux, le terrain offre l'aspect général d'un large plateau accidenté d'ondulations, s'abaissant graduellement de l'est vers l'ouest, et dont le point culminant se trouve au nord du carrefour de Gravelotte. Quelques bois couvrent ces collines et s'interposent entre Rezonville et Saint-Marcel, Vionville et Bruville : bois de Saint-Marcel et bois Pierrot au nord-ouest de Rezonville, longés par une ancienne voie romaine ; bois de Tronville au nord-ouest de Vionville. Un ruisseau, appelé le Fond-de-la-Cuve, coule d'abord de l'est à l'ouest à partir du bois de Saint-Marcel, puis, après avoir contourné dans un vallon assez profond la croupe de la ferme Gréyère, se dirige vers le nord parallèlement à l'Yron, traverse Jarny et se jette dans l'Orne en aval de Conflans.

Au sud de la chaussée de Gravelotte à Mars-la-Tour, le terrain, plus tourmenté, est coupé de ravins profondément encaissés, notamment celui de la Mance, qui aboutit sur la Moselle à Ars, et ceux qui, séparés par le promontoire de la côte Mousa, convergent au sud-est de Gorze (1). C'est par ces véritables défilés que devaient s'élever les colonnes prussiennes partant de la vallée de la Moselle. S'ils présentaient à l'ennemi de sérieuses difficultés tant pour la marche que pour

---

(1) On les désignera plus loin sous les noms de ravin occidental et de ravin oriental.

l'accès sur le plateau, par contre ils lui permettaient de dissimuler ses mouvements et de progresser, sans être vu, jusqu'à 1 500 mètres environ de Gravelotte, de Rezonville ou de Vionville. Au nord-est de Gorze, les bois des Chevaux, des Ognons, de la Jurée, constituent du sud au nord un massif forestier important et interrompu seulement aux abords de la route de Gravelotte à Mars-la-Tour.

Telle est la région qui, contre toute attente des deux adversaires, sera le théâtre de la bataille de Rezonville.

Le 16 août, au point du jour, l'empereur sort de la maison de Gravelotte où il a passé la nuit. « Son visage fatigué, dit un témoin, porte l'empreinte des chagrins et de l'inquiétude, les larmes semblent y avoir tracé de profonds sillons, son regard est plus voilé encore que d'habitude, sa démarche dénote l'affaissement moral qui l'accable ; dans son entourage, on voit la tristesse sur tous les visages, la désillusion dans toutes les pensées (1). »

Mandé auprès du souverain, le maréchal Bazaine arrive vers 4 heures et demie. L'empereur, déjà en voiture, lui annonce sa détermination de partir immédiatement pour Verdun et le camp de Châlons ; puis il ajoute : « Mettez-vous

(1) Colonel D'ANDLAU, *loc. cit.*, 65.

en route dès que vous le pourrez (1). » La chaussée de Mars-la-Tour étant déjà sillonnée de cou-
reurs ennemis, l'empereur adopte l'itinéraire
Conflans-Étain, qui semble encore sûr. La brigade
de cavalerie de la Garde du général de France
sert d'escorte jusqu'à Doncourt où elle est rem-
placée par la brigade de chasseurs d'Afrique Mar-
gueritte, de la division du Barail. Les bagages de
l'empereur suivent à distance sous la garde du
5ᵉ escadron des guides et du IIIᵉ bataillon du
3ᵉ régiment des grenadiers (2). A peine l'empereur
est-il parti, que, suivant d'Andlau, Bazaine ne
peut s'empêcher « d'en exprimer aussitôt sa
satisfaction dans les termes les moins équivoques (3) ».

Les instructions vagues du commandant en chef
n'ont pas été sans provoquer des demandes d'ex-
plications. Dans la nuit du 15 au 16, le général
Frossard, rendant compte de la situation de ses
troupes, demande au maréchal de faire connaître
en temps opportun la direction et le détail du

(1) Maréchal BAZAINE, *Épisodes*, 77. — A l'instruction de son
procès, le maréchal a déclaré au contraire que l'empereur lui
avait laissé, comme commandant en chef, « le loisir de choisir
le moment opportun ». — Si l'on en croit un des témoins de
l'entrevue, l'empereur aurait ajouté : « Je vous confie la dernière armée de la France; songez au prince impérial » (P. DE LA
GORCE, *Histoire du second Empire*, VII, 59).

(2) Capitaine DERRÉCAGAIX, *loc. cit.*, 165.

(3) Colonel D'ANDLAU, *loc. cit.*, 66. — Tout ce que l'on sait
de Bazaine permet de croire à la véracité du témoignage.

mouvement projeté (1). De son côté, le maréchal Le Bœuf se montre inquiet de n'avoir encore, vers 11 heures du soir, entre Montigny et Vernéville, que deux de ses divisions d'infanterie et sa réserve d'artillerie. Il expose en outre que le 4e corps est resté, presque en totalité, sous Metz. « Dans ces conditions de dispersion, ajoute-t-il, Votre Excellence appréciera s'il ne serait pas plus utile d'attendre l'ennemi plutôt que d'aller à lui, jusqu'au moment où tout le 3e corps sera réuni (2). »

Tenant compte de ces observations, qui peut-être concordent avec ses desseins secrets, Bazaine décide, à 5 h. 15 du matin, de différer jusqu'à l'après-midi le départ de l'armée (3). Il charge Le Bœuf d'envoyer « les ordres les plus impératifs » pour se faire rallier par le reste du 3e corps et de « sermonner les commandants des divisions en retard, particulièrement le général Clérembault... » Le danger, ajoute-t-il, est du côté de Gorze; en prévision d'un combat, Le Bœuf

(1) Le général Frossard au maréchal Bazaine, 15 août, minuit.
(2) Le maréchal Le Bœuf au maréchal Bazaine, Bagneux, 15 août, 11 h. 5 soir.
(3) Suivant une lettre publiée par le général Frossard, le 2e corps aurait été prévenu de cet arrêt dès 2 heures du matin (*Rapport sur les opérations du 2e corps*, 158). Mais d'autre part, d'après le rapport de Frossard sur la journée du 16, daté du Ban Saint-Martin, 30 août, les troupes du 2e corps sont sous les armes à 4 heures du matin, « prêtes à se mettre en mouvement ».

devra être constamment en mesure, pendant la marche sur Verdun, de se porter en deuxième ligne derrière les 2e et 6e corps (1).

En même temps, Bazaine expédie des instructions pour la matinée du 16 : on fera immédiatement les distributions; on renverra à l'est de Gravelotte toutes les voitures du train auxiliaire ; on complétera les cartouches. Au retour des reconnaissances, si « l'ennemi n'est pas en force à proximité », on pourra retendre les tentes. Mais il sera interdit de s'éloigner des camps, et les routes devront rester libres. « Nous partirons probablement dans l'après-midi, ajoute Bazaine, dès que je saurai que les 3e et 4e corps seront arrivés à notre hauteur en totalité (2). »

On s'explique mal aujourd'hui que le commandant en chef ait voulu, avant de commencer le mouvement, attendre les 3e et 4e corps, afin d'avoir, comme il l'a dit plus tard, « tout son monde sous la main·(3) ». L'armée devant s'acheminer sur Verdun, à la fois par les routes de Mars-la-Tour et de Conflans, la durée d'écoulement des dix divisions d'infanterie déjà réunies sur le plateau était plus que suffisante pour donner aux divisions restées en arrière le temps de

(1) Le maréchal Bazaine au maréchal Le Bœuf, 16 août, 5 h. 15 matin.

(2) Instructions du commandant en chef pour la matinée du 16 août, Gravelotte, 16 août, 5 heures du matin; *Metz*, II, 139.

(3) *Procès Bazaine*, Interrogatoire du maréchal, 164.

rallier et de suivre l'une ou l'autre colonne.
Quant à l'ordre de dresser les tentes, « ce n'était,
a déclaré, naïvement peut-être, le maréchal Bazaine, qu'une ruse, pour faire croire à l'ennemi
que notre intention n'était pas d'aller à Verdun,
mais de manœuvrer dans les environs, en un mot
de lui donner le change sur notre direction de
retraite (1) » .

En retardant le départ, Bazaine a-t-il seulement voulu attendre l'arrivée des 3ᵉ et 4ᵉ corps
ou bien a-t-il eu dès ce jour l'idée arrêtée de
ne pas conduire l'armée à Verdun et au camp de
Châlons? Certaines de ses déclarations viennent
à l'appui de la deuxième hypothèse (2). Il est
possible que Bazaine se soit rendu compte de son
incapacité à diriger une armée et que, désireux
de se dérober aux responsabilités de la lutte en
rase campagne, il ait été tenté, dès ce moment,

(1) Le maréchal Bazaine au maréchal Baraguey d'Hilliers,
16 mars 1872; *Metz*, II, 141.
(2) « Il avait été convenu, dit le maréchal, que je ne pas-
serais pas la Meuse; je devais rester sur la position de Fresnes;
Verdun devait être le point d'appui; nous devions établir de
nouvelles communications, puisque nous avions perdu Nancy,
en portant l'armée en avant de Verdun, et en veillant sur Metz.
C'étaient là, d'une manière générale, les instructions de l'empereur » (*Procès Bazaine*, 164). Et ailleurs : « Il avait été bien
convenu que si je trouvais une résistance trop forte, je recu-
lerais vers Metz... L'empereur ne m'avait nullement donné
l'ordre de passer coûte que coûte » (*Ibid.*). — « J'avais des
ordres formels de l'empereur de ne rien compromettre et de ne
pas m'engager entre la Meuse et la Moselle, si je n'étais pas sûr
de réussir, mais de revenir sur le camp retranché » (*Ibid.*, 167).

par le point d'appui que lui offrait la place de Metz.

* *
*

Les renseignements recueillis dans la matinée du 16 sont contradictoires. D'après les uns, Tronville aurait été occupé le 15 par l'ennemi, qui se serait replié ensuite sur Gorze. Deux habitants du pays annoncent qu'il y a dans ce bourg 2 000 ou 3 000 hommes. Mais, d'autre part, le capitaine Arnous-Rivière (1), chargé de fouiller les ravins qui, de Gravelotte et de Rezonville, descendent vers la Moselle, mande que ses éclaireurs n'ont pas vu un seul soldat allemand, bien qu'ils aient poussé pendant la nuit jusqu'à Gorze (2). Tandis que les avant-postes de la division Forton tiraillent contre des cavaliers peu nombreux venus de Mars-la-Tour et de Tronville (3), les reconnaissances du matin, envoyées par le 2ᵉ corps, rentrent sans rien signaler. L'une d'elles, pourtant, dirigée par le lieutenant Devaureix, du 66ᵉ de ligne, rapporte des renseignements précis sur les mouvements et la force de l'ennemi ; mais

_____

(1) Commandant les éclaireurs du grand quartier général.

(2) Maréchal BAZAINE, *Épisodes*, 93 (Carnet de notes du capitaine de France) ; général JARRAS, *loc. cit.*, 104. — On observera que Gorze est occupé depuis la veille par un bataillon du IIIᵉ corps prussien (*Metz*, II, 142).

(3) Rapports du général de Forton, 18 août et 9 septembre.

le général Bataille n'ajoute que peu de foi à ce
rapport et accuse même le lieutenant « d'être
de ceux qui voient des Prussiens partout (1) ».
D'autres informations font présager également
la proximité de l'ennemi (2) ; « chacun sent
l'heure approcher » ; néanmoins, admettant sans
vérification que les groupes signalés appartiennent
au 4ᵉ corps de l'armée du Rhin, le général de
Forton donne « l'ordre de desseller et de faire
boire les chevaux (3) ». De même, au 2ᵉ corps,
les troupes reprennent leurs bivouacs, et les distributions de vivres commencent (4).

Il est 9 h. 15 quand les premiers obus prussiens
tombent, à l'ouest de Vionville, dans les camps
de la division Forton. Au moment où débute ainsi
la bataille de Rezonville, la situation de l'armée
française est la suivante :

Les divisions de cavalerie Forton et Valabrègue
sont groupées autour de Vionville, avec des avant-
postes à quelques centaines de mètres seulement
des bivouacs. Derrière elles, entre Saint-Marcel
et Flavigny, sur un front d'environ quatre kilomètres, trois divisions d'infanterie sont déployées
face à l'ouest : 1ʳᵉ et 3ᵉ du 6ᵉ corps, 2ᵉ du 2ᵉ corps.
Plus en arrière, sur une profondeur de cinq

(1) Général DEVAUREIX, *loc. cit.*, 158.
(2) Rapport du général de Forton, 9 septembre.
(3) Historique manuscrit du 1ᵉʳ dragons. — Cf. Historique
manuscrit du 9ᵉ dragons; *Metz*, II, 162.
(4) Rapport du général Frossard, Ban Saint-Martin, 20 août.

kilomètres, jusqu'à Gravelotte, sont échelonnées cinq divisions d'infanterie (1), les réserves d'artillerie de trois corps d'armée, la réserve générale d'artillerie de l'armée et une division de cavalerie. Ces masses ne sont couvertes vers le sud que par quelques postes observant la lisière des bois des Ognons et de Saint-Arnould. Partout les camps s'étalent aux vues des patrouilles allemandes. La ligne des crêtes, qui s'étend de Vionville jusqu'au bois du même nom, est inoccupée, bien qu'elle domine les bivouacs à bonne portée de canon.

Quatre divisions d'infanterie et une division de cavalerie (2) sont échelonnées plus au nord, sur une profondeur d'environ sept kilomètres, entre Saint-Marcel et Amanvillers. La division de cavalerie du 4e corps a dépassé Saint-Privat; la réserve d'artillerie et, derrière elle, la 1re division d'infanterie du 4e corps, suivant la route de Briey, débouchent des bois au nord-est d'Amanvillers. Enfin, la 3e division de 4e corps et la 3e du 3e corps stationnent encore respectivement à Lessy et Devant-les-Ponts.

Aucune vue d'ensemble n'a présidé à la désignation des emplacements généraux des corps d'armée. Autour de Rezonville, l'accumulation

(1) 1re du 2e corps, 2e et 4e du 6e, deux de la Garde, brigade Lapasset. On a compté pour la valeur d'une division la brigade mixte Lapasset et la 2e division du 6e corps.

(2) 1re, 2e, 4e du 3e corps, 2e du 4e corps, division de cavalerie du 3e.

des troupes va jusqu'à l'entassement. Mais il faut reconnaître que le hasard a bien servi le général en chef, en échelonnant au début de l'action ses forces en profondeur et en les disposant rationnellement en largeur, ce qui lui eût permis, s'il avait eu quelque notion tactique, de combiner une manœuvre sur le champ de bataille qui allait lui être imposé (1).

(1) *Metz*, II, 153-157.

CHAPITRE II

LA SURPRISE

Mouvement de la 5ᵉ division de cavalerie. — Son artillerie ouvre le feu. — Les Français prennent les armes. — Ralliement des divisions de cavalerie Forton et Valabrègue. — Canonnade de la 6ᵉ division de cavalerie. — Déploiement des divisions Bataille et La Font de Villiers.

La 5ᵉ division de cavalerie prussienne a reçu du général de Voigts-Rhetz, commandant le Xᵉ corps, l'ordre de s'avancer, le 16 au matin, vers le camp français signalé à Rezonville et de saisir « toutes les occasions d'attaquer l'ennemi (1) ». Afin de stimuler le zèle du général von Rheinbaben dans l'accomplissement de cette importante mission, Voigts-Rhetz lui envoie son chef d'état-major, le lieutenant-colonel von Caprivi, avec les deux batteries à cheval du Xᵉ corps escortées par un escadron des dragons de la Garde. Rheinbaben montre peu d'empressement à agir : il ne

(1) Expédition de l'ordre de mouvement du Xᵉ corps, pour la journée du 16 août, signée von Caprivi, trouvée sur le champ de bataille du 16 et communiquée à l'état-major du maréchal Bazaine après la bataille.

s'y décide que tardivement, à la nouvelle de l'approche des colonnes du IIIe corps (1). La brigade Redern, rassemblée depuis 6 heures du matin à l'ouest de Puxieux, ne se met en marche sur Vionville qu'à 8 heures et demie. En même temps, la brigade Bredow, partant de Suzemont, se dirige vers Mars-la-Tour, et la brigade Barby, venant de Xonville, forme réserve derrière la brigade Redern. La batterie d'avant-garde, avec trois escadrons de hussards, gagne, sans être vue, la crête 286 à l'est de Tronville et, à 9 h. 15, elle ouvre le feu sur la brigade Murat, qui tient la gauche des bivouacs de la division Forton. Quelques minutes plus tard, les trois autres batteries la rejoignent; les trois régiments de la brigade Redern encadrent l'artillerie (2).

Dans les camps français, chacun court immédiatement aux armes et aux chevaux; les escadrons et les régiments se forment, mais la canonnade n'en produit pas moins tout d'abord « un véritable désordre » qui prend même, à certains égards, « le caractère d'une panique (3) ». La grande route et ses abords « sont envahis par une multitude de fuyards qui grossit sans

(1) Cardinal von WIDDERN, *la Crise de Vionville* (Traduction Richert), 96; Fritz HOENIG, *Dokumentarisch-Kritische Darstellung der Strategie für die Schlacht von Vionville-Mars-la-Tour*, 77; *Metz*, II, 161.
(2) *Historique du grand État-major prussien*, V, 522-523.
(3) Général JARRAS, *loc. cit.*, 105.

cesse (1) ». Des cavaliers terrifiés passent « de
toute la rapidité de leurs chevaux (2) », et jettent
le trouble dans le convoi de la division Forton,
qui arrive à ce moment à l'entrée est de Vionville. Au convoi du 2ᵉ corps, la confusion est
extrême : « La plupart des charretiers fuyaient
avec leurs chevaux, d'autres se jetaient plus ou
moins volontairement, avec leurs attelages, dans
les fossés bordant la route ; les bestiaux se disper-
sèrent, affolés de terreur... (3). »

Cependant, grâce à l'inaction de la cavalerie
prussienne, la voix des chefs parvient à se faire
entendre, et l'on peut prendre les premières
dispositions pour résister à l'attaque. Quelques
pièces des batteries à cheval de la division Forton, établies en hâte sur le mamelon à l'ouest de
Vionville, ripostent à l'artillerie prussienne jusqu'à ce que leur position devienne intenable (4).
La brigade de dragons Murat se rallie sur le plateau compris entre la grande route et la voie romaine, derrière la première ligne de la division
La Font de Villiers. La brigade de cuirassiers
Gramont, que la surprise a peu troublée, la
rejoint bientôt. Plus tard, sur l'ordre de Bazaine,
la division Forton se porte en arrière, dans le

(1) Historique manuscrit du 5ᵉ régiment d'artillerie.
(2) Général Janras, *loc. cit.*, 105. — Cf. Rapport du général
de Forton, 9 septembre.
(3) Journal de l'adjoint à l'intendance Bouteiller.
(4) Historique des 7ᵉ et 8ᵉ batteries du 20ᵉ

vallon entre Rezonville et le bois Pierrot (1).

La division de cavalerie Valabrègue, du 2ᵉ corps, s'est formée dans le plus grand calme; elle se dirige d'abord au nord de la grande route, derrière la division La Font de Villiers, puis au nord de Rezonville, derrière les escadrons du général de Forton. La batterie à cheval qui lui est affectée se replie lentement en faisant un feu en retraite à la prolonge (2). Les abords de Vionville étant évacués par les troupes françaises, trois des batteries à cheval allemandes se portent sur la hauteur 297 à l'ouest du village (3).

Une autre alerte, moins vive, il est vrai, s'est produite sur ces entrefaites au débouché sur le plateau de la route conduisant de Gorze à Flavigny. La 6ᵉ division de cavalerie, venant de Coin-sur-Seille, a franchi la Moselle à Corny et, à 7 heures, s'est dirigée sur Gorze où elle se fractionne. La brigade Rauch marche sur Flavigny, mais le feu de nos grand'gardes l'oblige à rétrograder en désordre sur Gorze. La brigade Grüter se porte vers la crête couronnée par une statue de la Vierge et d'où une batterie tire à 9 h. 15 sur les bivouacs du 2ᵉ corps, jusqu'à ce que la

(1) Rapports du général de Forton; Conseil d'enquête sur les capitulations, Déposition du général de Forton.

(2) Rapport du général de Valabrègue, Ban Saint-Martin, 20 août; Rapport du général Gagneur, commandant l'artillerie du 2ᵉ corps; *Metz*, II, 162-167.

(3) *Historique du grand État-major prussien*, V, 523.

fusillade de nos avant-postes l'oblige à se replier (1).

La canonnade des batteries prussiennes, par sa
fortuite simultanéité, impressionne vivement certaines de nos troupes et leur donne l'illusion d'un
front très étendu : « Les Prussiens avaient su
dissimuler leurs mouvements... Leur ligne de
bataille décrivait autour de nous, un immense
arc de cercle, dont les extrémités et le centre
étaient protégés par de puissantes batteries de
position reliées entre elles par des batteries mobiles... Ils se montrent... partout à la fois en
dehors du bois, couronnant les crêtes, nous
entourant d'un cercle de feu (2). » Il en résul-
tera, du côté français, des mouvements diver-
gents qui, joints à l'entassement des troupes
autour de Rezonville, constitueront une cause
sérieuse d'infériorité.

*
* *

Tandis que l'infanterie de la division Bataille
prend les armes pour se porter sur le front Vion-
ville-Flavigny, son artillerie et celle de la division
La Font de Villiers entrent rapidement en action,
de part et d'autre de la grande route, à un kilomètre environ à l'ouest de Rezonville. Les batte-

(1) *Historique du grand État-major prussien,* V, 525-526.
(2) Rapport du général Gagneur.

ries de la division Tixier prolongent la ligne vers le nord jusqu'à la voie romaine (1). Ces neuf batteries font converger leur feu sur l'artillerie prussienne de la cote 297, dont la situation va devenir critique quand l'infanterie française débouchera de Vionville.

Surprises en pleine quiétude, les troupes du 2e corps ont eu un instant de trouble, puis se sont ressaisies très vite et se sont rassemblées dans le plus grand ordre. Mais aucun plan d'ensemble ne préside à leur déploiement : instinctivement, elles font face aux deux attaques qui se dessinent à l'ouest et au sud-ouest (2). Le 12e bataillon de chasseurs occupe Vionville sans coup férir. Ses tirailleurs criblent de balles les batteries prussiennes et forcent deux d'entre elles à se replier vers Tronville. Le reste de la brigade Mangin se déploie entre ce village et Flavigny : 23e de ligne à droite, 8e à gauche, tenant Flavigny avec un bataillon. Le général Bataille dirige sa 2e brigade sur la croupe au sud-est de Flavigny : le 66e s'y établit, le 67e reste en réserve (3).

---

(1) Rapports du général Gagneur; du lieutenant-colonel Jamet; du lieutenant-colonel de Montluisant; *Metz*, II, 161.

(2) Rapport du général Frossard, Ban Saint-Martin, 20 août.

(3) Rapport du général Fauvart-Bastoul, commandant provisoirement la 2e division du 2e corps, 21 août; Rapport du général Mangin, 21 août; Historique manuscrit du 8e de ligne; Rapport du colonel Ameller, 18 août; *Historique du grand État-major prussien*, V, 527; *Metz*, II, 172-174.

A la division La Font de Villiers, trois régiments, les 75ᵉ, 91ᵉ, 94ᵉ, se placent en première ligne sur le plateau au nord-ouest de Rezonville, occupant tout l'espace entre la grande route et la voie romaine; le 93ᵉ demeure à son bivouac, derrière l'aile droite. L'unique régiment de la division Bisson, le 9ᵉ de ligne, avec les deux batteries de 12, se maintient également sur l'emplacement de son camp au nord de Rezonville (1). Telle est la situation à 9 h. 45.

La canonnade des deux divisions de cavalerie prussiennes n'a guère eu jusqu'alors d'autre résultat que de faire subir un échec à leurs batteries et de donner l'alarme aux Français. Rheinbaben et le duc de Mecklembourg, son collègue, ont laissé passer une occasion des plus favorables en n'utilisant leurs escadrons que comme escorte de l'artillerie, au lieu de les lancer à la charge sur des bivouacs surpris et sans protection. L'infanterie française, à peine impressionnée, a eu le temps de se déployer bien avant l'arrivée des colonnes du IIIᵉ corps prussien, qui éprouvera de grosses difficultés pour déboucher sur le plateau en présence d'un adversaire prévenu. Alvensleben a vivement regretté cette démonstration intempestive : « J'appris la reconnaissance offensive de la 5ᵉ division par le feu de ses pièces. Ce

(1) Rapport du général La Font de Villiers, 20 août; Historique manuscrit du 9ᵉ de ligne.

fut le signal d'alarme pour l'ennemi. Ce qu'il n'avait pas appris par ses patrouilles, il le sut, hélas! par cet acte de nos troupes (1). » A la vérité, la 5ᵉ division de cavalerie avait reçu du commandant du Xᵉ corps l'ordre de saisir « toutes les occasions d'attaquer l'ennemi » . Mais cette prescription n'était réellement applicable que s'il eût été nécessaire soit de se débarrasser d'une masse de cavalerie adverse, soit de retarder la marche sur Verdun d'une importante colonne. Tel n'était pas le cas, et tout incitait au contraire Rheinbaben à s'abstenir de cette démonstration inopportune, à moins qu'il ne fût décidé à mettre à profit notre négligence pour mener une attaque à fond (2).

(1) *Kriegsgeschichtliche Einzelschriften*, Heft 18, 543.
(2) *Metz*, II, 179.

CHAPITRE III

ENGAGEMENT DU IIIe CORPS

Mouvement du IIIe corps en deux colonnes. — Alvensleben décidé à attaquer. — Renseignements inexacts qui lui parviennent. — Sa reconnaissance personnelle. — Manœuvre aventurée. — Échec de l'artillerie prussienne. — La 5e division débouche sur le plateau. — Déploiement de la division Vergé. — Violents combats avec des alternatives diverses. — Les Français, en formation dense, sont criblés d'obus et reculent. — La 5e division maîtresse du débouché.

A son quartier général de Pagny-sur-Moselle, Alvensleben n'a pas reçu de nouveaux renseignements sur l'ennemi, mais il conserve toujours le ferme espoir de rejoindre l'armée française à l'ouest de Metz. Bien que les derniers éléments du IIIe corps n'aient atteint leurs bivouacs qu'à une heure avancée de la nuit, il prescrit de reprendre la marche le 16, dès 5 heures du matin. Le corps d'armée doit s'établir « à cheval sur la route de Metz à Verdun », face à Metz (1).

La 6e division d'infanterie (Buddenbrock), suivie de l'artillerie de corps, part à l'heure pres-

(1) *Kriegsgeschichtliche Einzelschriften*, Heft 18, 537-538.

crite d'Arnaville et se dirige sur Mars-la-Tour
par Onville et Buxières. La 5ᵉ division (Stülpnagel)
ne peut rompre de Novéant, vers Gorze et Vionville, qu'à 7 heures et demie, par suite du retard
et de la lenteur mis par la 6ᵉ division de cavalerie à franchir la Moselle au pont suspendu de
Corny (1). Alvensleben marche avec la colonne de
gauche. A 7 heures, il connaît la présence d'avant-
postes français entre Vionville et Tronville, et
vers le bois de Vionville. Ses prévisions se trou-
vant ainsi confirmées, il prend la résolution
d'attaquer ; mais il a soin de recommander à la
6ᵉ division « de ne pas s'engager et même, s'il est
possible, de ne pas se montrer avant que la 6ᵉ division de cavalerie ait atteint le plateau et puisse
intervenir dans le combat (2) ».

Certes, la manœuvre n'est pas sans danger.
Séparées par un intervalle de quatre kilomètres,
les deux colonnes du IIIᵉ corps peuvent se heurter
sur le plateau à des forces supérieures et risquer
de se faire écraser successivement avant que les
corps voisins puissent intervenir. Toutefois, à
cette époque de la campagne, le moral des chefs
et des soldats allemands a été considérablement
exalté par leurs premiers succès sur un adversaire, dont le commandement a déjà laissé percer,
à maintes reprises, son irrésolution et son inca-

(1) *Kriegsgeschichtliche Einzelschriften*, Heft 18, 540.
(2) *Ibid.*, 541.

pacité. L'audace d'Alvensleben est donc, dans ces circonstances, parfaitement légitime. Au reste, que l'armée française soit encore tout entière à proximité de Metz, ou qu'il n'y ait plus, aux environs de Rezonville, qu'une arrière-garde — ainsi qu'Alvensleben incline à le croire — le seul moyen pour retarder la retraite de l'adversaire consiste évidemment à attaquer (1).

Tandis que la *6ᵉ* division se rassemble aux Baraques, d'où l'on ne découvre encore aucun des camps français, Alvensleben envoie deux escadrons de dragons en reconnaissance et, de sa personne, se rend sur les hauteurs de la statue de la Vierge. Chemin faisant, vers 9 h. 15, il entend le canon de la division de cavalerie Rheinbaben, puis, peu après, celui de la division du duc de Mecklembourg. Arrivé près de la statue, Alvensleben aperçoit une masse de cavalerie qui s'éloigne vers Saint-Marcel. D'après un rapport transmis par Stülpnagel, des colonnes ennemies seraient en marche de Rezonville sur Verdun, et un détachement de toutes armes aurait pris position près de Tronville (2). Ces renseignements inexacts, joints à des observations personnelles incomplètes, font croire à Alvensleben que les Français sont en retraite sur Verdun. Afin de leur intercepter la route d'Etain, il prescrit, vers 9 heures

(1) *Metz*, II, 181-182.
(2) *Kriegsgeschichtliche Einzelschriften*, Heft 18, 542.

et demie, à la 6ᵉ division de poursuivre sa marche sur Jarny, par Mars-la-Tour (1). La manœuvre qui serait admissible contre un ennemi battu et démoralisé, est, cette fois, des plus risquées. Le IIIᵉ corps va être séparé en deux tronçons : la 5ᵉ division se portant sur Vionville, la 6ᵉ à près de dix kilomètres vers le nord.

Poursuivant sa reconnaissance, Alvensleben découvre les troupes du 2ᵉ corps, qui, à ce moment même, commencent leur déploiement, mais il ne se rend pas exactement compte de leur effectif. Il lui semble absolument invraisemblable qu'ayant entamé un mouvement rétrograde, les Français puissent se résoudre, après les échecs précédents, à accepter une bataille à fronts renversés. Il suppose que leur retraite continue à l'abri d'une arrière-garde. « Percer ce rideau, contraindre les colonnes ennemies à s'arrêter et à combattre, paraît être la grande mission du IIIᵉ corps, à l'accomplissement de laquelle tout devait être subordonné (2). » C'est donc une idée absolument fausse de la situation qui préside à la conception d'Alvensleben; toutefois, cette erreur sera sans conséquence grave.

Avant tout, il est indispensable de couvrir la marche de flanc que la 6ᵉ division va exécuter des Baraques sur Mars-la-Tour. Le général von

(1) *Kriegsgeschichtliche Einzelschriften*, Heft 18, 542.
(2) *Ibid.*, 544.

Bülow reçoit à 9 h. 45 l'ordre de pourvoir à cette tâche avec toute l'artillerie dont il pourra disposer. Vers 10 heures, deux batteries de la 6ᵉ division, accompagnées par la batterie à cheval restée en arrière (1), s'établissent au sud de Vionville, les deux autres, au nord de la statue de la Vierge. Elles n'ont d'autre protection que quelques escadrons (2). Cette situation ne tarde pas à devenir fort aventurée, car la brigade Mangin a terminé son déploiement entre Vionville et Flavigny et au sud de ce hameau. La charge sonne et, d'un bond, les cinq bataillons de première ligne gagnent une crête en avant. De là, ils couvrent de balles l'artillerie prussienne, malheureusement sans pousser leur offensive plus loin (3). Les batteries ennemies subissent en quelques instants de telles pertes en hommes et surtout en chevaux qu'elles sont obligées de se retirer dans le vallon qui les sépare de Tronville. Certaines d'entre elles emploient même les plus vives allures, ce qui produit une très fâcheuse impression. Le général von Bülow court au devant d'elles et les arrête; mais, sur les huit batteries déjà engagées, trois seulement se maintiennent sous le feu à courte distance des tirailleurs de la brigade Mangin. L'infanterie de la 6ᵉ division est encore à

(1) Voir *suprà*, p. 15.
(2) *Historique du grand État-major prussien*, V, 536.
(3) Rapport du général Mangin.

près de trois kilomètres en arrière, et les nombreux escadrons prussiens ne font pas la moindre
tentative pour dégager leur artillerie, qui vient
de subir un nouvel et grave échec (1).

*
* *

Sur ces entrefaites, la 5ᵉ division, débouchant
par Gorze, attaque le flanc gauche du 2ᵉ corps (2).
Vers 9 h. 45, les deux escadrons qui marchent
en tête atteignent le plateau à l'ouest des bois de
Vionville ; mais, accueillis par le feu de nos grand'-
gardes, ils se replient précipitamment sur la
ferme Anconville. Déjà la division Vergé a pris
les armes et s'est portée en avant suivant des
directions divergentes ; à la brigade Jolivet, le
77ᵉ fait face à la lisière nord du bois de Vionville ; à la brigade Letellier-Valazé, deux bataillons du 55ᵉ s'avancent entre le bois de
Vionville et le chemin de Chambley, le troisième occupe les abords de la Maison-Blanche,
au sud de la cote 308 ; l'artillerie s'établit à la

---

(1) *Historique du grand État-major prussien*, V, 536 ; *Die
Thätigkeit des Generals von Bülow in der Schlacht bei Vionville*, 26 ; *Metz*, II, 189.

(2) La 5ᵉ division a laissé deux bataillons et un escadron à
Dornot et à Corny pour garder les ponts et surveiller la vallée de
la Moselle ; un bataillon et un escadron occupent Gorze depuis
la veille au soir. Elle ne compte donc plus que dix bataillons,
deux escadrons, quatre batteries.

cote 311 (1). La brigade Lapasset, mise en éveil
dès le matin, se déploie, comme la division
Vergé, et avant que l'ennemi ait paru, sur les
pentes sud de la cote 308, face au bois des
Ognons et au bois de Vionville. Un peu plus
tard, un bataillon du 84e pénètre dans le bois des
Ognons (2).

En gravissant les pentes nord de la croupe 326,
les deux bataillons du 55e se trouvent subitement
en face des deux bataillons de l'avant-garde de la
5e division, qui ont atteint la crête. Les deux
adversaires s'arrêtent et échangent une vive fusillade. A la droite du 55e se déploie le 66e, de la
division Bataille; à sa gauche un bataillon du 77e
pénètre dans le saillant ouest du bois de Vionville, et est suivi bientôt de la moitié du 76e.
Quatre compagnies prussiennes se jettent à leur
tour dans le bois où s'engage un combat confus et
traînant. Les deux bataillons prussiens, très compromis, sont renforcés par deux autres et, vers
10 heures, la batterie d'avant-garde essaie d'ouvrir le feu à la cote 326; mais elle est criblée de
balles et ne peut utiliser que trois pièces qui suf-
fisent pourtant à arrêter nos tirailleurs. Bientôt
les trois autres batteries de la 5e division la
rejoignent et, malgré de fortes pertes, couvrent

(1) Rapport du général Jolivet, 16 août; Historique manus-
critdu 77e; Rapport du général Vergé, 21 août; *Metz*, II, 194-195.
(2) Rapport du général Lapasset.

vaillamment le pénible déploiement de l'infanterie de la *9ᵉ* brigade.

Vers 10 h. 15, trois compagnies prussiennes
s'avancent à la gauche des batteries et tentent
un mouvement offensif. Le IIIᵉ bataillon du 66ᵉ se
jette sur elles à la baïonnette et les rejette, complètement en déroute, vers le bois de Gaumont,
où elles disparaissent. Par contre, le IIIᵉ bataillon
du 76ᵉ échoue dans trois attaques successives vers
la croupe 326. Néanmoins, la situation des autres
bataillons prussiens et des batteries est très critique en face de nos forces très supérieures en
nombre. Malheureusement, nous nous bornons
à des offensives partielles (1).

Les premières fractions de la *10ᵉ* brigade débouchent à leur tour sur le plateau. Afin de
parer au plus vite au danger, le bataillon de
tête dépose ses sacs et, sous une pluie de balles,
prononce une attaque en passant à la gauche des
batteries. Le feu des tirailleurs du 66ᵉ et du
67ᵉ l'arrête. A ce moment, le Iᵉʳ bataillon du
67ᵉ, sous les ordres du commandant Lazarotti,
et dirigé par le colonel Thibaudin en personne,
« traverse la plaine sous un feu de mousqueterie
et d'artillerie violent; formé en bataille et dans

---

(1) Historique manuscrit des 55ᵉ, 66ᵉ, 76ᵉ, 77ᵉ de ligne; Souvenirs inédits du général DEVAUREIX; *Historique du grand État-
major prussien*, V, 530-532; KUNZ, *Kriegsgeschichtliche Beispiele*, VIII et IX, 35-46; *Metz*, II, 201.

l'ordre le plus parfait, il aborde, sans tirer un coup de fusil et la baïonnette au canon, les hauteurs derrière lesquelles s'abritait l'ennemi. Le silence et le calme qui régnaient pendant la marche étaient le présage du succès. Aucun tirailleur devant le bataillon ; le colonel seul marchait en avant pour juger du moment opportun d'ouvrir le feu et de charger à la baïonnette... Arrivé sur la crête et à portée de pistolet de l'ennemi, il fit exécuter un feu de bataillon à son commandement ; ce feu surprend l'ennemi, le met dans le plus grand désordre et l'oblige à se retirer avec peine... (1) » Le bataillon prussien, dont tous les officiers sont hors de combat, essaie de faire tête, puis, dans une course folle, gagne le bois de Gaumont. Deux compagnies du 67ᵉ l'y poursuivent ; mais, arrêtées par des feux rapides de trois compagnies établies sur leur flanc gauche dans une clairière, elles reculent à leur tour vers le nord. Il est 10 h. 45 environ (2).

Les quatre derniers bataillons de la *10ᵉ* brigade ont, sur ces entrefaites, atteint le plateau. Sous la pression des circonstances, le général von Schwerin se hâte de jeter l'un d'eux dans le bois de Gaumont (3) ; deux autres se portent en avant,

(1) Rapport du colonel Thibaudin, 19 août,
(2) Kunz, *loc. cit.*, 49-50 ; Historique manuscrit du 67ᵉ de ligne ; *Metz*, II, 205.
(3) C'est celui qui a accueilli les deux compagnies du 67ᵉ par des feux rapides.

toujours à la gauche des batteries, et obligent le 67ᵉ de ligne à rétrograder. Les masses françaises, complètement à découvert, sont criblées d'obus, de front par l'artillerie de la 5ᵉ division, d'écharpe par les nombreuses batteries installées sur les crêtes au sud de Vionville (1). Ces feux convergents ouvrent, dans les bataillons de la brigade Fauvart-Bastoul, de véritables brèches (2) et les forcent à reculer. Le mouvement s'exécute d'abord en bon ordre, bien que les généraux Bataille et Letellier-Valazé soient blessés. Mais le colonel Thibaudin, qui se multiplie, est atteint à son tour : dès lors, la retraite s'accélère pour se terminer à Rezonville seulement où se rallient les 66ᵉ et 67ᵉ, ainsi qu'un bataillon du 32ᵉ et deux du 55ᵉ. Il ne reste plus aucune troupe d'infanterie française entre le bois de Vionville et le chemin de Chambley (3). Par sa gauche, la 5ᵉ division entre en liaison avec l'infanterie de la 6ᵉ, qui exécute à ce moment une attaque énergique sur Vionville et Flavigny.

(1) Voir *suprà*, p. 24 et *infrà*, p. 37.

(2) Pertes du 66ᵉ : 16 officiers, 575 hommes tués, blessés ou disparus. Pertes du 67ᵉ : 26 officiers, 776 hommes tués, blessés ou disparus (*Metz*, II, 209). Au 67ᵉ, sur 411 blessures d'origine connue, 315 proviennent de l'artillerie, 96 seulement du fusil. Le fait est caractéristique et anormal. Pour 26 régiments, en effet, sur un total de 1 129 blessures de nature connue, 938 proviennent du fusil, 191 de l'artillerie (*Ibid.*).

(3) Rapports du colonel Thibaudin, 19 août; du colonel Ameller, 18 août; Journal de marche de la division Vergé.

Dans le bois de Vionville des fractions du 76ᵉ
et du 77ᵉ de ligne se voient contraintes de céder
peu à peu du terrain. Dans les bois de Saint-
Arnould, situés entre les deux ravins de Gorze,
un des bataillons prussiens, primitivement laissés
à Gorze, s'est engagé, vers 9 h. 45, contre les
tirailleurs du Iᵉʳ bataillon du 76ᵉ. Vers midi, la
plus grande partie de la brigade Jolivet s'est
retirée sur la croupe qui domine au nord la lisière
du bois de Vionville; elle est prolongée sur sa
gauche par le Iᵉʳ bataillon du 84ᵉ, le IIIᵉ du 55ᵉ,
enfin par le IIIᵉ du 84ᵉ, qui, par une conversion
à droite, vient de faire face au bois de Saint-
Arnould, où la fusillade s'accentue. Les batteries
de la division Vergé et celle de la brigade Lapasset, renforcées par deux batteries de la réserve,
continuent à contre-battre l'artillerie de la 5ᵉ division, d'ailleurs sans aucun succès (I).

Malgré le décousu qui a présidé à son engagement, la 5ᵉ division a remporté un important
succès en prenant pied définitivement sur la
croupe 326. Mais, pour atteindre ce but, elle a
dû se déployer tout entière; son chef, le général
von Stülpnagel, n'a pour toute réserve que les
débris des deux bataillons qui ont été mis en
déroute dans la matinée. Les avantages obtenus,
elle les doit sans doute à l'esprit offensif et à la

(1) *Metz*, II, 216.

ténacité des troupes, mais surtout aux erreurs de
l'adversaire : absence de direction supérieure,
passivité du commandement, formations denses
complaisamment exposées au feu de l'artillerie.
Ces avantages ne se bornent pas d'ailleurs à la
mainmise sur les débouchés du plateau : la vigoureuse attaque de Stülpnagel est d'une influence
capitale en contribuant à persuader Bazaine que
les Allemands cherchent à le couper de Metz. Elle
détermine le maréchal à réunir sur sa gauche des
forces considérables, qu'il eût dû employer au
contraire à manœuvrer par son aile droite.

CHAPITRE IV

ATTAQUE DE LA DIVISION BUDDENBROCK

Entretien d'Alvensleben et de Rheinbaben. — Comment Alvensleben juge la situation. — Il prend le parti d'attaquer à fond. — Déploiement de la division Buddenbrock. — L'artillerie prussienne prend la supériorité du feu. — Prise de Vionville. — Le 94e de ligne à Flavigny. — Évacuation de ce hameau. — Déploiement de la division Tixier. — Entrée en ligne de la division Aymard. — La division Nayral à la ferme de Caulre. — Préoccupations de Bazaine pour sa gauche. — Accumulation de forces autour de Rezonville. — Les détachements Lyncker et Lehmann. — Ferme volonté d'Alvensleben de continuer à attaquer au moins par sa gauche. — Comment il envisage une retraite éventuelle.

Tandis que la division Stülpnagel s'établit péniblement sur le plateau au nord de Gorze, la division Buddenbrock se prépare à continuer sa marche sur Mars-la-Tour et Jarny, afin de barrer les routes de Verdun aux forces françaises dont Alvensleben a constaté la présence et qu'il persiste à considérer comme une simple arrière-garde de l'armée du Rhin (1). En s'éloignant de

(1) *Kriegsgeschichtliche Einzelschriften*, Heft 18, 544. — Dans un compte rendu adressé à Frédéric-Charles à 10 h. 30, Alvensleben ajoute même : « L'ennemi se retire sur Thionville. »

la statue de la Vierge dans la direction de Tronville, Alvensleben rencontre Rheinbaben et, aux
premiers mots échangés, il reconnaît son erreur :
« Je ne sais, lui dit Rheinbaben, si je suis plus
bête que le commun des mortels, mais j'ai toujours prétendu que nous avions encore en face
de nous toute l'armée française ; maintenant j'en
suis sûr (1). » L'appréciation est de première
valeur : depuis deux jours, en effet, la 5ᵉ division
de cavalerie se tient près des routes que les Français auraient dû suivre pour se retirer sur Verdun. Le violent combat d'artillerie qui vient de
s'engager confirme d'ailleurs cette opinion.

Alvensleben prend aussitôt une résolution audacieuse, il est vrai, mais pleinement justifiée par
les circonstances : « Comme le 15, j'eus devant
les yeux, très nettement, l'objectif stratégique
de la campagne et la conviction que la situation
commandait l'entrée en ligne de mon corps
d'armée. Je ne pensai au Xᵉ corps qu'avec l'idée
que je pourrais me replier sur lui si je risquais
une bataille à fronts inversés contre des forces si
supérieures. J'ignorais si ce corps d'armée devait,
pouvait ou voudrait me porter secours, mais je
savais bien, étant donnée la direction de retraite
des Français, qu'il était indifférent pour nous,
que notre objectif fût atteint deux milles plus en

(1) *Kriegsgeschichtliche Einzelschriften*, Heft 18, 547 (Souvenirs d'Alvensleben).

avant ou en arrière. Du reste, chaque pas rétrograde me procurerait un gain de temps et de
forces égal à celui que perdrait l'ennemi. A voir
les choses de près, l'enjeu n'était donc ni trop
gros, ni trop dangereux. Certes, il eût été très
regrettable d'abandonner le champ de bataille
avec nos blessés, mais ce fait n'aurait nullement
modifié le résultat stratégique de la journée (1). »

Le projet de continuer la marche sur Jarny
devient inexécutable : on ne peut abandonner à
son sort la division Stülpnagel déjà vivement
engagée vers le bois de Vionville; d'ailleurs l'artillerie déployée entre Vionville et Flavigny
demande à être promptement soutenue. Alvensleben prescrit donc à Buddenbrock de suspendre
le mouvement de la 6ᵉ division vers le nord et
de converser à droite pour venir vers Tronville.
« Ce n'est pas, ajoute Alvensleben, que j'eusse
changé d'avis sur la position que je désirais alors
atteindre et que je considère encore aujourd'hui
comme la vraie aux points de vue stratégique et
tactique : la ligne des hauteurs entre Mars-la-
Tour et Jarny. Mais je ne pouvais, dans les circonstances présentes, m'étendre aussi loin... Il
me fallait, bon gré mal gré, accepter le terrain
qui m'était imposé, et *make the most of it* (l'utiliser
le mieux possible) ». Qu'entend Alvensleben par

(1) *Kriegsgeschichtliche Einzelschriften,* Heft 18, 547 (Souvenirs d'Alvensleben).

ces mots? Veut-il recourir à la défensive? Veut-il
atténuer son infériorité numérique par un emploi
judicieux du terrain? Bien au contraire, c'est à
l'offensive qu'il se résoud, afin, dit-il avec raison,
de « *compenser la disproportion des forces matérielles par la puissance morale de l'attaque* (1) ».

Alvensleben juge ses excellents contingents
brandebourgeois tout à fait propres à réaliser ses
projets; de plus, il dispose de dix-huit régiments
de cavalerie, car Rheinbaben lui a offert son concours. De là résulte pour le III° corps une grande
liberté d'action. Alvensleben entrevoit pourtant
une difficulté : « Certaines impressions fâcheuses
sur l'esprit de sacrifice de la cavalerie, c'est-à-
dire sur la disposition de son haut commandement à risquer ses troupes, me hantaient depuis
Spicheren (2) et pesèrent sur moi pendant toute
la guerre. Je disposais de 9 000 cavaliers de la
meilleure qualité, mais non de la cavalerie cor-
respondante... (3). »

L'idée d'offensive à laquelle obéit Alvensleben,
avec une remarquable logique et une énergie peu
commune, est parfaitement judicieuse. Prendre
position ou reculer en combattant en retraite,
serait également néfaste : l'armée française aurait

(1) *Kriegsgeschichtliche Einzelschriften*, Heft 18, 548.
(2) Alvensleben fait allusion à l'attitude de la cavalerie allemande le soir et le lendemain de la bataille de Spicheren.
(3) *Kriegsgeschichtliche Einzelschriften*, Heft 18, 548.

le temps de se reconnaître, de prendre conscience de sa supériorité numérique et d'écraser
le III° corps isolé. De plus, Alvensleben perdrait
les bénéfices de la surprise, déjà très diminués
par l'intempestive canonnade de la cavalerie. Il
abandonnerait enfin l'ascendant moral dont il
connaît tout le prix. « La bataille, a-t-il dit fière-
ment, n'est pas une tuerie ; c'est une lutte
morale ; nous étions les plus forts. » Seule, l'offensive à outrance lui permettra de conserver cet
ascendant moral, de tromper les Français sur
l'importance des forces de l'assaillant, de leur en
imposer jusqu'au bout, et de réparer ainsi les
erreurs de la direction suprême.

* *
*

Le mouvement de conversion de la *6*° division
commence à 10 heures et demie. Quittant les
abords de la route de Buxières à Mars-la-Tour,
elle marche par brigades accolées sur deux
lignes : la *11*° brigade (*20*° et *35*°) est dirigée vers
la hauteur à l'est de Tronville ; la *12*° brigade
(*24*° et *64*°), prenant plus au nord, s'établit à
cheval sur la route de Metz, face à Vionville.
Posté sur la hauteur à l'ouest de cette localité et
apprenant l'engagement très vif de la *5*° division,
Alvensleben juge que, pour parer au danger qui
menace l'aile droite du III° corps, l'intervention

immédiate et énergique de la 6ᵉ division est absolument indispensable. Il envoie donc à Buddenbrock l'ordre d'attaquer en mettant toutes ses
forces en ligne (1).

A la *12ᵉ* brigade, le *64ᵉ* s'avance vers Vionville
par les abords de la grande route ; derrière lui,
le *24ᵉ* chemine entre la chaussée et le bois de
Tronville (2) et, afin de couvrir la gauche, jette
un bataillon dans le bois même. A la *11ᵉ* brigade, le *35ᵉ*, en première ligne, se déploie face à
l'intervalle entre la partie sud de Vionville et le
hameau de Flavigny ; il est suivi du *20ᵉ* qui, sur
l'ordre de Buddenbrock, laisse deux bataillons en
réserve à Tronville (3). Sur ces entrefaites, toutes
les batteries qui ont abandonné la lutte sont
rentrées en action, et trois autres atteignent
le champ de bataille. Au total, abstraction
faite des quatre batteries de la 5ᵉ division, onze
batteries appuient l'attaque de la 6ᵉ division :
cinq sur le mamelon à l'ouest de Vionville ; deux
au sud de ce village, près du cimetière ; quatre
au nord-ouest de la statue de la Vierge (4).
L'artillerie prussienne ne tarde pas à prendre la
supériorité du feu sur les batteries françaises des

(1) *Historique du grand État-major prussien*, V, 237 ; *Kriegsgeschichtliche Einzelschriften*, Heft 18, 549.

(2) Suivant certaines cartes, nous appelons bois de Tronville
le bois situé au nord-ouest de Vionville.

(3) *Historique du grand État-major prussien*, V, 537-538.

(4) *Ibid.*, 538.

2ᵉ et 6ᵉ corps disséminées sur un arc de cercle
convexe s'étendant de la voie romaine au bois des
Ognons et coupant la grande route à peu près à
mi-distance entre Rezonville et Vionville. Ces
dernières agissent sans direction tactique; elles
n'entrent en ligne que successivement; elles
s'établissent à découvert; elles cessent souvent le
feu soit pour ménager leurs munitions, soit pour
aller se réapprovisionner. Un grand nombre
d'autres appartenant au 2ᵉ corps, à la Garde, à la
réserve générale, restent inutilisées. L'artillerie
prussienne conquiert donc facilement l'avantage
pour le conserver presque partout jusqu'à la nuit.

Vers 11 h. 30, Vionville est simultanément
attaqué au sud, à l'ouest et au nord par treize
compagnies prussiennes (1). Le 12ᵉ bataillon de
chasseurs, qui occupe seul, en flèche, cette localité, est contraint de l'évacuer et de se reporter
derrière la première crête à l'est (2). Le Iᵉʳ bataillon du 23ᵉ, dont la droite est découverte,
rétrograde également sur cette crête. Le bataillon du 24ᵉ, jeté dans le bois de Tronville, l'a traversé et s'est engagé dans un combat violent à la
fois contre le 75ᵉ de ligne qui lui fait face et
le 10ᵉ, de la division Tixier, établi avec trois batteries à la lisière sud du bois de Saint-Marcel, le
long de la voie romaine. Bientôt les deux autres

(1) Cinq du 35ᵉ, trois du 25ᵉ, cinq du 64ᵉ.
(2) Rapport du général Mangin; *Metz*, II, 238.

bataillons du *24*ᵉ sont obligés d'intervenir à la gauche du premier. Cette longue ligne mince lutte le long du ravin qui borde la lisière est du bois « contre les masses bien supérieures d'un adversaire qui se renforce sans cesse (1) ». S'apercevant de la situation difficile de son aile gauche, Buddenbrock envoie, en soutien du *24*ᵉ, un bataillon du *20*ᵉ resté jusque-là en réserve à Tronville (2).

Pendant ce temps, la *11*ᵉ brigade a continué sa marche vers l'est. Après la prise de Vionville, deux bataillons du *35*ᵉ et un du *20*ᵉ se portent sur Flavigny. Les IIᵉ et IIIᵉ bataillons du *23*ᵉ de ligne, déployés sur la crête à l'ouest du hameau, les accueillent par un feu très meurtrier (3) ; mais, débordés par le nord et criblés d'obus, ils sont obligés de se replier vers Gravelotte en même temps que le reste de la brigade Mangin. Une énergique contre-attaque de trois compagnies du *23*ᵉ, enlevées par le lieutenant-colonel de Linière, marque un temps d'arrêt dans la marche des troupes allemandes et permet aux *94*ᵉ et *91*ᵉ régiments, de la division La Font de Villiers, d'intervenir à leur tour (4).

(1) *Historique du grand État-major prussien*, V, 541.
(2) *Ibid.*, 542.
(3) En moins de cinq minutes, deux compagnies perdent 8 officiers et 185 hommes, c'est-à-dire plus du tiers de leur effectif (*Das Brandenburgische Fusilier-Regiment Nr. 35*, 72).
(4) Historique manuscrit du 23ᵉ de ligne ; *Metz*, II, 243.

Marchant en bataille pour offrir le moins de profondeur possible au tir de l'artillerie, le 94ᵉ de ligne franchit la grande route et se dirige sur Flavigny. Peu à peu le mouvement s'accélère et se transforme en une véritable course vers le hameau où l'ennemi vient de pénétrer. Parvenu en effet au chemin de Rezonville à Chambley, un bataillon de la 5ᵉ division (1) s'est porté sur Flavigny dont l'artillerie de la crête Sainte-Marie prépare très efficacement l'attaque. Les feux d'écharpe du 32ᵉ de ligne, qui protège la retraite de la brigade Fauvart-Bastoul, joints à ceux de l'aile gauche du 8ᵉ, encore déployé à ce moment en avant de Flavigny, mettent un instant le ba-taillon prussien dans une situation critique. Mais, grâce au renfort d'un autre bataillon et au recul du 8ᵉ de ligne, les Prussiens parviennent à se jeter dans Flavigny. Un combat corps à corps s'engage entre eux et le Iᵉʳ bataillon du 8ᵉ. Le 94ᵉ de ligne apparaît alors sur la crête au nord du hameau. A peine ses tirailleurs ont-ils ouvert le feu, que les Prussiens cèdent et refluent jusqu'à une plate-forme située à 500 mètres environ au sud. Le 94ᵉ occupe Flavigny sans résistance : une partie du régiment s'établit à droite et à gauche, une autre fraction reste en réserve en arrière (2).

(1) Voir *suprà*, p. 29. — C'est le IIIᵉ bataillon du *12ᵉ*.
(2) L'*Historique du grand État-major prussien* (V, 545 et supplément XIX) n'avait donné de ces faits qu'un récit très

L'artillerie allemande, qui vient d'être renforcée
par les quatre batteries montées de l'artillerie de
corps, dirige aussitôt un feu des plus violents sur
le hameau. « Dans Flavigny nous fûmes écrasés,
dit le colonel de Geslin, du 94ᵉ; les murs crou-
laient, la toiture de la ferme s'affaissa et tout fut
en feu. Nous y tînmes cependant et ne l'aban-
donnâmes qu'au moment où l'ordre nous fut
donné de nous retirer. M. le général Colin, à
cheval, était dans la cour de cette ferme, nous
encourageant de son exemple et de ses conseils (1). »

Sur ces entrefaites, le 91ᵉ est intervenu au
nord-est et à l'est de Vionville. Onze batteries
françaises, établies entre la voie romaine et Flavigny, font subir des pertes importantes à l'artillerie ennemie et couvrent d'obus les lisières de
Vionville. Le seul moyen pour les Allemands de
se maintenir dans cette localité est « de pousser
plus avant (2) ». La dernière réserve de la 6ᵉ division — trois compagnies du 20ᵉ — est envoyée
sur la ligne de combat au sud de Vionville. Le 64ᵉ
parvient à gagner un peu de terrain à l'est du vil-

---

sujet à caution en confondant les deux prises de Flavigny qui
eurent lieu à près d'une heure d'intervalle. Les *Kriegsgeschichtliche Einzelschriften*, Heft 18, 550 et 601 sqq., ont rétabli à peu
près les faits. — Voir aussi : Kunz, *loc. cit.*, 57 sqq., et Rapport
du colonel de Geslin, 18 août; *Metz*, II, 245-252.

(1) Rapport du colonel de Geslin.
(2) *Historique du grand État-major prussien*, V, 543.

lage ; le 35ᵉ fait également quelques progrès (1).
Une action opiniâtre s'engage entre ces régiments et les 91ᵉ et 94ᵉ de ligne. Chez les Allemands, le mélange des unités est complet : « Au
milieu de ces sanglantes péripéties, toute direction d'ensemble ne tarde pas à disparaître. Le
coup d'œil des chefs subalternes, le courage des
soldats y suppléent. Selon que le comportent et
la configuration du sol et la direction des feux de
l'ennemi et l'inspiration du moment, la ligne,
fractionnée en colonnes de compagnie, gagne çà
et là du terrain ; les compagnies se confondent ;
leurs débris, se ralliant à d'autres débris, se groupent et rentrent de leur mieux dans la lutte. C'est
en vain que l'on tenterait une description fidèle
de cet engagement furieux (2). »

* *
*

Ne parvenant pas à progresser sous les feux
croisés du 10ᵉ et du 75ᵉ de ligne, le 24ᵉ a marqué
un temps d'arrêt dans le ravin qui descend de
Vionville vers la voie romaine. Puis ses deux bataillons de droite gagnent du terrain vers le sud-
est et débordent l'aile droite du 91ᵉ qui, vers
midi 15, rétrograde en combattant. Le colonel de
Voigts-Rhetz veut en profiter pour lancer deux

(1) *Historique du grand État-major prussien*, V, 543.
(2) *Ibid.*, 544.

escadrons à la charge : ils sont repoussés avec de lourdes pertes (1). Le recul du 91ᵉ permet aux Allemands d'atteindre l'origine du vallon de Flavigny. Bientôt la situation du 94ᵉ devient extrêmement critique : le régiment est à peu près isolé ; les pertes sont considérables ; la ligne de retraite va être compromise. Le général Colin prescrit l'évacuation de Flavigny ; malheureusement le mouvement, mal préparé, dégénère bientôt en « un sauve-qui-peut général (2) ». Secondé par le lieutenant-colonel Hochstetter, le colonel de Geslin groupe autour de lui une quarantaine d'hommes qui, embusqués derrière une haie, font tête à l'assaillant pendant un quart d'heure et protègent la retraite (3). La perte de Flavigny entraîne le recul de six de nos batteries, dont quatre prennent une nouvelle position aux environs de Rezonville (4).

Le *24ᵉ* tout entier et un bataillon du *20ᵉ*, formant une ligne presque continue, s'avancent au sud de la grande route vers le chemin de Flavigny à Saint-Marcel. Le général La Font de Villiers engage son dernier régiment, le 93ᵉ, pour soutenir, puis relever le 75ᵉ, et parvient ainsi à ralentir les progrès des Allemands, dont la gauche est

(1) Journal de marche du 91ᵉ de ligne ; *Historique du grand État-major prussien*, V, 544.
(2) Rapport du colonel de Geslin.
(3) *Ibid.*
(4) *Metz*, II, 263-264.

d'ailleurs menacée par le 10ᵉ de ligne, appuyé
de trois batteries qui échappent aux vues de l'artillerie allemande. Le 10ᵉ est bientôt renforcé par
deux bataillons du 100ᵉ de ligne. Un peu plus
tard, le général Tixier fait déployer le 4ᵉ tout
entier sur la croupe 255 qui s'étend au nord-est
du bois de Tronville. Malheureusement, malgré
l'appui de deux nouveaux bataillons, ce régiment
ne pénètre pas dans ce bois, dont l'occupation
amènerait l'évacuation de Vionville (I).

*
* *

Ce mouvement offensif de la division Tixier
semble s'imposer d'autant plus que d'importantes fractions du 3ᵉ corps sont prêtes à le soutenir. Dès 10 heures et demie, la division Aymard
est rassemblée entre Saint-Marcel et la ferme
Caulre, attendant les ordres (2). Vers 11 h. 30,
le maréchal Bazaine arrive. Après avoir échangé
quelques mots avec le maréchal Le Bœuf, il prescrit à la division d'exécuter une conversion
pour se rapprocher de l'ennemi et se placer face
au sud et à la route de Rezonville à Mars-la-

(1) Journal de marche de la division Tixier; Historiques
manuscrits des 4ᵉ et 100ᵉ de ligne; Rapport du général Tixier,
19 août; *Metz,* II, 267.
(2) Le général de Geslin au ministre de la Guerre, 12 février 1900.

Tour (1). Bazaine marche quelque temps avec la division, il fait lui-même battre les tambours pour donner de l'entrain, puis il s'éloigne au grand trot, dans la direction de Rezonville, en disant : « Je ne peux pas être partout à la fois (2)! » Quatre bataillons de la brigade Brauer se forment en bataille à la cote 279; les trois autres restent à Saint-Marcel. La brigade Sanglé-Ferrière doit d'abord se porter entre les bois Saint-Marcel et Pierrot, mais un contre-ordre dirige quatre bataillons vers la croupe 255, derrière le 4ᵉ de ligne qui, malgré l'arrivée de ces renforts, reste toujours sur la défensive (3).

Deux batteries de la réserve d'artillerie du 3ᵉ corps ont pris position, dès 11 heures, entre les bois Pierrot et Saint-Marcel. Les six autres restent très en arrière, près de Saint-Marcel; vers midi, quelques-unes ouvrent le feu à très grande distance sur l'artillerie ennemie du mamelon de Vionville (4). A ce moment, la division Nayral atteint la ferme Caulre; la division de cavalerie Clérembault se déploie, par régiments en colonne serrée, entre Saint-Marcel et Urcourt, entrant en liaison avec les premières fractions

(1) Note du général Zurlinden, 2 février 1901.
(2) *Ibid.*
(3) Rapport du général de Brauer, 20 août; Rapport du général Sanglé-Ferrière, 17 août; Historiques manuscrits des 60ᵉ et 80ᵉ de ligne; *Metz*, II, 270.
(4) Rapport du général de Rochebouët, 25 août.

du 4ᵉ corps qui apparaissent vers Bruville. A notre aile droite, se trouvent donc réunies des forces considérables : trois divisions d'infanterie et une de cavalerie, abstraction faite des colonnes du général de Ladmirault. Mais, au lieu de pousser de l'avant, elles attendent passivement l'attaque.

Des masses plus importantes encore sont concentrées à notre aile gauche. Dès le début de l'action, en effet, Bazaine se croit menacé surtout vers les bois des Ognons et de Vionville. Les attaques de la division Stülpnagel l'inquiètent vivement, car, avant tout, il craint d'être coupé de Metz (1). « Il était revenu à sa gauche, convaincu, disait-il, que là était le danger, que là devait se faire le véritable effort de l'ennemi. Ce fut chez lui une préoccupation constante... et dont il ne se départit malheureusement pas pendant tout le reste de la journée (2). » Elle le conduira à négliger sa droite et à accumuler sans cesse des troupes à sa gauche.

Dès 10 heures du matin, la brigade Marguenat, de la division Levassor-Sorval, s'est établie au sud de Rezonville. Vers 11 heures, la brigade Chanaleilles se rapproche de Rezonville et se place au nord de la grande route, la gauche aux der-

(1) Rapport du maréchal Bazaine sur la bataille de Rezonville.
(2) Colonel D'ANDLAU, *loc. cit.*, 73.

nières maisons (1). Près de Rezonville également, se trouvent les batteries de la réserve du 2ᵉ corps non encore engagées et huit batteries de la réserve générale (2). Le 9ᵉ de ligne et les deux batteries qui constituent toute la division Bisson se sont placés le long de la route de Verdun, la gauche à Rezonville (3). A ces quinze bataillons du 6ᵉ corps, auprès desquels se sont ralliées les troupes du général Frossard, Bazaine joint encore toute la Garde. La division de grenadiers Picard se déploie au sud et au sud-ouest de Gravelotte, surveillant le bois des Ognons et le ravin d'Ars. La division de voltigeurs Deligny se porte au nord de la Maison de Poste, faisant fouiller le bois Leprince. La division de cavalerie, réduite à deux régiments, rejoint au nord de Rezonville les divisions Forton et Valabrègue (4).

Vers midi et demi, tandis que Bazaine dispose ainsi à ses deux ailes de troupes fraîches considérables, Alvensleben a engagé toute son infanterie sur une longue ligne de plus de six kilomètres qui s'étend depuis le bois de Vionville jusqu'à la voie romaine. Le IIIᵉ corps a pour appui très efficace l'artillerie déployée sur les

(1) Rapport du général Levassor-Sorval, 18 août.
(2) *Metz*, II, 275.
(3) Rapport du général Bisson, 17 août; Historique manuscrit du 9ᵉ de ligne.
(4) Journal de marche de la Garde; Rapport du général Bourbaki, 21 août.

crêtes qui s'étendent en demi-cercle autour de Rezonville, mais il n'a d'autre réserve que de la cavalerie et trois bataillons du X° corps.

Deux détachements de ce corps d'armée sont accourus en effet au feu avec une louable initiative. L'un d'eux, comprenant deux bataillons, deux escadrons, une batterie, sous les ordres du colonel Lyncker, est parti de Novéant à 8 h. 30, derrière la 5° division, pour rallier le reste de la 37° brigade à Chambley. Au bruit du canon, Lyncker, se faisant précéder de sa batterie, s'est mis à la disposition de Stülpnagel : son infanterie a été aussitôt utilisée pour couvrir le front de l'artillerie vers la cote 326. Vers midi, arrive à Tronville le reste de la 37° brigade, sous les ordres du colonel Lehmann : d'abord une batterie et six pelotons de cavalerie, puis quatre bataillons, dont l'un est immédiatement dirigé vers le bois de Tronville (1).

Certain désormais d'avoir en face de lui l'armée du Rhin tout entière, Alvensleben « se maintient néanmoins dans la ferme volonté d'attaquer, au moins avec son aile gauche, pour ne pas donner à son adversaire le temps de la réflexion et continuer à lui faire supposer qu'il est menacé par des forces plus considérables (2) ».

En cas d'insuccès, son intention est de se replier

(1) *Historique du grand État-major prussien*, V, 547.
(2) *Kriegsgeschichtliche Einzelschriften*, Heft 18, 555.

sur Verdun. « Bazaine pouvait me battre, écrit-il, mais il ne se serait pas de longtemps débarrassé de moi. S'il ne me venait aucun secours, je me retirais sur Verdun en gardant la route que j'avais conquise, avec l'espérance que le Xe corps protégerait mon mouvement en débouchant sur ma droite. A l'un des instants les plus critiques (vers une heure, alors que le mouvement enveloppant des Français était très menaçant et que le Xe corps n'était point encore signalé), j'exprimai au général von Bülow le désir de lui voir occuper avec un groupe de batteries, une position de repli entre Mars-la-Tour et Ville-sur-Yron. Le général von Bülow me pria de surseoir à l'exécution d'un pareil ordre : toute l'artillerie était vivement engagée, et l'effet moral de cette mesure eût été fâcheux. Il m'assura que, dès qu'elle lui paraîtrait absolument nécessaire, il provoquerait mes ordres et répondrait de leur exécution. Je me tins pour satisfait et, par bonheur, le mouvement prévu fut inutile. Bientôt j'appris le voisinage et la direction de marche du Xe corps (1)... »

Tout en rendant hommage au sens stratégique, à l'extrême énergie et à la hauteur d'âme peu commune dont Alvensleben fait preuve en cette journée, il faut observer qu'en l'absence de réserves, et sur ce terrain découvert, la rupture du

---

(1) *Kriegsgeschichtliche Einzelschriften*, Heft 18, 556.

combat eût été des plus délicates. Après la prise de Vionville et de Flavigny, et la lutte à courte distance engagée sur tout le front, Alvensleben n'avait plus en réalité qu'à persévérer dans la seule voie qui pût conduire au salut, sinon au succès : se maintenir à tout prix sur le terrain conquis et, au moyen d'offensives répétées, conserver jusqu'au bout l'ascendant moral.

CHAPITRE V

LES CHARGES DE CAVALERIE AU CENTRE

Charges du 3ᵉ lanciers et des cuirassiers de la Garde. — Contre-attaque du *17ᵉ* hussards. — L'échauffourée de Rezonville. — Bond en avant de l'artillerie prussienne. — La division de grenadiers appelée à Rezonville. — Situation de notre artillerie. — Les bataillons du détachement Lehmann dans le bois de Tronville. — Situation critique de l'aile gauche de la division Buddenbrock. — La *chevauchée de la mort*. — Intervention des divisions de cavalerie Forton et Valabrègue. — Résultats matériels et moraux de la charge de Bredow.

Après la prise de Flavigny, deux bataillons prussiens, entraînés par le capitaine Hildebrand, se sont portés au nord-est du village. Sans doute impressionné par la retraite précipitée de ses troupes, Frossard demande à plusieurs reprises à Bazaine de faire charger la cavalerie. Les généraux Desvaux et du Preuil trouvent le moment mal choisi ; avec raison celui-ci voudrait laisser les Prussiens approcher encore et les surprendre en surgissant inopinément de la crête au sud-ouest de Rezonville. Il examine le terrain quand le 3ᵉ lanciers et, bientôt après, les cuirassiers de la Garde s'ébranlent pour la charge (1).

Formés en bataille face à l'ouest, non loin de
la sortie sud-ouest de Rezonville, les lanciers descendent les pentes, suivant une direction parallèle à la route, mais des haies et divers obstacles
produisent dans leurs rangs une certaine confusion. Un officier d'état-major arrête le mouvement. Après s'être ralliés, les lanciers repar-
tent : les 1er et 2e escadrons en tête, suivis à
quelque distance des deux autres. L'ordre est
cette fois excellent; « les escadrons conservent
une grande cohésion; les lances baissées présentent un alignement magnifique (2) ». Malheureusement, aucun objectif précis n'a été indiqué.
La direction, d'abord bien prise sur les deux bataillons de Hildebrand, est modifiée au cours de
la charge, de sorte que c'est à peine si l'extrême
gauche des escadrons de tête arrive à proximité
des fantassins prussiens; le reste donne dans le
vide et aboutit aux fossés de la grande route. La
deuxième ligne fait presque aussitôt demi-tour.
Les escadrons se rallient avec des pertes relativement faibles, grâce à l'intervention des cuirassiers
de la Garde qui débouchent au même instant de
la crête au sud-ouest de Rezonville (3).

(1) Souvenirs du colonel de Sainte-Chapelle. — Sur les préliminaires de ces charges, les documents sont contradictoires
(Voir *Metz*, II, 293-297).

(2) Historique manuscrit du 15e dragons, ancien 3e lanciers.

(3) *Metz*, II, 300-301 (Lettre du lieutenant Bergasse).

Afin d'éviter les clôtures qui ont rompu l'ordre du 3e lanciers, les cuirassiers exécutent d'abord quelques mouvements qui, par hasard, les placent sur trois lignes : les 6e et 4e escadrons en tête, puis les 3e et 2e, enfin le 1er. En arrivant sur la crête, le régiment aperçoit devant lui, à 1 500 mètres environ, le hameau de Flavigny en flammes et plusieurs groupes échelonnés d'infanterie prussienne que précèdent des tirailleurs à 700 mètres au nord-est de Flavigny. A l'apparition des cuirassiers, les tirailleurs se hâtent de rejoindre les compagnies qui se massent en arrière. Ce spectacle donne un vigoureux élan aux cuirassiers; les cris de « Chargez! » et de « Vive l'empereur! » éclatent spontanément, tandis que les lames de sabre s'élèvent au-dessus des casques. Le terrain excellent s'incline en pente douce vers l'ennemi. Les chevaux partent au galop allongé en conservant un alignement superbe. « Jamais escadrons ne firent, à un jour d'inspection générale, un simulacre d'attaque plus correct (1). »

A moins de 100 mètres, une salve, suivie d'un feu rapide, fait tomber quelques chevaux, mais la charge n'en est pas sensiblement ralentie. L'aile droite du 4e escadron vient « s'abattre sur les baïonnettes » de deux compagnies prussiennes;

---

(1) Souvenirs du colonel de Sainte-Chapelle (*Metz*, II, 304).

l'aile gauche est fusillée à bout portant par deux autres compagnies. Le commandant Sahuquet et tous les officiers sont hors de combat. On ne parvient à rallier qu'une vingtaine de chevaux. Quant au 6e escadron, il donne dans le vide, non sans laisser sur le terrain un grand nombre de chevaux. La seconde ligne survient, accompagnée sur son flanc droit par le général du Preuil et son état-major. Apercevant la ligne de morts et de blessés qui jonchent le sol, les cuirassiers appuient instinctivement à droite et sont accueillis à 60 mètres par une décharge qui abat « leurs deux rangs dans un pêle-mêle indescriptible ». Neuf officiers sont tués, blessés ou démontés ; quelques cavaliers seulement parviennent à joindre l'ennemi. Le 1er escadron, enfin, est mis en désordre par les débris des deux premiers échelons qui se rabattent dans sa direction (1).

Il est midi et demi environ. Le lieutenant-colonel von Caprivi, chef d'état-major du Xe corps, a assisté, des environs de Vionville, aux charges de la cavalerie française. Huit escadrons prussiens sont rassemblés dans le vallon au sud-ouest de Flavigny. Sur l'invitation de Caprivi,

---

(1) Souvenirs du colonel de Sainte-Chapelle (*Metz*, II, 305-308) ; KUNZ, *loc. cit.*, 63-64. — Pertes des cuirassiers de la Garde : 6 officiers tués, 12 blessés, 140 hommes tués ou disparus, 30 blessés (État de pertes du 17 septembre 1870).

ils se portent en avant. Trois escadrons du 17e hussards et un escadron des dragons de la Garde se lancent à la poursuite des cuirassiers en se dirigeant au nord de Flavigny, puis vers les abords sud de Rezonville. A ce moment, débouche de ce village la 2e batterie à cheval de la Garde, dont trois pièces sont restées en arrière par suite d'un encombrement. Bazaine, préoccupé de placer lui-même les pièces, prescrit au lieutenant d'Esparbès, qui marche en tête, de se mettre en batterie. A peine les trains sont-ils séparés, que les hussards prussiens surgissent du fond du vallon. D'Esparbès n'a que le temps de faire tirer trois coups à mitraille avant l'irruption de la charge : il est tué, ainsi que six de ses canonniers. Dans leur course, les hussards entraînent deux avant-trains et les chevaux des servants, qui viennent jeter le désordre dans une batterie voisine. Les trois autres pièces, qui ont fini par rejoindre, tentent vainement de se mettre en batterie : les attelages emportés galopent avec les Prussiens vers Rezonville (1). Bazaine a mis l'épée à la main, ainsi que les quelques officiers qui l'accompagnent, et attend de pied ferme les hussards. Une courte mêlée se produit, puis le maréchal et ses officiers sont entraînés vers Rezonville pêle-mêle avec des cavaliers ennemis et des artil-

(1) Historique manuscrit du régiment d'artillerie à cheval de la Garde; *Historique du grand État-major prussien*, V, 553.

leurs de la Garde. Arrivé à proximité d'un escadron du 5ᵉ hussards, qui lui sert d'escorte, Bazaine lui crie : « En avant, les hussards ! » Ceux-ci s'élancent; en même temps intervient l'autre escadron d'escorte. Après un court combat, les Prussiens s'enfuient vers l'ouest. La 6ᵉ division de cavalerie qui, plus d'une heure auparavant (1), a reçu d'Alvensleben l'ordre de charger, apparaît à ce moment sur la crête de la statue de la Vierge et s'avance entre Flavigny et le chemin de Chambley. Le feu de nos batteries et de notre infanterie arrête ces dix-sept escadrons. Seul, le 15ᵉ uhlans s'engage un instant avec un escadron d'escorte du commandant en chef.

Dans l'échauffourée de Rezonville, Bazaine a été séparé du général Jarras et de son état-major, qui, pendant quelque temps, le croient pris ou tué. Canrobert reçoit même l'avis de prendre le commandement (2). Malheureusement pour les destinées de l'armée et de la France, le commandant en chef n'était pas tombé aux mains des hussards prussiens.

*
* *

Avec beaucoup d'à-propos, le général von Bülow a mis à profit l'arrêt dans le combat, pro-

(1) A 11 h. 45.
(2) Maréchal Bazaine, *Épisodes*, 80-83; général JARRAS, *loc. cit.*, 106-189; Notes du général Bourbaki.

duit par les charges de cavalerie, pour rapprocher
ses batteries. Sur vingt et une, quinze se portent
presque à hauteur des fractions d'infanterie les
plus avancées : celles de la 5ᵉ division, auxquelles
s'est jointe une batterie du détachement Lyncker,
du Xᵉ corps, à l'est de la cote 326 ; cinq batteries
entre le chemin de Chambley et Flavigny ; quatre
entre ce hameau et la grande route ; une au nord-
est de Vionville (1). Leur appui efficace permet
à l'infanterie prussienne de gagner un peu de terrain au nord-est de Flavigny. Vers 1 h. 30, le 9ᵉ de
ligne, embusqué dans les fossés de la grande route
et pris d'enfilade par les batteries de Vionville, est
contraint de faire un changement de front en
arrière ; il se replie ensuite au nord de Rezonville.
Tous les officiers supérieurs sont hors de combat (2). Les deux bataillons prussiens venus de
Flavigny ont subi également des pertes considérables : il ne reste plus à l'un d'eux qu'un officier
de l'armée active, et le capitaine Hildebrand est
mortellement atteint (3). Néanmoins, ils vont parvenir à la grande route, quand ils sont rejetés vers
Flavigny par le 70ᵉ de ligne, de la brigade Chanaleilles, que Bazaine a fait déployer vers une heure,
immédiatement à l'ouest de Rezonville (4).

---

(1) *Historique du grand État-major prussien*, V, 556-557.
(2) Historique manuscrit du 9ᵉ de ligne.
(3) Kunz, *loc. cit.*, 70.
(4) Rapport du colonel Henrion-Bertier, 17 août ; *Metz*, II, 276.

Au même moment, le général Bourbaki reçoit du commandant en chef l'ordre de diriger sur ce point la division de grenadiers. La brigade Jean-ningros, avec deux batteries divisionnaires et deux batteries à cheval, s'établit en effet en avant du village et sur ses deux flancs ; mais la brigade La Croix de Vaubois détache deux bataillons du 2e grenadiers au sud-ouest de Rezonville vers la cote 311, où le 77e de ligne, de la brigade Joli-vet, souffre beaucoup du feu de l'artillerie de la 5e division. Sous la protection des grenadiers, appuyés à gauche par deux bataillons du 25e de ligne, le général Jolivet se replie lentement et par échelons dans la direction de Rezonville (1). Vers 2 heures, deux bataillons du 3e grenadiers viennent encore renforcer la brigade Lapasset à notre gauche, vers la cote 308. Ils s'avancent en ligne déployée, sur le terrain absolument décou-vert que suit le chemin de Rezonville à Gorze. Pris d'écharpe par l'artillerie de la 5e division, ils éprouvent de fortes pertes : 27 officiers, dont les deux chefs de bataillon, sont mis hors de com-bat (2).

Ainsi les fractions du 2e corps qui se sont maintenues entre la grande route et le bois des

(1) Notes du général Bourbaki ; Rapport du général de La Croix, 19 août ; Journal de marche du 2e grenadiers ; Rapport du général Jolivet, 16 août ; *Metz*, II, 322-328.
(2) Rapport du lieutenant-colonel d'Argenton, 17 août.

Ognons (1) viennent de recevoir, dans l'espace d'une heure, l'appui de onze bataillons de troupes fraîches. Mais ces renforts sont intervenus successivement, sans plan ni méthode, sans idée de manœuvre. Il semble que partout on borne son ambition à conserver ses positions au lieu de chercher à chasser l'ennemi des siennes. De plus, notre artillerie, avec un matériel inférieur, a une tactique de combat rudimentaire. Vers 2 heures, nous avons, au nord de la route de Mars-la-Tour, dix-huit batteries contre onze établies aux abords est et ouest de Vionville. Entre la route et le ravin occidental de Gorze, neuf batteries françaises sont opposées à dix allemandes. Entre cette même route et le bois des Ognons, nous avons encore douze batteries. Au total notre artillerie a trente-neuf batteries au feu contre vingt et une; elle dispose encore de dix-huit batteries absolument intactes. Malgré une telle disproportion de forces, tout à son avantage, elle n'obtient pas, sur l'ensemble du champ de bataille, de résultat décisif contre l'artillerie adverse, et elle ne sait pas lier son action à celle de l'infanterie.

Au nord de la grande route, le 93ᵉ de ligne, constituant une longue ligne mince, est le seul adversaire d'infanterie auquel se heurte le centre de la 6ᵉ division déployé au nord-est de Vionville,

(1) 3ᵉ bataillon de chasseurs, quelques éléments du 76ᵉ, IIIᵉ bataillon du 55ᵉ, brigade Lapasset (*Metz*, II, 330).

un peu en arrière du chemin de Flavigny à Saint-
Marcel. L'aile droite tient solidement Flavigny.
Mais l'aile gauche est dans une « situation qui n'a
fait qu'empirer à la suite d'un combat de plusieurs heures (1) ». Alvensleben a d'ailleurs été
prévenu, vers midi et demi, de l'approche de
colonnes françaises importantes dans les directions de Saint-Marcel et de Bruville (2). Déjà
leur artillerie enfile le ravin au nord de Vionville (3). Devant cette menace d'enveloppement,
Alvensleben est obligé de recourir aux trois bataillons du colonel Lehmann (4) qui constituent
sa seule réserve d'infanterie. Il les rapproche
d'abord du bois de Tronville; puis, apprenant
que la *20e* division atteindra le champ de bataille
vers 3 heures, il charge Lehmann d'occuper la
lisière nord-est du bois (5). Le mouvement est terminé à une heure et demie. Mais, à ce moment,
l'aile gauche de la *6e* division a été rejetée sur la
lisière orientale du bois par les feux convergents
du 10e de ligne, d'une batterie établie à l'ouest
du bois de Saint-Marcel, et de deux bataillons du
12e déployés avec le 4e sur la croupe 255. Lehmann tente de rétablir le combat par une offen-

(1) *Historique du grand État-major prussien*, V, 558.
(2) *Kriegsgeschichtliche Einzelschriften*, Heft 18, 560.
(3) Voir *suprà*, p. 44.
(4) Exactement deux bataillons et demi ou dix compagnies.
(5) On rappelle que le bois de Tronville est celui qui est situé
au nord-ouest de Vionville.

sive vigoureuse; un feu intense oblige ses bataillons à regagner le couvert et même à rétrograder
dans l'intérieur du bois (1). Au nord-est de Vionville, les Prussiens perdent également du terrain. Malheureusement, ces mouvements de retraite ne déterminent nullement nos troupes à
prendre l'offensive à leur tour. Quant au commandant du 3ᵉ corps, il a reçu, du maréchal
Bazaine, l'ordre de constituer la réserve des 2ᵉ et
6ᵉ corps, et il eût cru sans doute outrepasser ses
droits en profitant de l'occasion favorable (2).
Sur certains points, notre infanterie est même
contrainte de reculer : le 93ᵉ, qui a subi, il est
vrai, de fortes pertes, se replie derrière la crête
située à l'est du chemin de Saint-Marcel, ce qui
découvre absolument l'artillerie du 6ᵉ corps (3).

*
* *

Alvensleben a quitté un instant son poste
d'observation à l'ouest de Vionville pour diriger
personnellement les premiers mouvements de
Lehmann. Il rencontre Rheinbaben, qui est sur
le point de porter les brigades Barby et Bredow
au nord du bois de Tronville, afin de couvrir la

---

(1) *Historique du grand État-major prussien*, V, **560**; *Kriegs-geschichtliche Einzelschriften*, Heft 18, 560.
(2) *Metz*, II, 342.
(3) Rapport du colonel Ganzin, 18 août.

gauche. Après un échange de vues (1), Bredow est maintenu vers Tronville (2). Revenu aux environs de Vionville, Alvensleben constate le mouvement de recul de l'infanterie placée au nord-est du village et l'intensité toujours croissante du feu de l'artillerie ennemie.

Jusqu'alors, le IIIe corps a réussi, à force d'audace, à en imposer au commandement français. Il a attiré sur lui quatre corps d'armée et réussi à arrêter notre marche vers la Meuse. Mais il n'est que 2 heures de l'après-midi ; il n'y a plus « en réserve ni un fantassin, ni un canon (3) » ; les jours sont longs au mois d'août, et la 20e division est loin. Des tourbillons de poussière n'indiquent-ils pas en outre l'approche de renforts ennemis ? Alvensleben juge que Vionville doit être conservé à tout prix et qu'il faut « donner de l'air » à la 6e division. A cet effet, « il importe de renouveler l'attaque, afin d'empêcher l'adversaire de prendre conscience de sa supériorité numérique ». L'unique moyen est de faire intervenir la cavalerie, seule troupe encore disponible.

« L'ascendant que le IIIe corps avait pris jusqu'ici sur l'ennemi, dit Alvensleben, paraissait menacé par les préparatifs d'offensive qu'on

(1) Il ne faut pas oublier que la division Rheinbaben est rattachée au Xe corps.
(2) *Kriegsgeschichtliche Einzelschriften*, Heft 18, 561.
(3) *Historique du grand État-major prussien*, V, 561.

remarquait contre la 6ᵉ division… Un mouvement de retraite éventuel avait été prévu et envi-
sagé. Mais la pensée d'abandonner à l'ennemi le
champ de bataille avec nos blessés était insuppor-
table… Renoncer à l'ascendant moral eût été,
pour l'issue de la journée, un risque devant
lequel d'autres ne comptaient pas. Je résolus de
prévenir l'adversaire par une nouvelle attaque de
cavalerie, car la 6ᵉ division d'infanterie n'en était
plus capable (1)… »

Le colonel de Voigts-Rhetz, chef d'état-major
du IIIᵉ corps, transmet lui-même à Bredow l'ordre
de charger, et lui indique comme objectif la
droite de l'adversaire. Voigts-Rhetz ajoute que
l'infanterie prussienne occupe le bois de Tronville ; malgré cette assurance, Bredow persiste à
y détacher deux escadrons sur les huit dont il
dispose. Les préparatifs de la charge sont assez
longs, et Voigts-Rhetz est obligé de revenir sur ses
pas pour faire observer qu'il n'y a « pas de temps
à perdre (2) ».

Vers 2 h. 30, la brigade se porte enfin dans
l'angle de la route de Mars-la-Tour et du chemin de
Tronville ; puis elle chemine à l'abri des vues, du
sud au nord, dans le vallon qui s'ouvre au nord
de Vionville, et se forme en bataille face à l'est,

(1) *Kriegsgeschichtliche Einzelschriften,* Heft 18, 562.
(2) *Ibid.,* 563. — Il semble que Bredow ait fait quelques difficultés pour obéir (*Lettres du major von Kretschmann,* 126).

le 7ᵉ cuirassiers à gauche, le 16ᵉ uhlans en échelon refusé à droite. Les escadrons prennent le trot, puis le galop, et chargent parallèlement à la voie romaine (1). Les batteries des divisions Tixier et La Font de Villiers, très éprouvées déjà, n'ont plus, depuis la retraite du 93ᵉ, d'autre protection sur leur front que trois compagnies du 9ᵉ bataillon de chasseurs. Celles-ci ouvrent le feu, tandis que les batteries tirent à mitraille sans réussir à arrêter la cavalerie prussienne. A ce moment arrivent sur le plateau les deux batteries à cheval de la division Forton, envoyées au soutien de l'artillerie de la division Tixier. L'une d'elles a à peine tiré quelques boîtes à mitraille que uhlans et cuirassiers l'envahissent, sabrent son personnel et mettent en un instant quatre officiers et une trentaine d'hommes hors de combat. L'autre parvient à mettre trois pièces en batterie ; le reste s'enfuit vers Rezonville (2). Une batterie de la division La Font de Villiers, qui, après un bond en avant, vient de séparer les trains, est traversée par la charge et subit des pertes sensibles. Une batterie de la division Tixier a le même sort, mais est moins éprouvée (3).

Bien que déjà désunis, les cavaliers de Bredow,

(1) *Historique du grand État-major prussien*, V, 562-564.
(2) Rapport du commandant Clerc, 18 août ; Historique manuscrit des 7ᵉ et 8ᵉ batteries du 20ᵉ d'artillerie.
(3) Rapport du lieutenant-colonel de Montluisant ; Rapport du lieutenant-colonel Jamet, 18 août ; *Metz*, II, 356-358.

entraînés par le galop de leurs montures, continuent leur course vers Rezonville. Franchissant la
crête du plateau, ils débouchent, bride abattue,
devant le 73ᵉ de ligne dont les rangs ont été
rompus par un grand nombre de voitures et de
chevaux des batteries. Le IIᵉ bataillon est mis
particulièrement en désordre : la garde du drapeau est dispersée, le drapeau brisé, l'aigle reste
seule entre les mains de l'officier (1). Toute la
droite du régiment reflue vers la voie romaine
dans la plus grande confusion (2).

Avec une énergie à laquelle il faut rendre hommage, la cavalerie prussienne pousse plus loin
encore sa mémorable charge, cette « chevauchée
de la mort (3) ». De plus en plus désunie, elle
défile à 500 mètres au sud de la division Forton, rassemblée près de la corne sud-est du bois
Pierrot. Forton lance aussitôt la brigade de dragons Murat, qui, brûlant du désir de racheter
l'échec de la matinée, prend le galop de charge
et se jette à la poursuite des escadrons ennemis.
« Déjà hors d'haleine par cette longue course,
décimés par le feu, sans réserve sur leurs derrières (4) », les cavaliers prussiens viennent se
heurter de front à la division de cavalerie Vala-

---

(1) La hampe est ramassée quelques minutes après par le
cavalier Mangin, du 5ᵉ chasseurs à cheval.
(2) Rapport du colonel Ganzin, 18 août; *Metz*, II, 359.
(3) *Kriegsgeschichtliche Einzelschriften*, Heft 18, 564.
(4) *Historique du grand État-major prussien*, V, 564.

brègue; Bredow fait sonner le ralliement, mais déjà uhlans et cuirassiers sont assaillis de toutes parts. La brigade de dragons Juniac les aborde de front; le 5ᵉ chasseurs les charge de flanc. La cavalerie prussienne tourbillonne sur elle-même pendant quelques minutes, puis s'enfuit dans la direction de Vionville. Elle défile à nouveau devant le général de Forton, qui lance sur elle le 7ᵉ et un escadron du 10ᵉ cuirassiers. Nombre de cavaliers prussiens tombent sous le sabre des nôtres. Subissant le feu de notre infanterie, les débris de la brigade Bredow s'égrènent encore et viennent enfin se rassembler derrière Flavigny. Chacun des régiments a perdu la moitié de son effectif (1).

Après la charge, la division Forton reprend son emplacement près et au sud du bois Pierrot. La division Valabrègue se rallie au nord-est de Rezonville. Les troupes d'infanterie et d'artillerie, qui combattaient précédemment entre la route de Mars-la-Tour et la voie romaine, sont toutes très ébranlées. Le 75ᵉ de ligne et douze compagnies du 93ᵉ s'acculent au bois Pierrot et y restent jusqu'au soir, il est vrai, mais sans combattre à nouveau. Le 70ᵉ et, à sa droite, six compagnies du 93ᵉ se maintiennent seuls sur le plateau au nord-

(1) Rapports du général de Forton, 18 août et 24 octobre; Rapport du général de Valabrègue, 20 août; *Historique du grand État-major prussien*, V, 565; *Metz*, II, 361.

ouest de Rezonville (1). Les douze batteries, présentes au **moment de la charge**, quittent leurs positions : deux d'entre elles se remettent en batterie près de la voie romaine, mais les dix autres vont se réapprovisionner et ne reprennent plus part à la lutte, bien qu'en général leurs pertes soient faibles (2).

L'héroïque charge de la brigade Bredow a rempli le but qu'Alvensleben s'est proposé d'atteindre. Ses résultats matériels et moraux sont considérables. L'artillerie française, qui a tant gêné la 6ᵉ division, est en retraite ; l'infanterie voisine est en partie disloquée et morcelée. La division Buddenbrock est dégagée ; son moral est raffermi ; les bataillons qui combattent aux abords de la grande route peuvent gagner un peu de terrain (3). Bien qu'il ne soit que 3 heures de l'après-midi, les deux adversaires sont épuisés, une accalmie se produit sur ce point, et l'action dégé-

(1) Historiques des régiments de la division Tixier.
(2) *Metz*, II, 363.
(3) *Historique du grand État-major prussien*, V, 565. — D'après cet ouvrage, la charge aurait eu une autre conséquence fort importante : « Le mouvement offensif du 6ᵉ corps en avait été arrêté et ne tardait pas à être complètement abandonné, probablement sur l'ordre de Bazaine, qui redoutait précisément une nouvelle attaque sur sa gauche » (*Ibid.*); aucun document n'autorise une semblable assertion; aucun témoignage ne montre qu'un tel ordre ait été donné par le commandant en chef. On ne trouve enfin aucune trace d'un projet d'offensive qu'aurait eu à ce moment le maréchal Canrobert (*Metz*, II, 366).

nère en une canonnade. Mais, dans la partie occidentale du champ de bataille, s'engagent de part et d'autre des troupes fraîches dont l'intervention va donner à la lutte un caractère acharné et meurtrier.

CHAPITRE VI

ARRIVÉE DE FRÉDÉRIC-CHARLES

La division Montaudon. — Les zouaves de la Garde. — Retraite de nombreuses batteries françaises. — Situation critique des batteries de Stülpnagel. — Mouvements des voltigeurs de la Garde. — Montaudon appelé à Rezonville. — L'artillerie de la Garde au feu. — Attitude et incompétence de Bazaine. — Frédéric-Charles dans la matinée du 16. — Nouvelles de la bataille. — Frédéric-Charles sur le champ de bataille. — Tentative d'offensive de Stülpnagel. — Arrivée de l'artillerie de la division Barnekow. — Stülpnagel sur la défensive. — Poste d'observation d'Alvensleben.

La division Montaudon, bivouaquée entre Chantrenne et Montigny-la-Grange, a pris les armes dès les premiers coups de canon, mais ne s'est mise en marche qu'à midi, au reçu de l'ordre du commandant du 3ᵉ corps, lui prescrivant de gagner Saint-Marcel. D'après de nouvelles instructions, qui lui parviennent à la ferme Bagneux, elle doit s'établir à la gauche de la division Nayral, « couvrant les bois en arrière de Rezonville (1) ». Montaudon fait alors déposer les sacs et gagne les environs de Villers-aux-Bois.

(1) Journal de marche de la division Montaudon.

Le 95ᵉ de ligne occupe immédiatement le bois Pierrot; le 81ᵉ jette un bataillon dans le bois Leprince. L'arrivée de la division Montaudon porte à trente et un le nombre des bataillons du 3ᵉ corps rassemblés derrière le 6ᵉ et maintenus dans l'inaction (1).

A la suite de la charge de la brigade Bredow, un vide de près d'un kilomètre s'est produit sur la partie de notre ligne de combat, comprise entre la voie romaine et la grande route (2). Pour fermer cette trouée, on a recours aux deux bataillons de zouaves de la Garde, amenés près de Rezonville et appuyés un peu plus tard par deux batteries de la division Picard. « Les deux bataillons, séparés par un intervalle de cinquante pas au plus, s'avancent aussitôt, alignés comme à la parade, et exécutent pendant plus d'un kilomètre une marche en bataille presque parallèle à la route de Mars-la-Tour (3). » Par une demi-conversion, ils gagnent ensuite la crête et se jettent à terre pour se soustraire au feu de l'artillerie prussienne. Vers 3 heures, les deux batteries prennent position derrière eux; mais à peine ont-elles tiré quelques coups de canon qu'elles reçoivent l'ordre de se replier. Les

(1) *Metz*, II, 368.
(2) A la droite du 70ᵉ de ligne, qui se trouve à l'ouest de Rezonville, et des six compagnies de gauche du 93ᵉ (Voir *suprà*, p. 66).
(3) Historique manuscrit des zouaves de la Garde.

zouaves suivent le mouvement rétrograde, sans raisons apparentes (1). Une autre batterie vient renforcer les deux seules qui se soient maintenues sur leur position après la charge de Bredow (2).

Au sud de la grande route, la longue ligne d'artillerie qui, vers 2 heures, s'étendait jusqu'au chemin de Chambley, est réduite à trois batteries. Les autres ont disparu définitivement, ou sont allées se réapprovisionner. A l'est du chemin de Chambley, jusqu'au bois des Ognons, de huit batteries engagées, il n'en reste plus qu'une, celle de la brigade Lapasset, qui, avec une rare énergie, continue la lutte (3). Vers 2 h. 30, le général Lapasset entraîne, d'un vigoureux élan, trois bataillons à l'attaque des bois de Saint-Arnould. Il parvient à gagner quelques centaines de mètres vers le sud, mais la retraite de nos batteries s'étant produite à ce moment, une grêle de balles et d'obus arrête cette offensive (4). Du côté prussien, le feu se ralentit bientôt : l'infanterie commence à manquer de cartouches et les batteries de la 5ᵉ division n'ont plus que quelques projectiles (5). Le commandant de l'artil-

(1) Historique manuscrit du régiment d'artillerie montée de la Garde.
(2) Historique manuscrit des batteries du 18ᵉ.
(3) *Metz*, II, 374.
(4) Rapport du général Lapasset; Historique manuscrit du 84ᵉ.
(5) Kunz, *loc. cit.*, 104.

lerie en rend compte à Stülpnagel qui répond :
« L'artillerie est pour le moment notre unique
point d'appui. Il n'y a, pour ainsi dire, plus d'infanterie. Si l'artillerie se retire, on ne pourra
plus retenir l'infanterie, et la bataille est perdue.
Que l'artillerie reste donc sur place ; peu importe
qu'elle soit prise ou non. Il n'est pas nécessaire
que les batteries tirent d'une façon ininterrompue ; il suffit de tirer un coup de canon de temps
en temps. Dans le cas d'une nouvelle attaque de
l'adversaire, il faudra reprendre le feu vivement,
au moment décisif, et le continuer jusqu'au dernier obus (1). » Malheureusement, l'aile gauche
de l'armée française ne sait pas tirer parti d'une
circonstance aussi favorable. Ce fut, dit un écrivain militaire allemand, « un bonheur pour les
Prussiens (2) ». Jusque vers 4 heures de l'après-
midi, le combat resta donc absolument stationnaire sur le front de la 5ᵉ division, dont les batteries et l'infanterie purent se ravitailler par l'arrivée
des colonnes de munitions. Bien que Bazaine,
presque exclusivement absorbé par ce qui se passait dans ce secteur du champ de bataille, continue à entasser régiments sur régiments autour de
Rezonville, il ne songe pas à les utiliser pour une
offensive à laquelle tout semble le convier.

(1) Beiheft n° 4 du *Militär Wochenblatt*, 1895, p. 174 (KUNZ,
loc. cit., 105).
(2) KUNZ, *loc. cit.*, 105.

Vers 3 heures, le général Bourbaki, « vivement préoccupé des efforts que la Garde a à supporter sur la gauche », et impressionné peut-être par la retraite du plus grand nombre des batteries françaises, a appelé à lui une partie de la division Deligny, laissée jusque-là en réserve à Gravelotte. Le 3ᵉ voltigeurs et les batteries de la division prennent position sur la crête au sud-ouest de Rezonville (1). En même temps Bazaine, toujours soucieux de conserver ses communications avec Metz, prescrit à la division Montaudon de se porter sur Gravelotte, puis « sur les défilés qui viennent d'Ars-sur-Moselle et de Novéant, pour arrêter les colonnes ennemies » qui, selon lui, tentent de déboucher dans cette direction (2). Bientôt, vers 4 heures, un contre-ordre la dirige vers la lisière nord du bois des Ognons. Un peu plus tard, Bazaine modifie encore une fois la destination de cette division : neuf bataillons suivent Montaudon jusqu'à Rezonville, deux bataillons occupent la lisière du bois des Ognons, un autre reste au sud de Gravelotte (3).

Le combat reprenant une certaine intensité, le 4ᵉ voltigeurs est venu se déployer à la gauche du 3ᵉ derrière l'artillerie de la division Deligny, emplacement défectueux, ce qui cause aux deux

(1) Journal de marche de la Garde.
(2) Note du maréchal Le Bœuf sur la bataille de Rezonville.
(3) Rapport du général Montaudon, 22 août ; *Metz*, II, 367, 384.

régiments des pertes sensibles (1). Le général Brincourt, enfin, conduit le 2ᵉ voltigeurs au sud de la cote 308 où il relève un bataillon de grenadiers (2). C'est l'émiettement complet de cette troupe d'élite. Bazaine juge nécessaire de renforcer l'artillerie à l'ouest de Rezonville. Vers 5 heures, treize batteries, dont dix de la Garde, sont en action entre le chemin de Chambley et le bois des Ognons, en face de l'artillerie de Stülpnagel. Quatre sont malheureusement à trop grande distance pour avoir quelque efficacité (3).

A notre aile gauche, la bataille se poursuit ainsi, sans changement notable dans la situation, sans qu'aucune idée d'ensemble préside à l'engagement de nos forces. Le commandant en chef redoute toujours un mouvement enveloppant sur sa gauche et même sur ses derrières. Il est incapable d'embrasser l'ensemble du champ de bataille et ne voit que le point où il stationne. Son activité personnelle s'arrête aux dispositions strictement nécessaires à la conservation du terrain et à des mesures de détail indignes de ses hautes fonctions. Son ambition s'applique moins à conquérir la victoire qu'à conjurer la défaite. Presque partout ses vaillantes troupes arrivent au combat pleines d'ardeur et prononcent sponta-

---

(1) Rapport du général Garnier.
(2) Rapport du général Brincourt, 18 août.
(3) *Metz*, II, 382.

nément de vigoureuses offensives partielles. Mais leurs attaques, nullement préparées et mal coordonnées, échouent sous le feu d'une artillerie désormais maîtresse incontestée du champ de bataille.

*
* *

Pendant toute la matinée du 16 août, Frédéric-Charles continue à se faire de la situation stratégique un tableau absolument erroné. Il ne s'attend à aucun engagement sérieux pour la journée (1). Vers midi, il reçoit, à son quartier général de Pont-à-Mousson, un rapport qu'Alvensleben lui a expédié entre 10 heures et 10 heures et demie : « Camps ennemis à Vionville et à Rezonville. Le IIIe corps s'avance réuni, l'aile gauche sur Jarny, pour passer éventuellement par Conflans… L'ennemi se retire sur Thionville (2). » Frédéric-Charles prescrit aussitôt au IIIe corps de poursuivre vivement l'adversaire, en avançant la gauche et en conservant la liaison avec le Xe corps. « L'objectif de toute l'opération, ajoute-t-il, est de refouler l'ennemi au delà de la frontière belge, ou de l'investir dans Thionville… (3) » Le IXe corps reçoit com-

(1) Voir l'ordre donné à la IIe armée le 16 août à midi (*Historique du grand État-major prussien*, V, 159*).
(2) *Kriegsgeschichtliche Einzelschriften*, Heft 18, 544.
(3) *Ibid.*, 576.

munication de ces instructions, avec recommandation d'occuper bientôt Mars-la-Tour, de soutenir et de protéger dès le 16 le flanc droit du IIIe corps, du côté de Metz (1). Frédéric-Charles est encore d'avis, à 2 heures de l'après-midi, de laisser les quatre autres corps de la IIe armée « continuer tranquillement leur marche vers la Meuse (2) ». Peu après survient, à son extrême surprise, un rapport du général von Kraatz, commandant la *20e* division : « Le IIIe corps est engagé au nord de Gorze contre des forces supérieures ; le général von Rheinbaben est sur les lieux avec neuf régiments et quatre batteries. La *20e* division marche vers le champ de bataille ; la *19e* est prévenue (3). »

Frédéric-Charles monte à cheval à 3 heures et parcourt aux vives allures les vingt-quatre kilomètres qui le séparent du champ de bataille. A 4 heures et demie, il arrive sur la hauteur 326 à l'ouest du bois de Vionville, où Stülpnagel lui expose les événements. Le prince constate que « le combat est engagé contre des forces supérieures, mais sans se rendre compte de cette supériorité (4) ». Afin de se renseigner, il envoie

(1) *Kriegsgeschichtliche Einzelschriften*, Heft 18, 577.
(2) Rapport adressé au grand quartier général (*Ibid.*, 578).
(3) *Kriegsgeschichtliche Einzelschriften*, Heft 18, 579. — « Ce rapport tombe comme une bombe dans l'état-major, réuni pour le repas » (KUNZ, *loc. cit.*, 125).
(4) *Kriegsgeschichtiche Einzelschriften*, Heft 18, 579. — Il ne

des officiers sur divers points du champ de bataille; il prescrit à Stülpnagel de se maintenir sur le terrain conquis et approuve l'emploi, à l'extrême droite, du *11ᵉ* régiment du IXᵉ corps et des fractions disponibles de la division Barnekow, du VIIIᵉ corps, dont l'arrivée est annoncée (1).

Cette division, réduite à six bataillons et à trois batteries (2), a atteint Arry vers midi et, sur la demande de Stülpnagel, a continué sur Gorze. Le colonel von Schöning, envoyé avec le *11ᵉ* pour couvrir le pont de Corny, s'est joint à la colonne de sa propre initiative (3). Déjà l'artillerie de la 5ᵉ division a été renforcée de deux batteries du Xᵉ corps; puis, vers 4 heures, sont arrivés les deux bataillons laissés à Corny et à Dornot. Le colonel Lyncker en profite pour prononcer, avec son détachement, un mouvement offensif sur la croupe au nord du bois de Vionville. Deux bataillons du 2ᵉ grenadiers et deux bataillons du 25ᵉ de ligne l'arrêtent aussitôt par un feu violent. Le général von Schwerin lance à son tour deux bataillons qui échouent également. Les grenadiers exécutent alors une contre-attaque énergique : ils font fuir dans le bois une partie de la

connaîtra la présence de toute l'armée du Rhin qu'à 8 h. 30 du soir, en rencontrant Alvensleben.

(1) *Kriegsgeschichtliche Einzelschriften*, Heft 18, 580.
(2) La brigade Gneisenau, avec une batterie et un escadron, a été détachée le 13 au soir sur Thionville. — Cf. *suprà*, p. 280.
(3) *Historique du grand État-major prussien*, V, 604.

ligne ennemie, mais éprouvent eux-mêmes des pertes sensibles en remontant les pentes. Un bataillon de grenadiers et un bataillon de voltigeurs les relèvent un peu plus tard (1).

Entre 4 heures et demie et 5 heures, les trois batteries de la division Barnekow viennent s'établir sur la croupe 326 à la gauche de l'artillerie de la 5ᵉ division. Désormais une longue ligne de bouches à feu s'étend du bois de Vionville jusqu'à Flavigny faisant converger ses feux sur toute la crête située au sud et au sud-ouest de Rezonville (2). Trois bataillons de la 20ᵉ division, envoyés des environs de Chambley par le général von Kraatz, arrivent à ce moment fort à propos pour renforcer le centre du IIIᵉ corps. Après avoir traversé le bois de Gaumont et dépassé la ligne d'artillerie, ils se déploient dans le ravin qui sépare le bois de Vionville du bois de Saint-Arnould, mais ne peuvent pousser au delà sous le feu des bataillons frais qui sont venus relever les grenadiers à la cote 311 (3).

Suivant les recommandations d'Alvensleben, Stülpnagel ne cherche plus à gagner du terrain, mais à s'accrocher à tout prix sur ses positions. Le secteur important du champ de bataille est

(1) KUNZ, *loc. cit.*, 111 ; Journal de marche du 2ᵉ grenadiers; Rapport du commandant Lucas, 17 août; *Metz*, II, 391.
(2) *Historique du grand État-major prussien*, V, 585-586.
(3) KUNZ, *loc. cit.*, 114-116.

celui que traverse la route de Mars-la-Tour, à l'aile gauche du IIIe corps. Alvensleben s'y tient pendant toute cette journée de crise et, comme on lui en demande les raisons, il répond : « La place du médecin est au chevet du malade, et le malade était la chaussée de Vionville-Mars-la-Tour (1). »

L'intervention du 4e corps va rendre cette appréciation encore plus juste.

(1) *Kriegsgeschichtliche Einzelschriften*, Heft 18, 553.

CHAPITRE VII

ENTRÉE EN LIGNE DU 4ᵉ CORPS

Marche du 4ᵉ corps. — Ladmirault prend les devants. — La division Grenier chargée de l'attaque du bois de Tronville. — Renforts en cavalerie : division du Barail et brigade de France. — Ladmirault ignore les intentions de Bazaine. — Le 4ᵉ de ligne pénètre dans le bois de Tronville. — Offensive simultanée de la brigade Bellecourt. — Situation critique d'une partie de l'artillerie allemande. — Angoisses d'Alvensleben. — Le Xᵉ corps signalé. — Sans attendre l'attaque, Ladmirault fait reculer la brigade Bellecourt.

Précédé de la division de cavalerie Legrand (1), le 4ᵉ corps, rompant de Woippy le 16 à 5 heures du matin, s'est engagé sur la route de Briey par Saulny et sur un chemin vicinal au sud. La division Lorencez, qui a passé la nuit aux environs de Lessy, doit rejoindre le reste du corps d'armée en se dirigeant vers le nord-ouest. Mais elle ne partira pas avant 2 heures de l'après-midi et n'arrivera à Doncourt qu'à 6 heures du soir (2).

Vers 9 heures du matin, au moment où la

(1) Elle est renforcée des deux batteries à cheval de la réserve du corps d'armée.

(2) Rapport du général de Ladmirault, 3 septembre ; Journal de marche de la division Lorencez.

canonnade se fait entendre dans la direction de Vionville, les têtes de colonnes du 4e corps ont déjà débouché sur le plateau Amanvillers-Saint-Privat. La division Legrand, éclairée vers le nord par des patrouilles jetées dans la vallée de l'Orne et vers Briey, marche lentement de Saint-Privat sur Sainte-Marie-aux-Chênes, puis sur Jouaville. Prenant alors les devants avec le 11e dragons et les deux batteries à cheval, Ladmirault se porte vivement dans la direction de Mars-la-Tour. A son arrivée à Doncourt, vers midi, il sait que le 2e corps, la Garde et le 6e corps sont fortement engagés (1). De la crête à l'est de Bruville, où vient d'arriver la division de cavalerie Clérembault, Ladmirault découvre sur sa gauche les rassemblements du 3e corps entre la ferme Caulre et la voie romaine. Au nord-ouest des bois de Tronville, se montrent des cavaliers ennemis que quelques coups de canon des batteries à cheval font promptement disparaître. Ces observations terminées, Ladmirault retourne vers le nord au-devant de ses colonnes (2).

La brigade Bellecourt, de la division Grenier, passant par Amanvillers et Vernéville, a atteint Doncourt à 11 heures et demie (3). Elle marche

(1) Conseil d'enquête sur les capitulations, Déposition du général de Ladmirault.

(2) *Metz*, II, 394-397.

(3) Bien que l'on entende le canon et même la fusillade, le général de Bellecourt prescrit de dresser les tentes et de faire le

ensuite sur Bruville, flanquée sur sa droite par la division Legrand, et se masse dans le vallon au sud-est du village. Les quatre batteries montées de la réserve, qui ont suivi l'itinéraire Batilly, Jouaville, Doncourt, viennent se rassembler près de la ferme d'Urcourt vers midi et demi. La division Legrand se porte alors sur l'étroit plateau situé entre Bruville et le ravin parallèle à la route de Mars-la-Tour à Jarny, appelé Fond-de-la-Cuve (1). En face d'elle, la cavalerie envoyée par Rheinbaben au nord-ouest du bois de Tronville est obligée, à deux reprises, de battre en retraite d'abord sous le feu d'une compagnie de chasseurs à pied, puis sous les obus d'une batterie du 3ᵉ corps (2). Sur ces entrefaites, la brigade Pradier, passant à l'ouest de Bruville, s'est portée à la droite de la brigade Bellecourt. Ladmirault dispose donc, dès 2 heures, de la division Grenier tout entière, de neuf batteries et de la division Legrand. Le moment lui semble venu d'entrer en ligne à la droite du 6ᵉ corps (3).

Aussitôt sept batteries se portent successivement au sud-est de Bruville sur la croupe 277-

café (Colonel DE COURSON DE LA VILLENEUVE, *La Brigade Bellecourt*, 47).

(1) *Metz*, II, 399.

(2) Rapport du commandant Carré, 17 août; Historique des 1ʳᵉ, 2ᵉ, 3ᵉ, 4ᵉ batteries du 17ᵉ.

(3) Rapport du général Pradier, 18 août; Rapport sommaire du général de Ladmirault, 17 août.

274. Le 5ᵉ bataillon de chasseurs leur sert de soutien. La brigade Bellecourt s'avance vers la cote 274, le 13ᵉ de ligne à la droite du 43ᵉ. L'artillerie ouvre le feu sur le bois de Tronville occupé par le détachement Lehmann et lance quelques obus sur le village de Vionville. Puis Ladmirault prescrit à Grenier d'attaquer le bois (1). La brigade Pradier, après avoir détaché le Iᵉʳ bataillon du 64ᵉ de ligne au soutien de la cavalerie, arrive à ce moment à hauteur de la brigade Bellecourt, en appuyant sa droite à la cote 239 et au petit bois situé au sud (2). Des environs de la ferme Gréyère, les batteries à cheval de la division Legrand ouvrent le feu sur le 1ᵉʳ régiment des dragons de la Garde, placé en observation avec une batterie au sud-est de Ville-sur-Yron. Vers 2 heures et demie, recevant quelques obus, les escadrons prussiens disparaissent (3).

D'importants renforts en cavalerie arrivent

(1) D'après le colonel de Courson de La Villeneuve (*loc. cit.*, 50-51) et suivant le récit du lieutenant-colonel Guesles, alors capitaine au 43ᵉ, le général de Ladmirault n'aurait fait ouvrir le feu et attaquer le bois de Tronville que sur la demande du général Changarnier qui suivait l'état-major du maréchal Le Bœuf. — Le lieutenant-colonel Rousset, dans son ouvrage *Le 4ᵉ corps*, (117, note 1), donne, d'après les Souvenirs du général Gallimard, un fragment de conversation entre Ladmirault et Changarnier. Montrant le clocher de Tronville, Ladmirault aurait dit : « Ah! si j'avais tout mon monde avec moi!... Voilà bien mon objectif! »

(2) Appelé sur certaines cartes « Bois de Veltérène ».
(3) Historique des 5ᵉ et 6ᵉ batteries du 17ᵉ.

d'ailleurs à notre extrême droite. A 10 heures
du matin, le général du Barail est parti de Conflans avec ce qui reste de sa division : 2ᵉ chasseurs
d'Afrique et deux batteries à cheval. Suivi de la
brigade de la Garde du général de France, il s'est
dirigé vers Mars-la-Tour, puis, sur des renseignements faux, est revenu au nord du bois de La
Grange. Mieux informé, il reprend sa marche
dans la direction du sud. Devant ces forces supérieures, les dragons prussiens se replient dans le
ravin au sud-ouest de Mars-la-Tour; un de leurs
postes, placé à l'entrée nord-est du village, est dis-
persé par un escadron de chasseurs d'Afrique (1).

* *

Ladmirault ignore complètement les intentions
de Bazaine; il a négligé de lui demander des instructions; il n'a été renseigné sur l'engagement
des 2ᵉ et 3ᵉ corps que par les troupes voisines. Les
reconnaissances lancées sur Mars-la-Tour lui ont
appris que l'ennemi n'est pas en force dans cette
localité, et que Tronville est occupé par « un peu
d'infanterie (2) ». « A ce moment, écrit-il, notre
aile droite débordait complètement la gauche de
l'ennemi, et nous pouvions concevoir l'espérance

(1) Journal de marche de la division du Barail; Général DU
BARAIL, *Mes Souvenirs*, III, 182, 186.
(2) Conseil d'enquête sur les capitulations, Déposition du
général de Ladmirault.

de la rejeter sur Vionville (1). » Ladmirault prend le parti d'attaquer le bois de Tronville, mais omet de s'entendre avec le commandant du 3ᵉ corps dont quelques fractions occupent depuis longtemps, avec une partie de la division Tixier, les hauteurs au sud de Saint-Marcel (2). Déjà l'aile gauche de la 6ᵉ division prussienne a été rejetée sur la lisière orientale du bois, et les bataillons du colonel Lehmann se trouvent eux-mêmes à la lisière nord dans une situation difficile en face de cinq bataillons du 12ᵉ et du 4ᵉ de ligne, de la division Tixier, quand l'artillerie du 4ᵉ corps ouvre le feu. Entraîné par le colonel Vincendon, le 4ᵉ, d'un seul élan, atteint la lisière nord et pénètre dans les taillis en refoulant les Prussiens, tandis qu'une batterie fouille le bois dans toute sa profondeur. Peu après, des fractions de la division Aymard, du 3ᵉ corps, viennent renforcer le 4ᵉ de ligne (3).

Vers 2 h. 45, une partie de la brigade Bellecourt intervient également. Deux bataillons du 13ᵉ franchissent le ravin au sud de la cote 274 et gagnent au pas de charge le saillant nord-ouest du bois. A leur gauche, le 43ᵉ s'avance droit devant lui et jette un bataillon dans le fourré. Trois bat-

---

(1) Rapport du général de Ladmirault, 3 septembre.
(2) *Metz*, II, 411. — Voir *suprà*, p. 44-45.
(3) Historiques manuscrits du 4ᵉ de ligne et de la 4ᵉ batterie du 17ᵉ; *Historique du grand État-major prussien*, V, 568.

teries s'établissent aux abords de la pointe occidentale du bois. L'ennemi n'oppose qu'une faible résistance; mais, en raison de l'épaisseur du taillis nos tirailleurs n'atteignent que vers 4 heures la lisière opposée de la parcelle nord du bois. De là ils échangent une fusillade assez vive avec quelques fractions du détachement Lehmann restées dans la parcelle sud, voisine de la route (1).

La situation devient critique pour l'artillerie allemande engagée aux abords de Vionville. Les deux batteries à cheval du Xe corps, en action à l'est du village, sont forcées de se retirer; l'une d'elles s'intercale au nord de la grande route entre les batteries de la 6e division. Celles-ci sont exposées depuis un certain temps déjà aux feux de front, d'écharpe et même de revers de l'artillerie française. Lorsque à ce tir, d'une efficacité médiocre, vient s'ajouter celui des tirailleurs embusqués à la pointe sud-est du bois de Tronville, elles sont contraintes de se replier au sud-ouest de Vionville. Il ne reste plus au sud de la route et à l'ouest du village que trois batteries, que renforce bientôt une quatrième chassée des abords nord-ouest par notre infanterie. Les deux batteries de gauche exécutent un changement de front en arrière et à gauche; les deux autres, à angle

(1) Rapports du colonel Lion, 17 août; du lieutenant-colonel Verdier, 17 août; du commandant Geoffroy, 17 août; *Metz*, II, 415-417; *Historique du grand État-major prussien*, V, 568.

droit, continuent à tirer vers le nord et le nord-
est (1). Sous la protection de ces batteries « si
courageusement tenaces (2)», les restes de quatre
bataillons du IIIe corps, qui ont combattu au nord-
est de Vionville, se rassemblent à l'est de Tronville. Le *24e* a perdu 52 officiers et 1 000 hommes.
Les bataillons du détachement Lehmann, non
moins maltraités, occupent Tronville : le combat
leur a coûté 20 officiers et 600 hommes (3).
Quelques fractions se maintiennent encore dans
la partie occidentale de la parcelle sud du bois
de Tronville et parviennent, avec l'appui de l'artillerie, à empêcher le débouché des éléments les
plus avancés du 4e de ligne (4). Mais deux bataillons du 13e, trois compagnies du 43e et une du
5e bataillon de chasseurs font des progrès sensibles à l'ouest du bois (5).

Il est près de 4 heures. L'aile gauche du
IIIe corps se trouve directement menacée sur son
flanc extérieur par une brigade entière renforcée
de neuf batteries. Les Allemands ne s'illusionnent
pas sur les dangers de la situation : « Eu égard
à l'évidente supériorité numérique des Français,
on pouvait s'attendre à tout instant à les voir dé-

(1) *Historique du grand État-major prussien*, V, 567; Hans
KLAEBER, *Die Thätigkeit des Generals von Bülow*, 49.
(2) *Historique du grand État-major prussien*, V, 570.
(3) *Ibid.*
(4) Historique manuscrit du 4e de ligne.
(5) Colonel DE COURSON DE LA VILLENEUVE, *loc. cit.*, 58.

boucher en avant de la grande route (1). » Si
cette offensive se produisait, l'artillerie, en particulier, se trouverait en très fâcheuse posture. Les
batteries de Flavigny seraient obligées de changer
de front et de faire face au nord : elles auraient à
parcourir un terrain encombré d'échelons et de
caissons, qui pourraient difficilement se mouvoir
par suite du nombre insuffisant d'attelages restés
intacts. Afin de prévenir le désordre, le général
von Bülow prescrit à toutes ces voitures de rétrograder vers le chemin de Mars-la-Tour à
Buxières. « La gravité de l'heure présente n'échap-
pait à personne, et c'est avec angoisse que les officiers d'artillerie regardaient vers les hauteurs de
la statue de la Vierge. Comment les canons pour-
raient-ils y être hissés? Les attelages gisaient en
grande partie morts ou blessés devant leurs
avant-trains. Dans un mouvement de retraite,
beaucoup de canons tomberaient infailliblement
aux mains de l'ennemi. » Néanmoins, Bülow est
fermement résolu à tenir jusqu'au dernier moment : « C'est une de ces situations... où la perte
des canons ne peut qu'être très honorable (2). »

Alvensleben attend avec la plus vive impatience l'entrée en ligne du Xe corps, qui lui a été
promise pour 3 heures. Sentant l'analogie de la
situation avec celle de Waterloo, il déclare à son

(1) *Historique du grand État-major prussien*, **V, 570.**
(2) Hans KLAEBER, *loc. cit.*, **44-45.**

entourage : « Il en sera bientôt de moi comme de
Wellington; je voudrais voir arriver la nuit ou le
Xᵉ corps. » Un officier est enfin assez heureux
pour découvrir les colonnes de ce corps d'armée.
Il revient, à toute allure, vers Alvensleben qui lui
serre les mains en disant, modeste et désintéressé
comme à son habitude : « Allons! nous marque-
rons bientôt le trick, et il m'importe peu que ce
soit mon partenaire ou moi qui le fasse, pourvu
qu'il soit marqué (1). »

Déjà Ladmirault n'a pas cru pouvoir pousser
plus loin son offensive avant l'arrivée de la division de Cissey (2). Deux officiers d'état-major lui
sont envoyés pour hâter sa marche. Mais bientôt
apparaissent, au sud de Tronville, de fortes
colonnes prussiennes : c'est la division von Kraatz,
du Xᵉ corps, qui atteint le champ de bataille sans
que son approche ait été signalée par notre nombreuse cavalerie. Une fois de plus, les erreurs de
la stratégie allemande seront corrigées par l'initiative et la solidarité de chefs en sous-ordre. Par
surcroît, le général de Ladmirault, sans attendre

(1) *Kriegsgeschichtliche Einzelschriften*, Heft 18, 572.
(2) « Je dis alors au général Grenier, qui est un homme sûr
et solide : « Pouvez-vous occuper Tronville? — Oui, me répon-
dit-il, si vous me faites soutenir, mais il faut être soutenu ».
Or, je n'avais absolument rien que le 64ᵉ. — « Quand de
Cissey sera arrivé, lui dis-je, nous reprendrons notre attaque. Il
est signalé, il n'est pas loin, et je ne veux rien risquer » (Conseil
d'enquête sur les capitulations, Déposition du général de Ladmirault). — Cf. Rapport du général de Ladmirault, 17 août.

l'attaque, « ordonne la retraite de nos troupes engagées dans les bois (1)... » Les causes de ce mouvement rétrograde échappent à ces unités, ainsi qu'à celles du 13ᵉ et du 43ᵉ de ligne déployées à l'ouest. Il en est à qui il faut renouveler l'ordre de reculer (2). Ladmirault prescrit à la brigade Bellecourt de se reformer au nord du ravin sur la crête 274 à gauche de la brigade Pradier, et aux batteries en position au nord du bois de Tronville, d'appuyer vers l'ouest afin d'agir plus efficacement contre l'attaque qu'il juge devoir se produire entre Tronville et Mars-la-Tour. Les divisions de cavalerie Legrand et du Barail sont rappelées des environs de Mars-la-Tour : le 2ᵉ chasseurs d'Afrique et la brigade de France s'arrêtent à l'ouest de la ferme Gréyère ; les trois régiments du 4ᵉ corps se placent derrière le centre de la division Grenier (3).

Ainsi, après une offensive mollement esquissée, nous reprenons l'attitude défensive. Pour les Allemands, c'est le salut ; pour l'armée du Rhin, c'est le renoncement à la victoire alors presque saisie. Entre la circonspection excessive de Ladmirault et l'audace raisonnée d'Alvensleben, le contraste est frappant et douloureux.

(1) Rapport du général de Ladmirault, 3 septembre.
(2) Colonel DE COURSON DE LA VILLENEUVE, loc. cit., 59.
(3) Journal de marche de la brigade de France ; Notes du contrôleur général Longuet ; Metz, II, 441.

CHAPITRE VII

Les renseignements parvenus dans l'après-
midi du 15 août à l'état-major du Xe corps ont
déterminé le général von Voigts-Rhetz, influencé
par son chef d'état-major, von Caprivi, à s'écarter
sensiblement des instructions contenues dans
l'ordre de l'armée. Préoccupé à juste titre du
« grand camp de toutes armes » qui lui a été signalé à Rezonville (1), Voigts-Rhetz ne peut se
résoudre à exécuter à la lettre l'ordre de porter

(1) HOENIG, *Die Wahrheit über die Schlacht von Vionville*, 7,
et *Darstellung der Strategie*, 71. — Voir *supra*, p. 296.

tout son corps d'armée sur la ligne Saint-Hilaire-Maizeray. Il se contente de diriger sur Saint-Hilaire le général von Schwartzkoppen avec la moitié de la *19*ᵉ division et la brigade des dragons de la Garde, tandis qu'il prescrit à la *20*ᵉ division et à l'artillerie de corps de se rendre à Thiaucourt (1). Il se ménage ainsi la possibilité d'intervenir dans l'après-midi du 16, avec le gros de ses forces, vers Mars-la-Tour et Vionville.

La brigade des dragons de la Garde (2) part le 16, à 5 heures du matin, de Thiaucourt et arrive à 8 heures et demie à Saint-Hilaire. Elle est déjà installée au bivouac quand le canon se fait entendre dans la direction de Mars-la-Tour. Laissant un escadron aux avant-postes et un autre à la disposition de la *19*ᵉ division, le général von Brandenburg se dirige vers l'est par la grande route, avec quatre escadrons et une batterie à cheval. Vers une heure, il arrive à Mars-la-Tour et prend part à la bataille (3).

---

(1) *Kriegsgeschichtliche Einzelschriften*, Heft 16, 536-537. — D'après le même ordre, le détachement Lyncker doit se rendre de Novéant à Chambley par Gorze ; le colonel Lehmann, commandant la *37*ᵉ brigade, doit se porter de Thiaucourt à Chambley par Dommartin, avec quatre bataillons, une batterie et deux escadrons. A Chambley, Lyncker passera sous les ordres de Lehmann. La mission de celui-ci est de soutenir la division de cavalerie Rheinbaben

(2) Six escadrons.

(3) *Kriegsgeschichtliche Einzelschriften*, Heft 25, 5-6. — Voir *suprà*, p. 83.

Par suite de lenteurs dans la transmission des ordres, Schwartzkoppen n'est parti de Thiaucourt qu'à 6 heures un quart avec la *38e* brigade. Voigts-Rhetz l'accompagne d'abord, puis quitte la route à Woël et gagne Jonville afin de se rapprocher de son chef d'état-major et d'examiner la route de Verdun. A Jonville, vers 10 heures, il entend le canon, mais supposant qu'il s'agit d'un combat d'arrière-garde, il laisse la colonne continuer sa marche. Vers 11 heures et demie, la canonnade devient plus intense; en même temps parvient un compte-rendu de Lehmann, annonçant qu'il se porte au secours du IIIe corps engagé au nord-est de Chambley. Voigts-Rhetz envoie aussitôt à Schwartzkoppen l'ordre de se diriger sur le champ de bataille. Puis il se rend à Tronville où il rencontre Alvensleben et Caprivi; ce dernier lui apprend que, dès le début de la bataille, il a prescrit en son nom au général von Kraatz, commandant la *20e* division, de venir au secours du IIIe corps (2). Kraatz est arrivé à Thiaucourt à 11 heures et demie avec sa division et quatre batteries de l'artillerie de corps. Bien que le canon se fasse entendre sans interruption, il installe ses troupes au bivouac et ne se décide à marcher qu'à la réception d'un message de Voigts-Rhetz. Précédées du *16e* dragons, deux

(1) *Kriegsgeschichtliche Einzelschriften*, Heft **25**, **14**.

batteries légères prennent les devants à partir de Saint-Julien et s'établissent à l'ouest de Tronville où elles sont renforcées un peu plus tard par deux autres. Cette artillerie fait alors un bond en avant jusqu'à la grande route et tire sur les batteries du 4ᵉ corps en position au sud de Bruville. Vers 2 heures et demie, la tête de colonne de la 39ᵉ brigade atteint Chambley : deux bataillons se portent sur Tronville, les trois suivants s'engagent à la gauche de la 5ᵉ division d'infanterie. De la ferme du Saulcy, Kraatz envoie encore six batteries vers la partie orientale du champ de bataille (1).

Tout d'abord, l'intention de Voigts-Rhetz est de défendre la position de Tronville, mais la retraite de la brigade Bellecourt le décide à assurer la protection du flanc gauche du IIIᵉ corps par l'occupation du bois de Tronville. Schwartz-koppen reçoit l'ordre d'attaquer avec la 38ᵉ brigade l'aile droite française que la 5ᵉ division de cavalerie, passant par Mars-la-Tour et Jarny, cherchera à envelopper (2). L'idée directrice de Voigts-Rhetz pour la journée est « de fixer le plus de forces françaises possible et de les attaquer le lendemain avec succès, au moyen des renforts attendus (3) ». Mais l'exécution ne répond pas à

(1) *Historique du grand État-major prussien*, V, 572.
(2) *Kriegsgeschichtliche Einzelschriften*, Heft 25, 16.
(3) *Ibid*.

cette pensée stratégique absolument juste. Bien que Voigts-Rhetz connaisse la très grande supériorité numérique de l'adversaire (1), il lance la 20ᵉ division à l'attaque dès son arrivée, au moment où la 38ᵉ brigade atteint à peine les environs de Suzemont. Les troupes du Xᵉ corps paieront fort cher cette faute, moins grave malgré tout que celle des chefs des 3ᵉ et 4ᵉ corps français, qui, disposant de trois divisions massées au sud de Bruville et de Saint-Marcel, les maintiennent passives sur leurs positions (2).

Vers 3 heures et demie, les deux bataillons de la 39ᵉ brigade rassemblés près de Tronville se portent dans les bois au nord et s'engagent contre quelques fractions de la brigade Bellecourt. Un régiment entier de la 40ᵉ brigade les renforce vers 4 heures un quart. Les quatre batteries établies à l'ouest du bois ont suivi le mouvement de l'infanterie ; elles sont à 600 pas au nord de la grande route. Néanmoins, deux compagnies du 12ᵉ de ligne et quelques fractions des 4ᵉ et 43ᵉ se maintiennent énergiquement dans la partie nord-est du bois (3).

Sur ces entrefaites, la division de Cissey, du 4ᵉ corps, apparaît enfin. Retardée par le parc

(1) Par les renseignements de Caprivi et un rapport du capitaine de cavalerie von Heister.

(2) *Metz*, II, 434.

(3) *Kriegsgeschichtliche Einzelschriften*, Heft, **25**, 18 ; *Historique du grand État-major prussien*, V, 576.

d'artillerie du corps d'armée, par l'ambulance, le convoi et les bagages de la division Grenier, elle n'a pu atteindre Saint-Privat qu'à 11 heures. Elle y fait le café quand, une demi-heure plus tard, une violente canonnade se fait entendre vers le sud-ouest (1). La division, passant à travers champs, entre Habonville et Saint-Ail, est rejointe, vers 2 h. 15, à Jouaville, par le commandant Pesme envoyé par Ladmirault : Cissey est mis au courant des événements. Vers 4 heures, la colonne s'arrête à hauteur d'Urcourt : au cours de cette halte survient le lieutenant-colonel Saget, sous-chef d'état-major du 4ᵉ corps. Il fait connaître que la division Grenier a commencé un mouvement enveloppant sur la gauche de l'ennemi, et que l'on attend avec impatience la division de Cissey. Les batteries prennent aussitôt les devants et se dirigent vers la crête 277 déjà occupée par la réserve d'artillerie du 4ᵉ corps. A peine ont-elles ouvert le feu que Cissey les réclame pour agir au sud-est de la ferme Gréyère de concert avec l'infanterie de la division, qui reçoit l'ordre de se former sur deux lignes par brigades accolées, à la gauche des batteries (2).

Avant l'exécution de ce mouvement, de graves

---

(1) L'artillerie allemande venait d'être renforcée par sept nouvelles batteries.

(2) Journal de marche de la division de Cissey; général DE CISSEY, Souvenirs inédits; Souvenirs du général SAGET; *Metz*, II, 444.

événements vont se dérouler au nord de Mars-la-Tour.

*
* *

Vers 10 heures du matin, après une halte près de Woël, la colonne Schwartzkoppen se remet en marche sur Saint-Hilaire; à ce moment le canon commence à retentir par intermittences dans la direction de l'est. Bientôt parvient l'avis du départ de Voigts-Rhetz vers Jonville et de la marche de Brandenburg sur Mars-la-Tour. Bien que la canonnade soit devenue violente et continue, Schwartzkoppen poursuit vers le nord-ouest. Il croit qu'il ne s'agit que d'un combat entre le III⁰ corps et une arrière-garde française. A 11 heures et demie, il établit ses troupes au bivouac aux abords de Saint-Hilaire où il cantonne avec son état-major (1). Vers midi, survient l'ordre de Voigts-Rhetz de secourir le III⁰ corps engagé au nord-est de Chambley. Schwartzkoppen cherche aussitôt à entrer en

(1) *Historique du grand État-major prussien*, V, 577; *Kriegs-geschichtliche Einzelschriften*, Heft 25, 20-22; Cardinal von Widdern, *Crise de Vionville*, 73-74 et 121-122. — D'après l'*Historique du grand État-major prussien*, Schwartzkoppen se serait borné à rassembler « provisoirement » ses troupes et à prescrire de faire la soupe aussi vite que possible pour rompre aussitôt après. Cette version est inexacte, ainsi que l'ont démontré Widdern et Hœnig : il s'agit bien d'une installation définitive.

liaison avec Brandenburg au moyen d'un escadron des dragons de la Garde et, à midi et demi,
se dirige vers l'est par la route de Mars-la-
Tour (1). L'état-major de la division, qui marche
en tête, arrivé à mi-chemin de Labeuville à
Suzemont, aperçoit nettement les batteries françaises au nord-est de Mars-la-Tour, non loin du
saillant d'un bois, et l'artillerie allemande au
nord de la route de Vionville. Il lui semble que
l'aile gauche prussienne s'avance, victorieuse,
vers le nord. Schwartzkoppen prend en conséquence le parti d'obliquer à partir de Hannonville-au-Passage vers Ville-sur-Yron, afin de se
relier dans la direction de Bruville aux troupes
de cette aile. Il en rend compte, vers 2 heures
et demie, à Voigts-Rhetz. Mais, peu après, un
officier venant de l'état-major du Xe corps expose
la situation critique de la gauche d'Alvensleben.
D'autres renseignements font comprendre à
Schwartzkoppen que son intervention est extrêmement urgente. Voigts-Rhetz lui prescrit d'ailleurs, un peu avant 3 heures, de se diriger par
Puxieux sur Tronville afin de se relier à la gauche
allemande. Mais, au lieu de poursuivre sa marche,
Schwartzkoppen perd une heure environ à ras-

(1) *Kriegsgeschichtliche Einzelschriften*, Heft 25, 22. — La
colonne comprend cinq bataillons de la *38e* brigade, deux compagnies de pionniers, un escadron trois quarts et trois batteries.
Un bataillon et un peloton et demi restent à Saint-Hilaire à la
garde des bagages.

sembler sa colonne dans un vallon situé à
1 500 mètres environ à l'est de Suzemont (1).

Vers 4 heures, au moment de donner le signal
du départ, Schwartzkoppen reçoit un nouvel
ordre de Voigts-Rhetz : au lieu de se diriger sur
Tronville pour y constituer la réserve, il devra,
« afin de dégager les nôtres », conduire son attaque
« sur l'aile droite ennemie qui presse fortement (2) ». Cette mission, si vaguement définie,
n'assure nullement la coopération de ses efforts
avec ceux de la *20ᵉ* division. Sans procéder à une
reconnaissance personnelle, sans s'entourer de
renseignements plus complets, manquant d'ailleurs de carte détaillée, Schwartzkoppen met la
brigade Wedell en marche vers l'est à travers
champs et, à 4 heures et demie, le *16ᵉ* régiment
occupe Mars-la-Tour sans coup férir. N'apercevant ni la brigade Pradier, ni même la brigade
Bellecourt masquées par la crête, Schwartzkoppen admet que l'aile droite du *4ᵉ* corps est constituée par l'artillerie qui est en action sur les
hauteurs au nord-est de Mars-la-Tour, idée erronée puisqu'en réalité une brigade d'infanterie
entière s'étend jusqu'à la ferme Gréyère (3). Il

(1) *Kriegsgeschichtliche Einzelschriften*, Heft 25, 24-26. —
Un bataillon est dirigé sur Mariaville pour la liaison avec Tronville ; il sera rappelé un peu plus tard.
(2) *Ibid.*, 27.
(3) De Mars-la-Tour, le terrain paraît monter en pente douce
vers le nord-est. Même par un temps clair, il est très difficile de

croit à une manœuvre enveloppante de la part de cette aile droite française; il se propose de riposter par une attaque décisive sur le flanc droit des forces chargées d'exécuter cette manœuvre; il espère décider ainsi du sort de la journée (1).

Les deux batteries de la *19e* division, établies immédiatement au nord-est de Mars-la-Tour, ouvrent le feu sur l'artillerie française qui, très supérieure en nombre, rend bientôt leur situation assez pénible. De son côté, la batterie à cheval de Brandenburg, en position au nord-est de Mars-la-Tour, sous la protection d'un escadron du 2e dragons de la Garde, contrebat les deux batteries de la division du Barail établies à la cote 239 (2).

A 4 h. 45, Schwartzkoppen prescrit à la *38e* brigade « de déployer ses cinq bataillons sur une ligne, l'aile gauche en avant, et d'attaquer les batteries à la gauche du saillant des bois de Tronville ». Le *16e* se déploie, face au nord-est, non sans quelque désordre, dans les prairies au nord

distinguer les deux crêtes cotées **274** et **257** qui se développent au nord et au sud du ravin qui aboutit dans le Fond-de-la-Cuve au sud-ouest de la cote **239** (*Metz*, III, **472**).

Les circonstances qui ont accompagné l'engagement de la *38e* brigade ont donné lieu en Allemagne à de nombreuses polémiques. La lumière est loin d'être complète sur certaines péripéties de ce combat.

(1) *Kriegsgeschichtliche Einzelschriften*, Heft **25**, **37-38**, d'après le témoignage de von Scherff, alors officier d'état-major de la *19e* division.

(2) *Ibid.*, **38**.

et à l'est de Mars-la-Tour, puis s'ébranle avec une avance de 200 pas environ sur le 57ᵉ, qui marche en échelons en arrière et à droite. A l'aile gauche, deux compagnies du 16ᵉ se portent sur Gréyère. Dès qu'elles apparaissent sur la crête, elles sont accueillies par une très vive fusillade de la part des IIᵉ et IIIᵉ bataillons du 64ᵉ, et couvertes d'obus et de mitraille par les batteries de la division de Cissey. L'une d'elles parvient à se jeter dans le bois de la Veltérène, mais en est presque aussitôt chassée par une charge à la baïonnette du IIᵉ bataillon du 64ᵉ. L'autre cherche à gagner un petit bois de pins à l'est, mais, après des pertes très fortes, recule en désordre. Une batterie, qui a tenté de soutenir ces compagnies de plus près, est forcée de faire demi-tour (1).

Pendant ce temps, le gros de la brigade Wedell s'est porté en avant, dans la direction du nord-est. Masqué par les formes du terrain, et appuyé par quatre batteries du Xᵉ corps établies au nord de la chaussée, à l'ouest du bois de Tronville, le 16ᵉ arrive assez facilement à la crête située au sud du ravin. Sous le feu peu efficace du IIIᵉ bataillon du 13ᵉ, les dix compagnies prussiennes franchissent la ligne de faîte entre la cote 257 et le chemin de Bruville ; elles se jettent ensuite dans

(1) *Kriegsgeschichtliche Einzelschriften*, Heft **25**, **40-42**; Rapport du général Pradier, 18 août; Historique manuscrit du 64ᵉ; *Metz*, II, **487**.

le ravin au nord en obliquant d'instinct à gauche pour faire face à nos tirailleurs. Le 57ᵉ a reçu des obus dès le début de son mouvement, qui s'est poursuivi rapidement, mais avec un notable infléchissement vers le nord. La majeure partie du régiment atteint par échelons la croupe 257 en arrière et à droite du *16ᵉ*, et s'engage dans un violent combat de mousqueterie avec l'infanterie de la brigade Bellecourt. Il est 5 heures et demie environ (1).

*
* *

Durant la marche d'approche de la brigade Wedell, l'infanterie de la brigade Bellecourt est au repos, dans la plus complète quiétude et se gardant à peine. Deux bataillons du 43ᵉ de ligne, intercalés à l'ouest de la cote 274 entre des fractions du 13ᵉ, attendent « avec philosophie leur tour de marcher ». Quelques hommes préparent même le café, « en faisant passer des gerbes de blé enflammées sous les marmites ». Le feu de l'artillerie ennemie, qui a repris avec violence, et la canonnade des batteries françaises qui ripostent ne les troublent aucunement. Inopinément, les Prussiens surgissent à 700 ou 800 mètres au plus.

(1) *Kriegsgeschichtliche Einzelschriften*, Heft 25, 34-45; Rapport du commandant Jeoffroy, du 13ᵉ de ligne, 17 août; *Metz*, III, 497-498.

« Soudain, écrit un témoin, l'alarme est donnée au 43ᵉ par deux ou trois soldats allemands, dans le rang même, qui ne peuvent s'empêcher, par émotion, de tirer, l'arme à la hanche..... la masse de la 38ᵉ brigade s'avance en lignes de colonnes de compagnie, la baïonnette croisée, sans faire feu, dans un ordre admirable, au point que l'on voit très bien les intervalles réguliers de six à huit pas entre les compagnies. Le 43ᵉ saute sur les faisceaux. Il était temps ! L'ennemi n'avait été aperçu qu'au moment où il descendait déjà dans le ravin... (1). »

Huit de nos batteries sur douze, manquant de soutiens d'infanterie en avant d'elles, tirent à la hâte quelques obus, puis amènent les avant-trains et se retirent vers le nord (2). Les dix compagnies du 16ᵉ traversent le ravin, gravissent la berge nord en refoulant une compagnie du 5ᵉ bataillon de chasseurs et constituent, à une centaine de mètres au delà, une chaîne extrêmement dense où, en maint endroit, les hommes sont sur six rangs de profondeur (3). Les deux bataillons du 43ᵉ, déployés sur une seule ligne, ouvrent aussitôt le feu à volonté, presque à bout portant (4). « Alors a lieu un drame inouï : la masse

(1) Colonel DE COURSON DE LA VILLENEUVE, *loc. cit.*, **67**.
(2) *Metz*, II, 497-498.
(3) *Kriegsgeschichtliche Einzelschriften*, Heft **25-45**.
(4) « Cent cinquante, cent et même trente pas » (*Historique du grand État-major prussien*, V, **591**).

opposée s'effondre devant nous comme coupée
par le ventre ; on entend distinctement les cris
des blessés, la voix des officiers, on voit leurs
gestes de surprise ; on aperçoit les chefs agitant
le sabre pour entraîner leurs soldats, malgré la
mort qui frappe à coups redoublés. Un officier,
monté sur un cheval blanc, passe au galop, agitant son sabre, devant tout le front de la ligne
allemande. Vains efforts ! Le sol est couvert de
cadavres et bientôt nous voyons remonter toute
cette masse... en déroute complète et emportée
comme dans un tourbillon (1). »

La division de Cissey vient d'entrer en ligne.
Vers 4 heures, le lieutenant-colonel Saget, sous-
chef d'état-major du 4e corps, l'a rencontrée près
d'Urcourt et lui a transmis l'ordre de Ladmirault
de hâter son mouvement. Elle commence à se rassembler dans le vallon au sud de Bruville, quand
la vive fusillade du 13e de ligne détermine Cissey
à se porter en avant avec la brigade Golberg,
sans attendre le ploiement complet de la brigade Brayer. Le 20e bataillon de chasseurs prend
la tête, suivi des 57e et 73e de ligne accolés, celui-
ci à droite. Masquée par le terrain, cette marche
d'approche échappe complètement à l'ennemi (2).
Au moment où les chasseurs à pied franchissent la crête, ils aperçoivent les batteries du

(1) Colonel DE COURSON DE LA VILLENEUVE, *loc. cit.*, 67-68.
(2) Journal de marche de la division de Cissey ; *Metz*, II, 502.

4ᵉ corps en retraite. « Des caissons traversent nos lignes au galop; les conducteurs nous crient que nous arrivons à temps... Une grêle d'obus tombe sur le bataillon, qui se déploie néanmoins avec le plus grand sang-froid... Au même instant une pluie de balles s'abat sur le bataillon; l'infanterie, placée en avant de nous, se replie sur nous, et il en résulte une certaine confusion; mais, enlevé par ses chefs, le bataillon se porte en avant sans présenter une formation bien distincte... Pendant une vingtaine de minutes, une véritable nappe de plomb passe sur le bataillon, qui, tantôt couché, tantôt debout, gagne toujours du terrain. Un feu rapide, épouvantable, part du premier rang; la fumée est si épaisse, qu'on distingue à peine la ligne ennemie de l'autre côté d'un ravin (1). »

Le 57ᵉ de ligne se porte à la droite du 20ᵉ bataillon de chasseurs, tandis qu'une partie du 57ᵉ prussien réussit, après plusieurs tentatives infructueuses, à traverser l'espace découvert qui le sépare du ravin, à s'y précipiter et à gravir les pentes nord. Devant cet adversaire, le général Brayer fait avancer vivement le 1ᵉʳ de ligne à la gauche du 20ᵉ bataillon de chasseurs. Le feu continue, de part et d'autre, avec une intensité extraordinaire : le général de Cissey est démonté

(1) Historique manuscrit du 20ᵉ bataillon de chasseurs.

ainsi que tous ses officiers; le lieutenant-colonel
de Place, son chef d'état-major, est blessé; le
général Brayer, déjà atteint d'une balle, tombe
pour ne plus se relever. Cinquante pas à peine
séparent les adversaires, quand les Prussiens
esquissent un bond en avant. Le moment est critique, mais Cissey se jette, l'épée à la main, à la
tête du 20e chasseurs et entraîne toute la ligne
dans une charge à la baïonnette. Vigoureusement
abordés de front et débordés sur leurs flancs, les
Prussiens cèdent de toutes parts et s'enfuient
vers le sud dans un désordre indescriptible (1).
La brigade Wedell est entièrement démoralisée
et désagrégée; elle ne manifeste plus aucune vel-
léité de résistance (2). La brigade Golberg, le
20e bataillon de chasseurs et le 1er de ligne se pré-
cipitent dans le ravin à la poursuite des Allemands, puis remontent le versant opposé. Mais
quelques fractions seules, appartenant surtout au
57e et formant une masse assez confuse d'un
millier d'hommes environ, continuent au delà de
la cote 257. Leur feu oblige les deux batteries

(1) Journal de marche de la division de Cissey; général DE CIS-
SEY, Souvenirs inédits; Historiques manuscrits du 20e bataillon de
chasseurs et du 1er de ligne; *Kriegsgeschichtliche Einzelschriften*,
Heft 25, 46-51; *Metz*, II, 506.

(2) « Ce fut, dit un témoin, comme si l'on jetait une boule de
neige contre un mur. La brigade éclata au choc en un grand
nombre de tronçons. La désagrégation fut complète; il n'était
plus question d'une résistance quelconque » (HOENIG, *Darstellung der Strategie*, 134).

allemandes les plus avancées au nord de la grande route à une retraite qui n'est pas sans difficultés.

La brigade Wedell a subi des pertes considérables (1) ; elle laisse entre nos mains près de 400 prisonniers valides et le drapeau du IIe bataillon du *16*^e dont s'est emparé le sous-lieutenant Chabal du 57e de ligne (2). Les deux régiments westphaliens ont donc payé très cher les erreurs du commandement : instructions insuffisantes de Voigts-Rhetz ; manque d'entente entre les généraux von Schwartzkoppen et von Kraatz ; attaque décousue et précipitée sans préparation suffisante, sans reconnaissance préalable, sans objectif précis, sans mission bien définie ; dispositif des troupes en ordre linéaire au lieu d'un échelonnement logique en profondeur (3).

Chez les fuyards, le sentiment est unanime : « Que la cavalerie française arrive, et nous

---

(1) *16*^e : **49** officiers, **1 736** hommes ; *57*^e : **23** officiers, **808** hommes, (*Historique du grand État-major prussien*, V, 173* ; *Kriegsgeschichtliche Einzelschriften*, Heft **25**, **52**).

(2) Rapport du colonel du 57e de ligne, **25** octobre ; le général de Cissey au général de Ladmirault, **25** octobre ; Relation du lieutenant Chabal, **24** août 1872.

(3) L'état-major prussien a cherché tous les moyens de justifier les procédés d'exécution : « L'attaque de la brigade Wedell n'a donc été ni mal conduite, ni une tentative follement audacieuse. Bien près de réussir, elle a infligé à l'adversaire des pertes à peu près égales à celles qu'elle a subies ; elle a surtout complètement paralysé la force offensive de cet adversaire » (*Kriegsgeschichtliche Einzelschriften*, Heft **25**, **85**). — Les faits sont contraires à ces assertions.

sommes tous perdus (1). » La cavalerie française est malheureusement occupée ailleurs, dans un combat sans résultat, et ce sont les escadrons allemands qui se présentent pour sauver l'infanterie en déroute.

Vers 5 heures et demie, à la vue de la catastrophe subie par la *38ᵉ* brigade, le général von Voigts-Rhetz s'écrie : « Maintenant, il faut que la cavalerie attaque, *coûte que coûte!* (2) » et, sans désemparer, des officiers sont envoyés à toute allure aux généraux von Rheinbaben et Brandenburg. Le colonel von Auerswald, du 1ᵉʳ dragons de la Garde, laissant un escadron à la garde des étendards (3), traverse avec les trois autres la route et les prairies à l'est de Mars-la-Tour. Deux escadrons prennent le galop pour remonter le vallon qui aboutit à la cote 257; le troisième suit en échelon derrière l'aile droite. Le choix de la direction est heureux : la charge menace le flanc droit des Français.

Nos soldats ont à peine le temps de se former en groupements confus. Ils reçoivent les escadrons de tête par un feu à volonté qui cause des pertes très sensibles : le colonel est mortellement

---

(1) *Kriegsgeschichtliche Einzelschriften*, Heft 25, 53. — Le lieutenant von Neumeister, de l'état-major du Xᵉ corps, ramasse un des drapeaux de la brigade Wedell, abandonné dans un fossé de la grande route (HœNIG, *loc. cit.*, 84).

(2) *Kriegsgeschichtliche Einzelschriften*, Heft 25, 54.

(3) Par tirage au sort.

blessé, le chef d'escadrons et les deux capitaines commandants sont atteints. Les dragons cherchent à faire demi-tour, tombent sous le feu de fractions du 57e et du IIe bataillon du 13e, et s'enfuient vers Mars-la-Tour. Le dernier escadron aborde le 1er de ligne. Pris d'abord pour un escadron français, il arrive jusqu'à 50 mètres et, la méprise cessant, il est presque entièrement anéanti. Seize officiers et 122 hommes restent sur le terrain. Deux escadrons du 4e cuirassiers, soutien des batteries placées au nord de la route, ont voulu suivre l'exemple des dragons. Le IIe bataillon du 13e les accueille par un feu si violent qu'ils font presque aussitôt demi-tour (1).

Ces sacrifices n'ont pas été inutiles : la cavalerie a attiré sur elle le feu de l'ennemi et l'a ainsi détourné des débris de la brigade Wedell; elle a permis à une batterie compromise de se retirer; le résultat moral enfin est plus important encore, car il est apparu aux Français « qu'ils ne sont pas encore maîtres du champ de bataille (2) ». Pourtant il ne dépend guère que d'eux-mêmes de l'être définitivement. La démoralisation de la brigade Wedell gagne en effet le commandement du Xe corps. Schwartzkoppen s'écrie : « Retraite sur Thiaucourt! » Scherff déclare au colonel von

(1) *Kriegsgeschichtliche Einzelschriften*, Heft 25, 58, 59; Rapport du général de Cissey, 23 septembre; *Metz*, II, 513-515.
(2) *Kriegsgeschichtliche Einzelschriften*, Heft 25, 59.

Alvensleben que « tout est perdu » ; Caprivi fait
détruire les papiers de l'état-major pour ne pas
les laisser tomber aux mains des Français; Voigts-
Rhétz déchire lui-même l'ordre de la IIe armée
pour le 16 août (1).

Encore un effort, et les Français atteignent la
chaussée de Verdun, enlèvent Tronville et con-
quièrent la victoire. Malheureusement le général
de Ladmirault la laisse échapper une fois encore.
Préoccupé de son flanc droit qu'il juge très
menacé par la cavalerie ennemie, il s'est maintenu pendant toute cette phase de la bataille près
de la ferme Gréyère. Après avoir assisté à la
mêlée de Ville-sur-Yron, il revient vers le centre
de ses positions, « rayonnant de satisfaction » à
la nouvelle du succès de la division de Cissey (2).
Sur tout son parcours, il est salué par les accla-
mations des troupes. A ce moment les batteries
du 4e corps sont rentrées en ligne et tirent sur
l'artillerie allemande rejetée au sud de la grande
route. Ladmirault dispose encore de sept batail-

(1) HOENIG, *loc. cit.*, 113-114, 125, 135; Cardinal VON WID-
DERN, *Crise de Vionville*, 88-90. — Seul, peut-être, Alvensleben
garde tout son sang-froid. Au général von Kraatz, qui fait allusion aux conséquences de la retraite du Xe corps, Alvensleben
aurait répondu : « Depuis 10 heures du matin, nous nous main-
tenons ici et nous ne nous en irons pas! » (Cardinal VON WID-
DERN, *loc. cit.*, 86, note 1, d'après une communication du major
von Kretschman.)

(2) Souvenirs inédits du capitaine de La Tour-du-Pin (Lieute-
tenant-colonel ROUSSET, *loc. cit.*, 165, note 1).

lons intacts, mais il déclarera plus tard que, pour poursuivre son mouvement offensif, il lui eût été nécessaire d'avoir sous la main la division Lorencez (1). En réalité, comme à Borny, le fait d'avoir repoussé une attaque avec succès est considéré comme le *summum* de l'effort que l'on doive réaliser. Alors qu'il ne s'agit plus que de donner le coup de grâce à un ennemi battu déjà, Ladmirault cède à la crainte de se compromettre et rappelle au nord du ravin ses troupes pleines d'ardeur (2). « Tous, dit un témoin, jusqu'au dernier sous-lieutenant, jusqu'aux soldats, tous avaient éprouvé un sentiment de tristesse profonde quand, tenant la victoire dans les mains, ils avaient vu qu'on leur donnait l'ordre de battre en retraite, alors que, sur les petites cartes, chacun voyait Frédéric-Charles avec la Moselle à dos, la place de Metz sur son flanc droit et nous sur ses derrières... Ici, il suffisait d'avoir un peu plus confiance dans le soldat, qui aurait gagné tout seul la bataille si on l'avait laissé faire (3) ! »

(1) Instruction relative au procès Bazaine, Interrogatoire du général de Ladmirault; général DE CISSEY, Souvenirs inédits.
(2) *Metz*, II, 547.
(3) Colonel DE COURSON DE LA VILLENEUVE, *loc. cit.*, 84.

CHAPITRE IX

LES CHARGES DE VILLE-SUR-YRON

Inquiétudes de Ladmirault pour son flanc droit. — Ordres donnés à la cavalerie. — Charge du 2ᵉ chasseurs d'Afrique. — Le 13ᵉ dragons. — La division Legrand. — Les lanciers de la Garde contre le 19ᵉ dragons. — Le 13ᵉ uhlans et les dragons de l'impératrice. — La division Clérembault. — Ralliement des deux cavaleries. — Résultats insignifiants de ce tournoi.

De la ferme Gréyère où il s'est rendu pour surveiller personnellement le flanc droit du 4ᵉ corps, Ladmirault aperçoit au sud-ouest, à la cote 250, une batterie prussienne (1) qui, à 4 h. 30, ouvre le feu sur les escadrons de la division Legrand, massés au nord de la ferme. Les deux batteries de droite de la division de Cissey ripostent, et la cavalerie française s'abrite dans un pli de terrain. La batterie prussienne, accompagnée d'un escadron du 2ᵉ dragons de la Garde, se porte alors un peu plus au nord en suivant la route, et canonne de nouveau nos escadrons. A ce moment, les deux batteries à cheval de la division du Barail se

(1) C'est la batterie à cheval Planitz, de la division de cavalerie de la Garde.

démasquent à la cote 239, et une compagnie du
64ᵉ, sortie de la ferme, exécute des feux bien
ajustés (1).

Inquiété par la présence de l'artillerie ennemie
sur son aile droite, craignant aussi de voir déboucher de ce côté des masses de cavalerie qu'on lui
a signalées, Ladmirault charge le capitaine de
La Tour-du-Pin de réunir tout ce qu'il trouvera
« de cavalerie en arrière de la position pour dégager le flanc menacé (2) » . Galopant de la ferme
Gréyère vers Bruville, La Tour-du-Pin rencontre
successivement le général du Barail avec le
2ᵉ chasseurs d'Afrique, puis le général Legrand
avec la brigade de hussards Montaigu, enfin le
général de France avec la brigade de la Garde.

Aussitôt le 2ᵉ chasseurs d'Afrique rompt en
colonne de pelotons, traverse le Fond-de-la-Cuve
et la route de Jarny, se forme en colonne d'escadrons et se lance sur la batterie prussienne qu'il
traverse à toute allure. L'escadron de soutien intervient sur le flanc droit des chasseurs d'Afrique
un peu désunis et, au cours de la mêlée, la batterie
parvient à s'échapper. Quatre escadrons frais du
13ᵉ dragons (3) fondent à leur tour sur nos cavaliers qui se replient vers le nord sous la protection

(1) Historiques manuscrits des 2ᵉ et 7ᵉ hussards, du 3ᵉ dragons, des 5ᵉ et 6ᵉ batteries du 19ᵉ; *Kriegsgeschichtliche Einzelschriften*, Heft 25, 28-29.
(2) Cité par le lieutenant-colonel ROUSSET, *loc. cit.*, 136.
(3) Brigade Barby de la division Rheinbaben.

d'un escadron gardé en réserve et dont les feux
arrêtent l'ennemi. Le *13e* dragons se reforme sur
le plateau au sud-est de Ville-sur-Yron (1).

Sur ces entrefaites, la division Legrand a franchi le Fond-de-la-Cuve au nord de la ferme
Gréyère et se déploie sur le plateau au sud-est de
La Grange, la brigade Montaigu en première
ligne, deux escadrons du 3e dragons en échelon à
droite (2). Plus au nord, se dirigeant vers la
ferme La Grange, arrive la brigade de France,
les lanciers en tête, les dragons de l'impératrice
assez loin en arrière (3). De son côté, la cavalerie
prussienne se groupe peu à peu au nord-ouest de
Mars-la-Tour (4). Vers 5 h. 45, le *19e* dragons
est au sud-est de Ville-sur-Yron, suivi à plus d'un
kilomètre du *13e* uhlans et de deux escadrons du
4e cuirassiers. Le *10e* hussards et le *16e* dragons
forment un autre groupe à un kilomètre plus

(1) Historique manuscrit du 2e chasseurs d'Afrique; Journal
de marche de la brigade de La Jaille; *Kriegsgeschichtliche Einzelschriften,* Heft 25, 29-30; Notes du colonel de Chabot, alors
sous-lieutenant au 2e chasseurs d'Afrique; *Metz,* II, 520-521.

(2) Rapport du général Montaigu, 1er mai 1872; Historique
du 7e hussards. — Les deux autres escadrons du 3e dragons
s'étaient attardés au passage du ravin.

(3) Journal de la brigade de France; *Metz,* II, 523-524.

(4) Dès 3 h. 30, Rheinbaben a reçu de Voigts-Rhetz l'ordre
de se rendre par Mars-la-Tour vers Jarny pour envelopper l'aile
droite française. C'est à 4 h. 30 seulement que les premières
fractions de la division se sont ébranlées de Puxieux sur Mars-la-
Tour. Elles ont été ralenties encore par des haies, des fossés et le
sol défoncé au sud-ouest de Mars-la-Tour (*Kriegsgeschichtliche
Einzelschriften,* Heft 25, 61).

en arrière encore. C'est un total de vingt-deux escadrons (1).

La lenteur des mouvements de la cavalerie française impatiente du Barail : « Il y a vingt minutes, aurait-il dit à Legrand, je conseillais au général Montaigu de charger, afin de profiter du désordre qu'avaient jeté au milieu des Allemands mes chasseurs d'Afrique. Maintenant il est trop tard. Le désordre est réparé, le moment est passé. — Ça m'est égal! réplique Legrand. On m'a commandé de charger, je charge. — Dans ce cas, je vais vous soutenir avec la brigade de la Garde (2). » D'ailleurs un aide de camp de Ladmirault, le lieutenant Niel, accourt à cet instant et transmet l'ordre d'attaquer sans plus tarder (3).

Le colonel Carrelet, du 2ᵉ hussards, propose d'entamer l'action avec la carabine. « Du tout! Au sabre! » s'écrie Legrand, et la brigade Montaigu part, malheureusement à une allure trop rapide au début (4). A 150 ou 200 pas de la crête où se profile le *13ᵉ* dragons, quelques cris : « C'est la Garde! » produisent dans les rangs un

---

(1) *Kriegsgeschichtliche Einzelschriften*, Heft 25, 61.
(2) Général DU BARAIL, *loc. cit.*, III, 187.
(3) *Metz*, II, 526.
(4) Note du contrôleur général Longuet, ancien aide de camp du général Legrand (lieutenant-colonel ROUSSET, *loc. cit.*, 356). — La charge a eu lieu à fond, à 700 mètres, distance énorme, qui a contribué à éreinter nos chevaux... » (Rapport du colonel Carrelet, 16 août).

instant d'hésitation. Mais l'erreur est vite reconnue, et les hussards, formés en bataille, abor-
dent vigoureusement l'adversaire. Le choc a lieu
au nord-ouest de la cote 250. Une lutte à l'arme
blanche s'engage, au cours de laquelle le général
de Montaigu, qui a pénétré l'un des premiers
dans les rangs ennemis, est blessé, désarçonné
et fait prisonnier (1).

Le *19e* dragons s'est dirigé sur ces entrefaites
vers la masse de cavalerie qu'il aperçoit aux
environs de la ferme La Grange ; le *13e* uhlans et
les deux escadrons du *4e* cuirassiers accélèrent
l'allure pour le rejoindre. Le général du Barail
court à la brigade de France et lui crie de charger : « Mais nous sommes de la Garde, objecte
de France. Nous ne sommes pas sous vos ordres !
— Oh ! il n'y a plus de Garde ici. Faites croiser
les lances et chargez ! Je vous en donne l'ordre
formel (2). » Déjà le général Legrand s'est mis à
la tête des deux escadrons du 3e dragons qui lui
restent et, suivi de son état-major sur un rang,
aborde le *19e* dragons au nord-est de Ville-sur-
Yron. Le choc est « très franc ». Les lignes
« se traversent, se bousculent, les premiers rangs
s'effondrent (3) ». Une mêlée se produit : le

(1) Rapport du général de Montaigu, 1er mai 1872 ; Historique manuscrit du 7e hussards ; *Metz*, II, 527.
(2) Général DU BARAIL, *loc. cit.*, III, 188.
(3) Note du contrôleur général Longuet.

général Legrand est tué; le colonel Campenon, son chef d'état-major, est blessé en combattant « avec une remarquable bravoure (1) ».

Les cinq escadrons de lanciers de la brigade de France, enlevés par le colonel de Latheulade, fondent à leur tour avec impétuosité sur les dragons prussiens. En même temps, apparaissent les deux derniers escadrons du 3e dragons. Au milieu de l'enchevêtrement et de la confusion, nos cavaliers confondent l'uniforme bleu de ciel des lanciers de la Garde avec celui des dragons allemands. De cruelles méprises se produisent. Le 13e uhlans et les deux escadrons du 4e cuirassiers arrivent enfin à proximité du 19e dragons. Après avoir dépassé les jardins de Ville-sur-Yron, ils gagnent l'aile gauche de ce régiment, menaçant d'envelopper la droite des lanciers de la Garde. Le mouvement n'a pas échappé au général de France, qui lance contre ce nouvel adversaire les dragons de l'impératrice. Ceux-ci chargent en plusieurs échelons, dont l'un doit faire face à un escadron des dragons de la Garde prussienne, qui surgit à l'improviste sur son flanc droit vers la ferme La Grange.

Les vingt-cinq escadrons français présents sur

(1, Rapport du général de Gondrecourt, 18 août; *Metz*, II, 528. — La durée de la mêlée varie, suivant les témoignages, de cinq à vingt minutes.

cette partie du champ de bataille sont engagés,
quand le dernier groupe de la cavalerie allemande
apparaît. Trois escadrons du *10e* hussards et une
partie du *16e* dragons se jettent sur la droite de la
brigade Montaigu ; le reste du *16e* dragons tombe
dans la mêlée du *19e* dragons avec la brigade de
France. L'intervention de ces sept derniers escadrons allemands se portant en deux tronçons,
sans direction commune, en deux points très
éloignés l'un de l'autre, demeure stérile ; ils se
sont perdus dans la cohue sans produire d'effet
décisif (1).

A partir de ce moment, environ six mille cavaliers, mélangés dans une inexprimable confusion,
tourbillonnent dans la poussière entre la route de
Jarny et l'Yron. Les cavaliers prussiens arrivent
jusqu'aux abords des bois au nord de la ferme La
Grange. En revanche, des fractions du 7e hussards poursuivent jusque dans le voisinage de
Mars-la-Tour une partie du *17e* hussards prussien. La lutte se poursuit violente, acharnée,
quand le général de France a la funeste inspiration de faire sonner « le ralliement ». La masse
confuse des combattants reflue peu à peu vers le

(1) Journal de marche de la brigade de France; Rapport du
général de France, 17 août; Historiques manuscrits des régiments de lanciers et de dragons de la Garde; Note du contrôleur
général Longuet; *Kriegsgeschichtliche Einzelschriften*, Heft 25,
62-67; *Metz*, II, 533.

nord, et les escadrons français se dégagent successivement pour se reconstituer vers la ferme
Gréyère (1). Une partie de la division Clérembault, accourue tardivement des environs de Bruville, franchit à ce moment le Fond-de-la-Cuve et
se déploie au sud du bois de La Grange. Le
colonel Cornat, du 4ᵉ dragons, disposant d'abord
de deux escadrons seulement, jette l'un d'eux en
fourrageurs sur les cavaliers prussiens les plus
avancés et conserve l'autre en soutien. Il esquisse
ensuite une nouvelle attaque avec son régiment
tout entier. Cette menace suffit à tenir l'ennemi
en respect, et bientôt les escadrons allemands se
replient sur Mars-la-Tour, couverts par le *13ᵉ* dragons (2).

Ainsi se termine cette mémorable rencontre
de cavalerie, la plus importante de toute la
campagne par les effectifs en présence. Selon
l'Historique du grand État-major prussien, elle
aurait « définitivement écarté le pressant danger qui menaçait encore la gauche prussienne
quelques instants auparavant (3) ». Il est vrai que
le général de Ladmirault eut son attention détournée par ce tournoi de ce qui se passait sur son

(1) Journal de marche de la brigade de France; Rapport du
général de Gondrecourt, 18 août.
(2) Journal de marche de la division Clérembault; Rapport du
colonel Cornat, 17 août; *Kriegsgeschichtliche Einzelschriften,*
Heft 25, 65; *Metz,* II, 537.
(3) *Historique du grand État-major prussien,* **V, 600.**

front, mais les causes de son inaction sont tout autres. Malgré ses belles qualités de chef, Ladmirault n'échappe pas à la mentalité militaire de la plupart de nos généraux d'alors : il manque d'esprit d'initiative et n'a pas le sentiment de l'offensive.

CHAPITRE X

LA BATAILLE JUSQU'A LA NUIT

Les forces groupées autour de Rezonville. — L'attaque du 72e. —
Contre-offensive de Lapasset. — L'attaque du 40e échoue. —
Le colonel von Schœning et le 11e. — Le 3e grenadiers et le
colonel Cousin. — Nouvel échec des Prussiens. — La brigade Wittich dans le bois des Ognons. — Insuccès de ses tentatives. — Le 26e de ligne. — Contre-attaque du 51e de
ligne. — L'artillerie de la Garde à l'est de Rezonville. —
Appréciations de Moltke. — Dernière offensive des Allemands. — Échec de leur cavalerie. — Emplacements à la nuit.
— L'armée française se croit victorieuse. — Bataille indécise.
— Impéritie de Bazaine. — La manœuvre possible.

Au centre et à notre aile gauche, à l'ouest et au
sud de Rezonville, se continue la bataille commencée le matin. Vers 5 heures du soir, Bazaine
dispose dans ce secteur de forces considérables :
la brigade Lapasset, la division Levassor-Sorval ;
les grenadiers de la Garde qui viennent d'être
renforcés par d'importantes fractions de la division des voltigeurs et de la division Montaudon ;
cinq bataillons de la division Aymard et un de la
division Tixier groupés près de Rezonville ; au
nord du village se tiennent le 9e de ligne et une
grande partie de la division La Font de Villiers.

Les deux divisions de cavalerie Forton et Valabrègue sont massées au sud des bois Leprince
et Pierrot (1).

A la même heure, les premiers éléments de la
division Barnekow (2) débouchent par la côte
Mousa et le bois de Saint-Arnould sur le plateau
au nord. Trois attaques successives vont être exécutées contre les positions de la brigade Lapasset
sur la croupe 308. Le colonel du 72ᵉ déploie
côte à côte les deux bataillons dont il dispose et
se porte en avant, de concert avec des fractions
du 8ᵉ. A plusieurs reprises, le feu du 84ᵉ de ligne
et celui des mitrailleuses (3) arrêtent les Prussiens
qui parviennent cependant, malgré des pertes très
sensibles, jusqu'à proximité de nos tirailleurs.
Ceux-ci reculent même quelque peu et abandonnent la Maison-Blanche. Mais le général Lapasset, ramenant vigoureusement en avant le 84ᵉ,
un bataillon du 3ᵉ grenadiers et un bataillon du
2ᵉ voltigeurs, rejette l'ennemi dans le bois ou dans
les ravins de Gorze. Malheureusement, sur les six
batteries françaises présentes au moment de l'attaque, deux se retirent pour ne plus reparaître (4).

(1) *Metz*, II, 548.

(2) Le général von Gœben, commandant le VIIIᵉ corps, a été
prévenu, mais s'est abstenu de conduire au feu une division de
son corps d'armée sous prétexte de laisser à Barnekow les hon-
neurs de la journée. — Cf. Gebhard Zernin. *August von Gœben*, p. 249-250.

(3) 8ᵉ batterie du 4ᵉ.

(4) Rapport du général Lapasset; Historique manuscrit du

Le *40*ᵉ débouche à son tour du bois de Saint-Arnould et du ravin oriental de Gorze et, vers 6 h. 30, enlève la Maison-Blanche et les tranchées au nord. Mais ce succès est de courte durée. Le commandant du Bessol, déployant les six compagnies de chasseurs de la Garde sur la croupe 308, leur fait exécuter des feux de salve qui permettent au 84ᵉ et aux voltigeurs de se rallier rapidement. Le brave Lapasset entraîne alors toute la chaîne, appuyée par deux bataillons du 3ᵉ grenadiers, et les Prussiens prennent la fuite sans même avoir été abordés (1).

Avant de subir ces échecs successifs, le commandant de la *32*ᵉ brigade a fait appel, dès 6 heures, à un régiment du IXᵉ corps, le *11*ᵉ, qui a été chargé de garder le passage de Corny. Cette demande de secours parvient au colonel von Schœning en même temps qu'un ordre de son général de division lui prescrivant de retourner au bivouac. Entre les deux partis qui s'offrent à lui, obéir passivement ou céder aux instances d'un collègue en danger, Schœning n'hésite pas (2). Il

84ᵉ de ligne; Historique de la 8ᵉ batterie du 4ᵉ; KUNZ, *loc. cit.*, 131-135; *Metz*, II, 550.

(1) Rapport du commandant du Bessol; KUNZ, *loc. cit.*, 140-149; *Metz*, II, 551.

(2) « L'ordre du corps d'armée fut lu à haute voix, devant tous les officiers réunis. Le colonel jeta un grand regard sur ses officiers qui, d'après un des acteurs survivants, attendaient avec un enthousiasme fanatique le moment de combattre, et il cons-

engage son régiment dans le bois de Saint-
Arnould et le déploie au nord de la lisière, en vue
d'une nouvelle attaque directe de la croupe 308.
Les deux bataillons du 84e de ligne, ceux du
3e grenadiers et du 2e voltigeurs qui occupent
la hauteur, ont subi de lourdes pertes et se trouvent un peu désagrégés par les contre-attaques
récentes. Deux batteries seulement les appuient.
Le *11e*, renforcé de fractions des *40e* et *72e*, est
accueilli néanmoins par un feu violent et subit
aussitôt « des pertes colossales (1) ». Un de ses
bataillons, ayant cheminé plus aisément par le
ravin occidental de Gorze, surgit tout à coup
à courte distance des fractions du 3e grenadiers
qui, surprises et « harassées par cette lutte stérile », ont un mouvement de recul. « Le colonel
Cousin, calme, sublime, prend le drapeau des
mains du capitaine Besnard, et tous font des efforts désespérés pour ramener leurs hommes (2). »
Le colonel tombe criblé de balles; le drapeau
passe de main en main. Enfin, après une mêlée
pendant laquelle le colonel von Schœning est
mortellement blessé, les Prussiens sont conte-
nus. Toutefois les bataillons du général Lapasset qui, pendant près de sept heures, ont

tata que sa résolution concordait avec la leur. Le cri de « En
« avant, avec Dieu ! » rendit sa décision » (Cardinal von WIDDERN,
loc. cit., 157).

(1) KUNZ, *loc. cit.*, 151.
(2) Rapport du lieutenant-colonel d'Argenton, 17 août.

combattu avec une inébranlable ténacité, commencent à être à bout de forces et de munitions (1). Heureusement, deux bataillons frais interviennent : Ier du 62e et Ier des zouaves de la Garde. Criblés de balles « de trois côtés », les Prussiens se replient d'abord dans le ravin occidental de Gorze, où ils sont un peu à l'abri ; puis, sous une nouvelle poussée des Français, « tout fuit sans arrêt (2) ». La poursuite n'est exécutée que par quelques fractions isolées et cesse un peu au nord du bois de Saint-Arnould où le *11*^{e} se rallie. Grâce à l'énergie et aux habiles dispositions de Lapasset, les trois attaques successives et décousues des Prussiens ont été repoussées, et les positions françaises restent intactes sur cette partie du champ de bataille où le combat diminue peu à peu d'intensité.

Dans le bois des Ognons, un bataillon prussien, le IIe du 72e, a progressé péniblement au milieu d'épais taillis et finit par atteindre vers 7 heures la lisière occidentale. Plus à l'est, d'autres fractions du IXe corps apparaissent un peu avant la tombée de la nuit. Porteur des instructions de Frédéric-Charles (3), le capitaine von Lignitz les a communiquées à Corny au prince de Hesse, commandant la 25e division, et l'a décidé à

(1) *Metz*, II, 579.
(2) KUNZ, *loc. cit.*, 153-154.
(3) Voir *suprà*, II, p. 76.

franchir la Moselle vers 4 heures (1). Mais le passage sur le pont suspendu de Corny fait perdre un temps considérable. A 5 h. 15, le prince de Hesse a réuni sur la rive gauche les quatre bataillons de la brigade Wittich, trois escadrons de cavalerie et trois batteries. La colonne se met en marche sur Gorze : deux batteries vont renforcer celles de la division Stülpnagel; l'infanterie et une batterie se dirigent de Sainte-Catherine vers le nord, à travers le bois des Chevaux. Vers 7 h. 15, le régiment de tête atteint le Puits du Geai où Wittich forme deux colonnes qui se portent, l'une sur Rezonville, l'autre vers le nord-ouest. Des fractions de la 2ᵉ brigade de la division Montaudon les accueillent brusquement par un feu rapide; une partie de la colonne de droite s'enfuit jusqu'à la plaine de Geai. Le prince de Hesse juge à propos de ne pas renouveler la tentative, et bientôt le combat cesse complètement sur ce point (2).

Les attaques qui se sont produites à l'aile droite allemande entre 5 heures et 7 heures du soir ont donc toutes échoué. Elles n'en ont pas moins été fort utiles à nos adversaires en retenant de ce côté l'attention de Bazaine et en achevant

_____

(1) Le prince de Hesse avait reçu du général de Manstein l'ordre de s'avancer jusqu'à la Moselle seulement.

(2) Cardinal von WIDDERN, *loc. cit.*, 171; *Historique du grand État-major prussien*, V, 608-609; *Metz*, II, 574.

de le persuader que le danger est à son aile gauche.

* * *

Depuis une heure de l'après-midi, la 6ᵉ division, qui combat à l'est de Vionville et de Flavigny, n'a reçu aucun renfort, de sorte que peu à peu la lutte est devenue traînante aux abords de la grande route. De Flavigny au bois de Vionville se développe une longue ligne de cent huit bouches à feu allemandes : les vues et l'action des batteries de droite s'étendent jusqu'aux abords de Rezonville et sur la croupe occupée par la brigade Lapasset, par la 1ʳᵉ brigade de la division Montaudon et par les batteries à cheval de la Garde.

Vers 4 h. 45, à la suite de leur contre-attaque au sud-ouest de Rezonville, le général Picard a fait relever les deux premiers bataillons du 2ᵉ grenadiers par d'autres fractions de la Garde : IIIᵉ du 2ᵉ grenadiers et IIIᵉ du 3ᵉ voltigeurs (1). En même temps, le général Marguenat a conduit le 26ᵉ de ligne de Rezonville à la cote 311, à la droite de deux bataillons du 25ᵉ. Le régiment s'est porté en avant « sans sourciller, sous une pluie de projectiles, jusqu'aux positions... indiquées », mais dans une formation dense (2), ce qui lui cause des

(1) Voir *suprà*, II, p. 77.
(2) Les bataillons déployés marchent en colonne à distance de 40 pas.

pertes considérables. Le général Marguenat est
tué. Vers 6 heures, après une fusillade désordonnée, les 26e et 25e doivent rétrograder (1).
Trois batteries de la Garde, assez éprouvées, se
replient non sans peine : il est nécessaire de
ramener plusieurs pièces à bras jusqu'à la grande
route (2). Désormais, la ligne de combat française présente un vide de près d'un kilomètre
depuis la cote 311, où se maintient encore un
bataillon du 3e grenadiers, jusqu'aux positions de
la brigade Lapasset (3). Cinq bataillons de la
1re brigade de la division Montaudon, rappelés de
Gravelotte, se trouvent établis à ce moment à la
cote 308, au sud-est de Rezonville. Bazaine les em-
ploie à fermer la trouée qui s'est produite : une
fraction du 51e de ligne exécute vers 6 heures une
contre-attaque énergique à l'ouest de la cote 311
et détermine une panique dans les rangs des *12e* et
56e, dont les compagnies dissociées refluent jusque
derrière l'artillerie de Stülpnagel. Les Français
sont à leur tour ébranlés à plusieurs reprises par
le feu violent de l'artillerie; mais, chaque fois,
l'énergique attitude des officiers les maintient sur
place. Ils conservent leurs positions jusqu'à l'issue
de la lutte, malgré un retour offensif du *56e* (4).

(1) Rapport du colonel Hanrion, 18 août; *Metz*, II, 554.
(2) Rapport de l'artillerie de la division des grenadiers.
(3) *Metz*, II, 556.
(4) Les événements sont très difficiles à reconstituer pour
cette phase de la bataille, en raison de l'incertitude et des con-

Sur l'ordre de Bourbaki, le général Pé de Arros, commandant l'artillerie de la Garde, constitue à l'est de Rezonville une grande batterie de cinquante-quatre pièces qui ouvre « le feu à volonté contre les lignes d'infanterie ennemie (1) ». En même temps, le général Deligny porte en avant, vers la cote 311, cinq bataillons de voltigeurs qu'il vient d'amener de Gravelotte (2). Cette intervention se produit dans une direction où l'adversaire n'est nullement menaçant, aussi reste-t-elle à peu près sans effet (3).

*
* *

Le grand état-major prussien a justement blâmé les attaques isolées, décousues et sans préparation de l'aile droite allemande. Elles ne répondaient « ni aux enseignements de la tactique, ni à la situation, ni à la pensée générale qui avait présidé aux mouvements d'armée des jours précédents (4) ». Elles étaient d'ailleurs contraires aux instructions de Frédéric-Charles (5). « Grâce

tradictions des documents. — Cf. *Metz*, II, 556 et suiv.; Kunz, *loc. cit.*, 118; Rapport du général Montaudon, 17 août.

(1) Rapport du général Pé de Arros, 18 août.
(2) Rapport du général Deligny, 17 août.
(3) Sauf le IIIe bataillon du 1er voltigeurs, qui appuie la brigade Lapasset (*Metz*, II, 566).
(4) *Kriegsgeschichtliche Einzelschriften*, Heft 18, 590.
(5) *Ibid.*, 593.

au précieux concours du X° corps, a dit de son
côté le maréchal de Moltke, on put, dans le courant de l'après-midi, mener à bonne fin la bataille
en restant sur la défensive et en faisant faire simplement de vigoureux retours offensifs à la cavalerie, grâce aussi à la persévérance de l'artillerie
que rien ne rebutait. Le soir venu, il était prudent de ne pas provoquer, par de nouvelles
attaques, l'ennemi disposant d'une énorme supériorité numérique, et de ne pas compromettre le
résultat si péniblement acquis, alors qu'on ne
pouvait pas espérer recevoir de nouveaux renforts (1). »

Frédéric-Charles semble n'avoir pas porté la
même appréciation sur les événements de la journée. Les échecs subis à l'aile droite le déterminent
au contraire « à montrer aux Français, par une
attaque générale du centre et de l'aile gauche,
que les Allemands se considèrent comme les
maîtres du champ de bataille (2) ». Le prince
compte avec raison sur « l'effet moral » de cette
entreprise (3). Vers 7 heures, il prescrit de
porter en avant le X° corps, la division Buddenbrock, la division de cavalerie du duc de Mecklembourg, les lignes d'artillerie du centre.

Six batteries, encore en état de se mouvoir,

(1) Maréchal DE MOLTKE, *La Guerre de 1870*, 59.
(2) *Kriegsgeschichtliche Einzelschriften*, Heft 25, 593.
(3) *Historique du grand État-major prussien*, V, 610.

font un bond de quelques centaines de pas; deux autres, établies entre Flavigny et la grande route, tentent de les imiter; il en est de même, à l'extrême droite, pour les deux batteries hessoises. Des fractions du *35e* et du *20e* esquissent, au nord de la route, un mouvement offensif bientôt arrêté par les zouaves de la Garde, les grenadiers du 1er régiment et quelques compagnies des 70e et 93e de ligne. Les batteries sont accueillies par les obus de l'artillerie du général Pé de Arros, et contraintes de rétrograder : quelques-unes d'entre elles sont même forcées, pour se dégager, de tirer à mitraille contre l'infanterie qui se glisse vers elles dans l'obscurité (1).

Vers 8 heures du soir, les deux brigades de la 6e division de cavalerie s'ébranlent dans la direction de Rezonville. La brigade Grüter part des environs sud-ouest de Flavigny, mais elle est reçue par une vive fusillade de notre infanterie, et fait demi-tour en désordre. Son chef est mortellement blessé. La brigade Schmidt passe au nord de Flavigny, franchit la grande route et prend le galop. Elle dépasse les tirailleurs français et se trouve entourée de toutes parts par des fractions compactes des 91e, 93e, 94e, qui, d'abord surprises et prises de panique, la criblent de balles. Le colonel von Schmidt tente, avec une

(1) *Historique du grand État-major prussien,* V, 610-611; *Metz,* II, 580.

cinquantaine de hussards, de sabrer un gros d'infanterie à l'extrême droite, mais il échoue « tant
par suite de l'obscurité devenue complète qu'en
raison de l'épuisement des chevaux, sellés depuis
2 heures et demie du matin, sans que, depuis
lors, il eût été possible de les faire boire ou man-
ger (1) ». Le Xe corps se borne, à peu près, à
maintenir ses positions (2).

La bataille est terminée, mais quelques coups
de fusil sont encore échangés jusqu'à 10 heures
du soir. Vers 8 h. 30, Alvensleben se présente à
Frédéric-Charles qui le félicite et lui exprime ses
inquiétudes au sujet d'une bataille pour le lendemain. Alvensleben est persuadé qu'après l'expérience et les pertes subies le 16 août, les Français entreprendront difficilement une nouvelle
attaque le lendemain. Il ajoute que toutes les
mesures sont prises pour refaire les troupes et,
en particulier, pour les ravitailler en munitions.
Rassuré par ces déclarations très optimistes, Frédéric-Charles prescrit aux troupes de bivouaquer
sur leurs positions. La 5e division s'établit entre
Flavigny et le bois de Vionville; à sa gauche se
placent la 6e division de cavalerie et l'artillerie de
corps du IIIe corps; la 6e division est à Vionville;

(1) *Historique du grand État-major prussien*, V, 611-612;
Rapports du lieutenant-colonel Champion, du 91e, 18 août; du
colonel Ganzin, du 93e; *Metz*, II, 582.
(2) Suivant Cardinal von Widdern, Voigts-Rhetz se serait
refusé à exécuter cette attaque.

le Xe corps autour de Tronville; la 5e division de cavalerie entre Puxieux et Xonville (1).

A l'extrême droite de l'armée française, le 4e corps est resté jusqu'à la nuit noire sur ses emplacements de combat au sud de Bruville; Ladmirault le ramène ensuite entre Bruville et Doncourt. La division Lorencez a rejoint à l'issue du combat : prise la nuit précédente dans une interminable colonne de voitures, elle a mis quinze heures pour faire neuf kilomètres et, après une halte, n'est repartie qu'à 3 heures. Le 3e corps a deux divisions d'infanterie, sa division de cavalerie et sa réserve d'artillerie entre Saint-Marcel et Villers-aux-Bois; la division Montaudon est fractionnée entre Gravelotte, Rezonville et la lisière nord du bois des Ognons; la division Metman, dont la marche a été très lente et qui s'est trompée d'itinéraire, est arrivée très tardivement à Gravelotte. Au 6e corps, les divisions, sauf la 1re, sont disséminées sur tout le centre et la gauche de notre ligne. La Garde est presque tout entière autour de Rezonville; la brigade de France à la Maison de Poste. Le 2e corps est réuni aux abords de Gravelotte, sauf la brigade Lapasset répartie entre Rezonville et la croupe de la Maison Blanche. Les chasseurs d'Afrique du général du Barail sont à Doncourt; la division

(1) *Kriegsgeschichtliche Einzelschriften,* Heft 18, 595.

Forton à l'ouest de Gravelotte avec la réserve générale d'artillerie (1).

Après une lutte aussi acharnée, les pertes, de part et d'autre, sont considérables : 834 officiers et 12 927 hommes de troupe pour l'armée du Rhin, contre 711 officiers et 15 079 hommes pour les Allemands (2).

* * *

A l'issue de cette lutte sanglante, le sentiment général, dans les rangs de l'armée française, est celui du succès (3). Le colonel d'Andlau qualifie la journée de « bataille gagnée (4) » ; le lieutenant-colonel Fay de « grande victoire pour nos armes ». Le général Jarras est plus affirmatif encore : « Je ne pense pas qu'il se soit élevé une seule voix pour contester à l'armée française son succès. Elle était restée maîtresse du champ de bataille, c'est-à-dire qu'elle demeurait, le soir, sur

---

(1) *Metz*, II, 583-595.

(2) *Metz*, II, 614 ; *Historique du grand État-major prussien*, V, 178*. — Effectifs en présence : Français : 136 900 hommes avec 364 bouches à feu et 66 mitrailleuses ; Allemands : 64 246 hommes, 13 171 chevaux, 246 pièces de canon (Général DERRÉCAGAIX, *Cours d'histoire militaire professé à l'École supérieure de Guerre*, 549 ; *Historique du grand État-major prussien*, VI, 204*). D'après les *Einzelschriften*, Heft 11, 649, 52 000 fantassins, 10 900 cavaliers, 228 bouches à feu prennent part à la bataille du côté allemand.

(3) Général DERRÉCAGAIX, *Guerre de 1870*, 173, 176 ; Notes du général Saussier.

(4) *Metz, Campagne et négociations*, 79.

le terrain même où elle avait combattu toute la journée ; en d'autres termes, elle avait gagné une bataille défensive (1). » Le maréchal Le Bœuf, enfin, félicite Bazaine de ce « brillant succès (2) ». Le haut commandement français se faisait alors cette illusion de croire que la victoire consistait à conserver ses positions, à « coucher sur le champ de bataille », suivant l'expression consacrée. Ces appréciations, pour erronées qu'elles soient, ont sur les troupes la meilleure influence. L'audace et l'énergie constantes de l'ennemi les ont d'ailleurs persuadées qu'elles ont soutenu la lutte avec une infériorité numérique sensible (3). Aussi sont-elles dans les meilleures dispositions. « Jamais situation plus avantageuse ne s'est offerte à nous. Le moral est partout excellent, et malgré les vicissitudes par lesquelles vient de passer l'armée du Rhin, tous ces corps paraissent pleins de confiance et résolus, à cette heure, à brusquer le dénouement à la baïonnette. C'est en vain que, jusqu'à la nuit noire, les troupes impatientes attendent le signal de l'assaut (4). »

(1) Général JARRAS, loc. cit., 113.
(2) Le maréchal Le Bœuf au maréchal Bazaine, 16 août, 8 h. 30 soir.
(3) Rapport du général Gagneur. — Le maréchal Le Bœuf, dans la lettre précitée adressée à Bazaine, parle de « seize divisions allemandes » engagées.
(4) Notes du général Saussier.

Dans la relation qu'il a écrite lui-même des événements de 1870, le maréchal de Moltke attribue la victoire aux Allemands (1). L'examen des faits suffit à montrer l'inexactitude de cette assertion : si Vionville et Flavigny nous ont été enlevés, il n'y a pas eu, à la fin de la journée, la moindre rupture d'équilibre, la moindre poursuite de la part du prétendu vainqueur. Les Français ont pu prendre toutes les dispositions qu'ils ont jugées convenables sans être troublés par l'ennemi et, le lendemain, les Allemands resteront immobiles, au point même de perdre le contact. A vrai dire, la bataille doit être qualifiée d'indécise. Le résultat stratégique est défavorable à l'armée française en ce sens que la présence de forces ennemies vers Tronville l'empêche d'utiliser la route de Verdun par Mars-la-Tour avant un nouveau combat. Mais elle dispose librement des routes d'Étain et de Briey; une faible marche, exécutée dans la nuit du 16 au 17 ou dans la matinée suivante, suffirait à la dégager. Elle trouverait à courte distance, sur l'Orne, une excellente ligne de résistance pour les arrière-gardes (2).

La fortune, qui a si souvent favorisé les Allemands au cours de cette campagne, ne les a sans doute jamais mieux servis qu'à Rezonville. Les

(1) Maréchal DE MOLTKE, *la Guerre de 1870*, 60.
(2) Lieutenant-colonel ROUSSET, *loc. cit.*, 202; G.G., *loc. cit.*, 233.

erreurs du grand quartier général et du prince
Frédéric-Charles exposaient à un désastre les deux
corps d'armée dirigés sur la route de Metz à Verdun par Mars-la-Tour. Par ses belles qualités de
caractère et d'intelligence, Alvensleben était
peut-être le seul des généraux prussiens qui fût
capable, avec les excellentes troupes dont il disposait, d'éviter la défaite. Il a parfaitement compris la mission que les circonstances lui ont for-
tuitement attribuée : arrêter les Français coûte
que coûte, au prix même de la destruction de
son corps d'armée ; les immobiliser devant lui,
les empêcher de progresser vers la Meuse pendant un temps suffisant pour permettre au reste
des armées allemandes d'accourir et de les rejeter sur Metz. Avec un rare coup d'œil, il a su
adapter les moyens au but.

Il fut puissamment secondé, il est vrai, par
d'autres chefs subordonnés qui manifestèrent
une solidarité, une camaraderie de combat, une
énergie dignes des plus grands éloges. Mais il
faut ajouter que son adversaire lui facilita considérablement la tâche. L'incapacité de Bazaine
à diriger une armée de 150 000 hommes se
révèle une fois de plus dans cette journée, où
la lutte donne l'impression d'une grande victoire qui, à tout instant, semble s'offrir et qui
n'est jamais saisie. La préoccupation du commandant en chef d'agglomérer ses forces sur la

gauche et de se relier à Metz qu'il doit quitter, montre clairement qu'instinct tactique et compétence stratégique lui font défaut. Pour peu qu'il eût été doué de ces qualités militaires, avançant sa droite et refusant sa gauche, il se fût établi face au sud-est et perpendiculairement à ses lignes de retraite vers Conflans et Briey; une offensive énergique de son aile droite, en terrain découvert, dépourvu d'obstacles, propice à l'action combinée des trois armes, était le seul moyen de dégager la route de Mars-la-Tour. Tout le conviait à cette manœuvre : aussi bien l'objectif stratégique, qui était la retraite sur Verdun, que les succès de Ladmirault et voire même les circonstances locales. Prise vers 2 heures, vers 4 heures même, cette offensive lui eût permis certainement de rejeter en désordre deux corps d'armée dans les ravins de Gorze et d'Arnaville, et de les acculer à la Moselle (1). Que serait-il advenu le lendemain de la IIe armée? Comment, semblablement disséminée, eût-elle résisté aux coups du vainqueur!...

Attaqué par surprise, Bazaine s'est défendu sur place, passivement, sans concept de manœuvre, sans but précis, sans rien voir de ce qui se passe hors de l'endroit où il se trouve. De toute la journée du 16, Le Bœuf et Ladmirault ne reçoi-

(1) G. G., *loc. cit.*, **210**.

vent pas un ordre du commandant en chef (1).
L'empereur a peut-être prescrit à Bazaine de ne
rien risquer ; mais il est certain qu'il se présente
à la guerre des situations dans lesquelles l'extrême sagesse consiste précisément à oser le plus
possible.

Les commandants de corps d'armée français
ont, pour la plupart, joué un rôle assez effacé,
soit faute d'instructions claires de la part de
Bazaine, soit inaptitude personnelle. Presque
partout, ils bornent leur ambition à conserver
leurs positions et parfois, comme Ladmirault, ils
font rétrograder leurs troupes qu'ils jugent trop
audacieuses. Les officiers de l'armée du Rhin,
qui « ignoraient de la tactique appliquée au terrain jusqu'au terme lui-même », ont donné le plus
brillant exemple de bravoure et, quant aux soldats, ils « peuvent être comparés aux vainqueurs
d'Austerlitz et d'Iéna (2) ». Malheureusement
leur courage ne pouvait suppléer à des causes
d'insuccès qui se révélent dans toutes les batailles
de cette campagne. A Rezonville, comme à
Frœschwiller, comme à Forbach, ce ne furent
pas seulement en effet deux armées, mais deux
systèmes complètement différents qui furent en

(1) Néanmoins, dans son premier télégramme à l'empereur,
daté de Gravelotte, 16 août, 11 heures soir, Bazaine déclare que
ces deux généraux ont opéré par ses ordres « un mouvement
tournant sur la gauche de l'ennemi ».
(2) Général Bonnal, loc. cit., II, 484, 485.

présence : « l'un... se manifesta par une activité absolument pleine de vie et d'intelligence, spontanée et fructueuse ; l'autre par une routine opiniâtre et une inaction funeste (1) » .

(1) Général DE WOYDE, *loc. cit.*, I, 407.

CHAPITRE XI

RETOUR DE L'ARMÉE SOUS METZ

Situation dans la soirée du 16. — Les deux seuls partis admissibles. — Bazaine semble d'abord décidé à ne pas rétrograder sur Metz. — Revirement complet. — Arguments invoqués par le maréchal. — Motifs produits en 1873. — Autres mobiles possibles. — Instructions pour le 17. — Exécution de la marche. — La division Metman à l'arrière-garde. — Le quartier général de Bazaine à Plappeville. — Correspondance avec l'empereur. — Mission du commandant Magnan et de l'intendant de Préval.

Dans la soirée du 16 août, l'armée française ne pouvait choisir qu'entre deux partis pour les opérations du lendemain : « ou attaquer l'ennemi et le rejeter du côté de la Moselle, ou se dérober par une marche rapide vers Briey dans la direction du nord (1) ». Toute hésitation était inopportune, tout retard devait être funeste, en permettant à l'adversaire de s'établir sur la ligne de retraite de l'armée. L'heure était décisive pour la tournure des opérations et l'issue de la campagne.

(1) *Procès Bazaine*, Rapport, 16.

De ces combinaisons, la première ne se présenta jamais à l'esprit de Bazaine (1) ; il n'en est fait mention ni dans son mémoire justificatif, ni dans le rapport que, le soir même du 16, il expédia à l'empereur. On ne trouve également dans ces documents aucune trace du projet de marche sur Briey. Selon le général Jarras, dont les souvenirs à cet égard sont très précis, très peu d'opinions se manifestèrent « parmi les hommes compétents » en faveur de la continuation de la marche directe sur Verdun, qui exigeait évidemment de nouveaux combats dès le lendemain. Le sentiment de beaucoup le plus répandu était qu'autant que possible, il convenait d'éviter une seconde grande bataille, et que, par suite, il y avait lieu de diriger l'armée vers le nord-ouest sur Briey et Longuyon, afin de gagner de l'avance sur l'armée allemande (2). Personne ne préconisait le retour vers Metz.

Au début, Bazaine semble avoir partagé le sentiment général. Resté auprès de Rezonville jusqu'à la nuit noire, il a prescrit à Canrobert et à Bour-

(1) *Procès Bazaine*, Interrogatoire du maréchal Bazaine, 164.
(2) Général JARRAS, *loc. cit.*, 114. — Jarras ajoute : « Il est vrai que tous ceux qui ont exprimé cette opinion ne l'ont pas maintenue plus tard ; mais j'ai pu constater dans diverses circonstances que les donneurs d'avis ou de conseils, quand les événements deviennent contraires à leurs prévisions, blâment des décisions ou des mesures qui n'ont été prises qu'à leur instigation, oubliant de bonne foi, je veux bien le croire, ce qu'ils avaient préconisé naguère. »

baki de reprendre leurs anciens campements en
les resserrant, mais ne s'ouvre pas à eux de ses
projets pour le lendemain (1). Puis, vers 9 heures
et demie, il se rend à Gravelotte où il arrive vers
10 heures. Avec l'armée tout entière, Bazaine a
l'impression d'un succès, ainsi qu'en témoigne ce
télégramme au général Coffinières : « Nous avons
livré aujourd'hui une bataille heureuse pour
nous (2)... » Lorsque l'intendant de Préval se
présente au commandant en chef et lui propose
d'aller à Metz afin d'en ramener les vivres chargés
sur le convoi auxiliaire (3), Bazaine accepte, et
« si cette mesure ne présageait rien des projets à
venir, elle indiquait du moins nettement l'intention de se maintenir dans les positions actuelles
jusqu'au ravitaillement des troupes (4) ». Dans
le même ordre d'idées, Bazaine fait prévenir le
général Soleille, commandant l'artillerie de l'armée, qu'il va faire transporter à Metz un certain
nombre de blessés dans des voitures de l'intendance, qui reviendraient chargées de munitions
d'artillerie (5).

Une heure après, par un revirement complet,

(1) Le maréchal Bazaine aux commandants de corps d'armée,
Gravelotte, 17 août, minuit 30.
(2) Le maréchal Bazaine au général Coffinières, Gravelotte,
16 août, 10 heures soir.
(3) *Procès Bazaine*, Déposition de l'intendant de Préval, 259.
(4) Colonel d'Andlau, *loc. cit.*, 77.
(5) *Procès Bazaine*, Déposition du commandant Sers, 255.

Bazaine a pris la résolution de ramener l'armée sous Metz. Quelles sont les causes de cette décision si différente, dont le moindre inconvénient est d'abandonner le champ de bataille à l'ennemi et de lui permettre de se croire le vainqueur? Dans une lettre écrite à l'empereur à 11 heures du soir, le commandant en chef allègue la pénurie des munitions et des vivres, et la nécessité pour se ravitailler de se replier sur la ligne Vigneulles-Lessy (1), c'est-à-dire sur les glacis mêmes des forts de la rive gauche. Tel est également l'argument invoqué par Bazaine au procès de Trianon (2). Il est vrai que le général Soleille a chargé vers 10 heures son chef d'état-major, le colonel Vasse-Saint-Ouen, d'exposer au commandant en chef que la consommation en munitions a été considérable — le tiers ou la moitié de l'approvisionnement total, affirme cet officier supérieur (3). De son côté, le général Bourbaki

---

(1) Bazaine expliquera la mention Vigneulles-Lessy (au lieu de Rozérieulles-Saint-Privat) par une erreur de copiste.

(2) *Procès Bazaine*, Interrogatoire du maréchal Bazaine, 164.

(3) *Ibid.*, Déposition du colonel Vasse-Saint-Ouen, 240, 242. — Dans son journal des opérations, le général Soleille écrit que la consommation des munitions a été « très considérable... surtout relativement aux ressources sur lesquelles l'armée pouvait compter... ». Le renseignement fourni par le général Soleille était inexact. Le 16 au matin, l'armée traînait avec elle sur le plateau de Gravelotte environ 95 460 coups de canon de 4 et 11 030 coups de 12, non compris la mitraille et les coups de canon à balles, qui étaient surabondants. La consommation de la bataille de Rezonville n'atteignit pas, pour les deux calibres,

commence en ces termes sa réponse à l'ordre de conserver les positions jusqu'à 10 heures : « Nous n'avons plus de cartouches (1). »

En ce qui concerne les vivres, certains corps de troupe ont effectivement consommé prématurément les vivres du sac distribués à Metz. Bazaine n'ignore pas ce détail ; il s'en est entretenu, le matin même de la bataille, avec l'intendant de Préval, qui a reçu des ordres pour recompléter cet approvisionnement (2). A la vérité, ce fonctionnaire, chargé depuis trois jours seulement du service des vivres, n'a pas su, vers 10 heures du soir, renseigner le maréchal sur les ressources existant à Gravelotte (3). Mais une partie seulement des convois a été arrêtée au Ban Saint-Martin ; ceux du grand quartier général et du 2ᵉ corps

---

26 000 obus. L'armée disposait donc, le 16 au soir, de 80 493 coups au moins. Il n'était donc pas exact de dire que la consommation de la journée avait été du tiers ou de la moitié de l'approvisionnement total. Elle n'en atteignait pas le quart. D'ailleurs l'arsenal de Metz était en mesure de livrer en quelques heures, et dans la nuit même, 9 000 coups de 4 et 3 500 coups de 12. Cet approvisionnement, emprunté en partie aux batteries mobiles de la place, pouvait être reconstitué en moins d'un jour par l'arsenal qui, le 19, le 20 et le 21, livra à l'armée plus de 23 000 coups de canon. Quant aux munitions d'infanterie, l'armée, qui disposait le 16 au matin de 17 580 000 cartouches, n'en avait consommé que 1 million dans la journée (*Procès Bazaine*, Rapport, 17, 107). — Cf. *Metz*, III, 784.

(1) Écrit au crayon sur l'ordre même.

(2) Instruction relative au procès Bazaine, Déposition de l'intendant de Préval.

(3) *Procès Bazaine*, Déposition de l'intendant de Préval, 260.

se trouvent, dans la soirée du 16, sur les plateaux à quelques pas de l'état-major général et portent plus de vivres qu'il n'en faudrait à toute l'armée pour les deux journées des 17 et 18 août. Si l'inquiétude est permise, le 16 au soir, aux commandants de corps d'armée que l'ordre de licenciement du train auxiliaire a séparés de leurs convois, Bazaine, qui a été suivi par le sien dont il connaît les ressources, devrait donc être rassuré (1). D'autres approvisionnements sont d'ailleurs réunis à Verdun (2). La pénurie des vivres n'est donc pas telle en réalité que le maréchal l'a dépeinte à l'empereur, et lui-même dut reconnaître plus tard que les termes de sa lettre étaient impropres. Il avait voulu dire simplement, déclara-t-il, que des distributions aux troupes étaient nécessaires, ce à quoi on lui objecta justement : « Vous n'aviez qu'à faire venir les parcs et les convois sur le plateau (3). »

En se ravitaillant à Metz en vivres et en munitions, Bazaine allait diminuer d'autant les ressources de la place, et à un moment où il n'y

---

(1) Le convoi du quartier général portait à lui seul : 173 000 rations de pain et de biscuit, 136 000 rations de farine et trois jours de vivres de campagne pour toute l'armée (*Procès Bazaine*, Rapport, 17).

(2) Le ministre de la Guerre à l'intendant général de l'armée, D. T., 16 août, 2 h. 05 soir; *Procès Bazaine*, Déposition du maréchal Bazaine, 165.

(3) Conseil d'enquête sur les capitulations, Déposition du maréchal Bazaine; *Metz*, III, 18.

avait pas une minute à perdre pour les remplacer d'abord, ensuite pour les augmenter. On pouvait en demander au ministre de la Guerre, par le télégraphe, dès le 16 au soir. Au lieu d'agir ainsi, le maréchal croit devoir rédiger une lettre à l'adresse de l'empereur, qu'il confie à M. Belle, secrétaire d'ambassade, attaché au grand quartier général. Par surcroît, ce fonctionnaire est envoyé sur Verdun, au lieu d'être dirigé par la voie ferrée des Ardennes, et n'arrive au camp de Châlons que le lendemain 17 dans la soirée (1).

L'assertion du maréchal, relative à la pénurie des vivres, va recevoir bientôt un éclatant démenti. Une partie des voitures du grand quartier général ont été déchargées dans la soirée du 16, soit en vertu de l'ordre de licenciement, soit pour permettre d'évacuer sur Metz les blessés de la journée. Avant le mouvement rétrograde exécuté dans la matinée du 17, aucune mesure ne sera prise pour distribuer aux troupes ces denrées déposées aux abords de Gravelotte et, au moment où l'on abandonnera cette position, il faudra mettre le feu à ces approvisionnements, pour éviter qu'ils ne tombent aux mains de l'ennemi (2).

(1) *Procès Bazaine*, Interrogatoire du maréchal Bazaine, 168.
(2) D'après le procès-verbal de perte dressé à cette occasion, 2 063 000 rations de vivres de toute espèce, dont 50 000 rations de biscuit et 625 000 de sel furent ainsi détruites.

Les faits qui précèdent ayant provoqué une demande d'explication au maréchal en 1873, il a répondu « que la vraie cause déterminante du mouvement rétrograde... a été la dissémination dans laquelle se trouvaient les corps dans la soirée du 16, et qu'il n'a pas cru, au point de vue tactique, devoir remettre l'armée en marche sans avoir rétabli l'ordre ». D'après lui, le mouvement en arrière du 17 n'aurait été « qu'une rectification de la ligne de bataille, dans le but de recevoir dans de meilleures conditions l'ennemi, s'il se présentait (1) ». Bazaine a développé sa pensée en ces termes : « Il me semblait qu'en livrant une ou peut-être deux batailles défensives, dans des positions que je considérais comme inexpugnables, j'userais les forces de mon adversaire en lui faisant éprouver des pertes très considérables, qui, répétées coup sur coup, l'affaibliraient assez pour l'obliger à me livrer passage sans pouvoir s'y opposer sérieusement (2). » Une telle conception de la guerre, qui semble étrange aujourd'hui, n'est nullement surprenante dans l'esprit de certains généraux de cette époque et résulte directement de la prétendue supériorité que l'on attribuait à la défensive.

On peut discerner, semble-t-il, d'autres mo-

(1) *Procès Bazaine*, Rapport, 18.
(2) *Enquête sur les Actes du Gouvernement de la Défense nationale*, Déposition du maréchal Bazaine, IV, 355.

biles dans le mouvement rétrograde du 17 août. En rentrant à Gravelotte dans la soirée du 16, Bazaine a trouvé trois télégrammes arrivés au cours de la journée : l'un est du maréchal de Mac-Mahon, qui fait part de son arrivée à Bar-sur-Aube le lendemain, et demande des ordres à Bazaine (1). L'autre est du commandant du camp de Châlons, annonçant qu'une dépêche très urgente, adressée par le ministre de la Guerre à Mac-Mahon, parle « de la composition d'une armée à Châlons » et « d'une combinaison d'opérations » possible entre cette armée, une fois constituée, et celle de Bazaine (2). Le troisième rend compte de la continuation du transport des 1er et 5e corps sur le camp de Châlons (3). Or, combiner des opérations avec Mac-Mahon amènerait Bazaine à avouer son incapacité, à confier ses projets à un autre, et il veut que personne, même son chef d'état-major, ne sache quoi que ce soit de ses agissements. Afin d'écarter définitivement cette question de coopération, « il lui suffira de se retirer sous Metz, et de laisser le champ libre à l'ennemi qui interceptera toutes ses communi-

(1) Le maréchal de Mac-Mahon au maréchal Bazaine, D. T., Joinville, 16 août, 3 h. 42 matin.

(2) Le général commandant le camp de Châlons au maréchal Bazaine, D. T., 16 août (reçu à Metz 3 h. 15 soir, expédié à domicile 3 h. 40).

(3) Le maréchal de Mac-Mahon au maréchal Bazaine, D. T., Joinville, 16 août, 4 heures soir.

cations avec le reste du pays (1) ». Près de deux jours se passeront en effet avant que Bazaine ne réponde, en ces termes, au télégramme de Mac-Mahon demandant des instructions : « Je reçois votre dépêche ce matin seulement. Je présume que le ministre vous aura donné des ordres, vos opérations étant tout à fait en dehors de ma zone d'action pour le moment, et je craindrais de vous indiquer une fausse direction (2). »

Si rien ne prouve que Bazaine ait pris, dès le 16 au soir, le parti bien arrêté de se laisser investir dans le camp retranché de Metz, il semble qu'il ait cédé à l'attraction, à cette sorte de fascination qu'exercent généralement les places fortes sur les généraux incapables de conduire une armée en rase campagne. Conscient de son insuffisance profonde, il préféra, suivant toute apparence, au lieu de continuer à diriger la retraite vers la Meuse, déposer ce fardeau trop lourd pour lui, venir s'appuyer à une forteresse et attendre les événements. La pénurie en vivres et en munitions paraît n'avoir été qu'un prétexte saisi avec empressement pour justifier son mouvement rétrograde. Rester sous Metz était évi-

(1) Cf. Germain BAPST, *Le soir de Rezonville, étions-nous vainqueurs? (Mois littéraire et pittoresque*, t. XXII, 367-369).
(2) Le maréchal Bazaine au maréchal de Mac-Mahon, D. T., Metz, 18 août, minuit. — Le télégramme est adressé à Bar-sur-Aube, au lieu du camp de Châlons.

demment son droit strict. Du moins son devoir
eût-il été de ne laisser à son gouvernement aucune illusion sur ses projets et de ne pas lui permettre d'entrevoir sa marche à brève échéance
vers Montmédy et les places du Nord (1). Bazaine
n'en fit rien, et en cela il est responsable, dans
une certaine mesure, du mouvement de l'armée
de Châlons et de la catastrophe de Sedan.

*
* *

A 11 heures du soir, Bazaine fait appeler Jarras et dicte l'ordre suivant, qui fut expédié vers
minuit et demi aux commandants de corps d'armée : « Ainsi que nous en sommes convenus,
vous avez dû, à 10 heures, reprendre vos anciens
campements en les resserrant. La grande consommation qui a été faite dans la journée d'aujourd'hui de munitions d'artillerie et d'infanterie,
ainsi que le manque de vivres pour plusieurs
jours, ne permettent pas de continuer la marche
qui avait été tracée. Nous allons donc nous porter

(1) Au procès Bazaine, le général Pourcet, dans son réquisi-
toire, disait jùstement à ce propos : « Le général en chef, seul
responsable des conséquences de ses ordres, est aussi juge en
dernier ressort de l'opportunité des opérations. Si la combinaison
qui lui est imposée lui semble mauvaise, ou si de nouvelles circonstances en rendent à ses yeux l'application dangereuse, il a
plus que le droit, il a le devoir de le faire immédiatement connaître » (Procès Bazaine, 704).

sur le plateau de Plappeville. Le 2ᵉ corps occupera la position comprise entre le Point-du-jour et Rozérieulles. Le 3ᵉ corps se placera à sa droite à hauteur de Châtel-Saint-Germain, qu'il laissera en arrière ; le 4ᵉ corps, sur la droite du 3ᵉ, vers Montigny-la-Grange et Amanvillers ; la Garde à Lessy et à Plappeville où sera le grand quartier général. Le 6ᵉ corps sera à Vernéville. La division du Barail suivra le mouvement du 6ᵉ corps à Vernéville, et la division Forton s'établira avec le 2ᵉ corps.

« Le mouvement devra commencer le 17, à 4 heures du matin, et sera couvert par la division Metman, qui tiendra la position de Gravelotte et ira ensuite rallier son corps... Le général de Forton marchera avec le 2ᵉ corps.

« Dans le cas où l'ennemi entreprendrait une attaque dans une des directions à parcourir, le mieux serait d'indiquer, comme point de ralliement, le plateau qui est au-dessus de Rozérieulles, entre Saint-Hubert et le Point-du-Jour. De là on pourra se porter sur les campements indiqués plus haut (1)... »

Dès les premières lignes, Jarras a éprouvé « un sentiment de pénible surprise » en entrevoyant

---

(1) *Metz*, III, 20. — Aucun emplacement n'est indiqué à la réserve générale d'artillerie. Le général Jarras prescrivit au général Canu de suivre le mouvement de la Garde et de s'établir derrière elle entre Lessy et Plappeville.

les conséquences funestes que peut avoir ce mouvement rétrograde. Il se demande pourquoi, à l'inverse de ce qui devrait être, les troupes se rapprochent des approvisionnements, au lieu de se maintenir sur leurs positions et de faire venir de Metz ce qui leur est nécessaire. Mais le commandant en chef s'est tellement abstenu jusque-là de l'initier aux affaires, que Jarras, poussant l'obéissance jusqu'à la passivité, se garde de toute objection (1). Suivant un témoin, la dictée de l'ordre terminée, le maréchal lève la tête : « Si quelqu'un juge qu'il y a mieux à faire, dit-il, qu'il parle! » Nul n'élève la voix, et Bazaine aurait ajouté presque aussitôt : « D'ailleurs, il faut *sauver* l'armée française et pour cela retourner sur Metz (2). »

Les instructions pour la journée du 17 parviennent en général aux corps d'armée entre une heure et 2 heures du matin, exception faite pour Ladmirault qui les reçoit vers 9 heures seulement. Parmi les troupes, c'est une stupéfaction générale. « On s'attend naturellement à couronner le succès de la veille… Ce n'est pas seulement de l'étonnement que l'on manifeste : on peut dire que cet ordre provoque partout une vive irritation (3). »

---

(1) Général JARRAS, *loc. cit.*, 117-118.
(2) Colonel FIX, *Souvenirs d'un officier d'état-major*, **36**.
(3) Notes du colonel Saussier. — « Dire la stupeur qui s'em-

Afin de suppléer dans une certaine mesure à
l'insuffisance de l'ordre de mouvement, Jarras a
envoyé auprès de chaque commandant de corps
d'armée un officier supérieur de l'état-major
général pour lui indiquer un itinéraire fixé à
l'avance. Néanmoins il se produit le 17, dès le
début de la marche, des croisements et des encom-
brements tels que nombre de colonnes doivent
stationner pendant de longues heures ou chercher
une voie différente de celle qui leur a été assignée, augmentant encore ainsi la lenteur et les
difficultés du mouvement (1). En particulier, le
désordre est considérable et la « confusion indescriptible » sur la grande route de Gravelotte à
Metz que doivent suivre des convois, des parcs,
deux corps d'armée, la réserve générale d'artillerie et une division de cavalerie (2). Malgré la
faible longueur de l'étape — cinq à six kilomètres
pour les troupes les plus rapprochées de leurs nouveaux campements, dix kilomètres environ pour

para de tous, en apprenant un pareil ordre, est impossible...
Aujourd'hui, c'est après une bataille gagnée, au moment où le
passage peut nous être ouvert, qu'on vient alléguer d'autres motifs pour se retirer encore... » (Colonel D'ANDLAU, *loc. cit.*, 76-
79).

(1) *Metz*, III, 22.

(2) *Procès Bazaine*, Déposition du lieutenant-colonel Fay,
258 ; Journal de M. Bouteiller, adjoint à l'intendance du 2ᵉ corps.
— A la division de cavalerie Valabrègue, du 2ᵉ corps, les
chevaux étaient sellés et n'avaient pas bu depuis trente heures
(Journal de marche de la division). La division Forton mit
quatre heures à parcourir trois kilomètres.

les plus éloignées — le mouvement, commencé à
la pointe du jour, est si mal réglé qu'il se termine
à la nuit noire. Seul, de tous les corps d'armée,
le 4ᵉ exécute sa marche dans des conditions à
peu près normales, de Doncourt, par Habonville,
sur Amanvillers où sa dernière division ne s'établit néanmoins qu'à 6 heures du soir, tant en
raison de l'arrivée tardive de l'ordre que par
suite de la remise du départ fixé par Ladmirault
à 11 heures du matin seulement (1).

Ces deux circonstances suspendent pendant près
de deux heures le mouvement du 6ᵉ corps qui,
de Vernéville, se rend à Saint-Privat. Le maréchal
Canrobert a disposé ses divisions, au fur et à mesure de leur arrivée, en demi-cercle autour de
Vernéville. Vers midi, il rencontre le colonel
Lamy, de l'état-major général, et le prie de faire
observer au commandant en chef que la position
du 6ᵉ corps est « très en l'air » et qu'elle paraît
« difficile à défendre par suite de la présence des
bois (2) ». La réponse parvient à Canrobert vers
3 heures : « ... Je vous autorise à quitter cette
position et à aller vous établir sur le prolonge-
ment de la crête occupée par les autres corps
Vous pourriez occuper Saint-Privat-la-Mon-

(1) Le départ avait été fixé à midi. Il fut avancé d'une heure
par Ladmirault, sur des renseignements faux annonçant l'approche
d'une masse de cavalerie ennemie. — Cf. *Metz*, III, 38.
(2) Conseil d'enquête sur les capitulations, Déposition du maréchal Canrobert.

tagne et vous relier par votre gauche au 4ᵉ corps
établi à Amanvillers. Je vous prie de me faire
connaître la détermination à laquelle vous vous
serez arrêté et de me dire, en même temps, le
point choisi pour votre quartier général, afin
qu'il n'y ait pas de retard dans notre correspondance (1)... » Cette lettre est un nouveau témoignage de l'inertie de Bazaine dans le commandement et de sa tendance à s'en rapporter à ses
subordonnés pour des questions embarrassantes
qu'il lui appartient de trancher.

Vers 4 h. 30, toutes les troupes du 6ᵉ corps se
mettent en marche simultanément de Vernéville
sur Saint-Privat, mais les divisions Levassor-Sorval
et Tixier se heurtent bientôt à la colonne du
général Lorencez, du 4ᵉ corps. Après un arrêt de
deux heures, Levassor-Sorval s'établit au sud de
Saint-Privat entre 8 heures et 9 heures du
soir; Tixier bivouaque vers 10 heures entre ce
village et la forêt de Jaumont, séparé de son
artillerie qui s'est égarée et du 100ᵉ de ligne in-
tercalé par hasard dans la division Levassor.
La Font de Villiers s'installe vers 7 h. 30 entre
Saint-Privat et Roncourt. Quant aux deux régiments de la division de cavalerie du Barail, qui
ont marché à l'arrière-garde, ils n'arrivent à
l'ouest de Saint-Privat qu'entre 11 heures et

(1) Le maréchal Bazaine au maréchal Canrobert, Plappeville,
17 août.

minuit. Le 9ᵉ de ligne se place au sud-ouest du village (1).

Ces retards des deux corps de l'aile droite de l'armée ont deux conséquences graves. Ladmirault et Canrobert négligent, sauf sur quelques points particuliers, de placer des avant-postes dignes de ce nom, au sujet desquels, il est vrai, Bazaine s'est abstenu de toute indication. En outre, la tombée de la nuit empêche d'entreprendre, le jour même, aucun travail d'organisation défensive.

Chargée seule de couvrir la retraite et constituant une arrière-garde manifestement insuffisante pour une armée aussi nombreuse, la division Metman s'est établie sur le plateau de Gravelotte. Vers 6 heures du matin, la brigade Potier, renforcée de la batterie de mitrailleuses, se porte vers Rezonville, appuyant sa droite au bois Leprince, tandis que la brigade Arnaudeau surveille les débouchés du bois des Ognons et la direction d'Ars. A l'extrême gauche, le 7ᵉ bataillon de chasseurs tient le fond du ravin de la Mance. Pendant une partie de la matinée, on observe des mouvements de troupes ennemies au sud de Rezonville, mais tout se passe tranquillement. Lorsque toutes les troupes françaises ont

(1) Journaux de marche de la division Tixier, du lieutenant-colonel de Montluisant, des divisions La Font de Villiers, Levassor-Sorval, du Barail; *Metz*, III, 45.

évacué la rive droite de la Mance, le général Metman prescrit la retraite, « qui se fait en échelons
et en ordre parfait (1) ». Seules, quelques fractions du 7ᵉ bataillon de chasseurs et du 71ᵉ de
ligne établi au sud de Gravelotte échangent quelques coups de feu avec des tirailleurs de l'avant-
garde du VIIᵉ corps prussien (2). Un peu plus tard,
d'autres troupes ennemies s'étant montrées à la
lisière orientale du bois de Vaux, la batterie de
mitrailleuses, placée à l'est de la ferme Saint-
Hubert, leur envoie quelques décharges et les
fait ainsi disparaître. La division Metman établit son bivouac au nord de la ferme de Moscou.

* * *

Dès 5 heures du matin, le grand quartier
général a été transféré de Gravelotte à Plappeville. Dans la matinée, Bazaine prend quelques
mesures pour ravitailler l'armée en vivres et en
munitions : tous ses soins « tendent à arriver à
une avance de quatre jours de vivres dans le
sac (3) ». Après entente avec l'intendant de l'armée, il prescrit aux corps d'armée d'envoyer sur

(1) Rapport du général Metman, 23 août ; Historiques des corps
de la 3ᵉ division du 3ᵉ corps d'armée ; *Metz*, III, 30.

(2) Voir *infrà*, p. 174.

(3) Le maréchal Bazaine aux commandants des corps d'armée
et aux chefs de service, Plappeville 17 août. — Cette lettre
traite des sujets les plus variés : des recommandations sur les
travaux de défense à exécuter s'y mêlent à des demandes de pro-

le plateau de Plappeville les voitures nécessaires pour leur ravitaillement (1). A ces préoccupations d'ordre administratif se bornent les signes extérieurs de l'activité du commandant en chef qui, installé à Plappeville, attend les événements « dans un fatalisme tout arabe (2) ». Des nouvelles inquiétantes lui arrivent pourtant de plusieurs points : les officiers en observation au fort Saint-Quentin et sur le clocher de la cathédrale signalent le passage et la marche de fortes colonnes ennemies se dirigeant toutes par Ars vers Rezonville. Néanmoins pas un avis n'est envoyé aux commandants de corps d'armée, pas un ordre n'est donné, pas une disposition n'est prise pour le cas d'une attaque (3). Le temps du maréchal Bazaine semble avoir été consacré à une correspondance très active avec l'empereur et le ministre de la Guerre. Le commandant en chef ne prend même pas le soin de parcourir les positions que l'armée va occuper en prévision d'une bataille.

Le souverain qui, au départ de Gravelotte, paraissait plein de confiance (4), fait adresser le

positions pour l'avancement et l'admission dans la Légion d'honneur.

(1) Le général, chef d'état-major général, aux commandants de corps d'armée et chefs de service, Plappeville, 17 août.

(2) Colonel D'ANDLAU, loc. cit., 84.

(3) Ibid.

(4) « L'armée est réunie et pleine d'ardeur » (L'empereur à l'impératrice, 16 août, D. T., sans indication d'heure, Papiers et correspondance de la famille impériale, I, 421).

17, à 2 h. 15 de l'après-midi, un télégramme au
général Coffinières, réclamant d'urgence « des
nouvelles de l'armée ». La réponse, expédiée une
heure après, est pessimiste : « Hier 16, il y a eu
une affaire très sérieuse du côté de Gravelotte.
Nous avons eu l'avantage dans le combat, mais
nos pertes sont grandes. Le maréchal s'est con-
centré sur Metz et campe sur les hauteurs de
Plappeville. Nous demandons du biscuit et de la
poudre. Metz est à peu près bloqué (1). » L'empereur ne tarde pas à réclamer plus de détails (2),
mais sa dépêche se croise avec un télégramme
chiffré que Bazaine lui a expédié à 4 h. 30, et où
il explique de son mieux la décision qu'il a prise
de ramener l'armée sous Metz. Le commandant
en chef déclare d'abord que « l'ennemi a été repoussé », puis invoque « la grande consommation de munitions d'artillerie et d'infanterie »
et la pénurie en vivres. « J'ai établi l'armée,
ajoute-t-il, sur les positions comprises entre
Saint-Privat et Rozérieulles. Je pense pouvoir me
remettre en marche après-demain en prenant
une direction plus au nord, de façon à venir
déboucher sur la gauche de la position d'Hau-

(1) Le maréchal commandant supérieur (sic) à l'empereur,
D. T., 3 h. 15 soir. —Au procès Bazaine, on n'a pu fixer l'origine exacte de cette dépêche.
(2) Aide de camp de l'empereur au maréchal Bazaine, D. T.,
camp de Châlons, 17 août, 4 h. 13 soir.

diomont (1), dans le cas où l'ennemi l'occuperait en forces pour nous barrer la route de Verdun et pour éviter des combats inutiles qui retarderaient notre marche... »

Bazaine était-il sincère en faisant entrevoir la reprise de son mouvement et, s'il l'était, pouvait-il admettre que l'ennemi resterait immobile et ne chercherait pas, après l'arrivée des renforts, à lui barrer la route de Briey comme il avait intercepté celle de Mars-la-Tour? Loin de diminuer les chances d'une rencontre, la résolution prise par le commandant en chef rendait une bataille inévitable, s'il voulait réellement s'ouvrir un passage vers le nord. Au reste, tandis qu'il donnait ces assurances à l'empereur, Bazaine faisait reconnaître par le colonel Lewal et les sous-chefs d'état-major des positions nouvelles adossées aux glacis mêmes de la place (2). Le jugement reste incertain entre deux appréciations : duplicité ou incapacité.

De plus en plus inquiet, l'empereur n'a pas attendu l'arrivée du dernier télégramme pour demander à Bazaine de nouveaux renseignements : « Dites-moi la vérité sur votre situation afin de régler ma conduite ici. Répondez-moi en chiffres (3). » Au lieu de se conformer à cet ordre,

(1) 6 kilomètres à l'ouest de Fresnes-en-Woëvre.
(2) *Procès Bazaine*, Dépositions du colonel Lewal, **275** et du capitaine Yung, 276.
(3) L'empereur au maréchal Bazaine, D. T. Ch., camp de Châlons, 17 août, 5 h. 10 soir.

Bazaine écrit à l'empereur une lettre faisant part
des renseignements fantaisistes qu'il possède sur
l'ennemi et des conclusions étranges que lui inspire une canonnade insignifiante dirigée, à ce
moment, sur le fort de Queuleu (1). Il déclare à
nouveau inexactement que « les corps sont peu
riches en vivres » et que la place est « peu appro-
visionnée en munitions ». Les vivres sont loin de
faire défaut, puisque 160 000 hommes pourront
subsister pendant soixante-dix jours avec les ressources que renferme la place. Les munitions ne
manquent pas davantage, puisque le 22 août, six
jours après ce cri d'alarme, le général Soleille
déclare être aussi complètement réapprovisionné
qu'au début de la campagne (2). Peut-on admettre
que le commandant en chef était encore mal renseigné dans l'après-midi du 17 sur la situation
réelle des vivres et des munitions?

« Nous allons, ajoute Bazaine, faire tous nos
efforts pour reconstituer nos approvisionnements
de toutes sortes, afin de pouvoir reprendre notre
marche dans deux jours, si cela est possible, et
je prendrai la route de Briey. Nous ne perdrons
pas de temps, à moins que de nouveaux combats
ne déjouent mes combinaisons (3)... » A cette

(1) *Metz*, III, 52. — Ce serait, à son avis, un indice de l'arrivée du roi de Prusse à Pange ou au château d'Aubigny.
(2) *Procès Bazaine*, Rapport, 20, et Interrogatoire du maréchal
Bazaine, 176.
(3) Le maréchal Bazaine à l'empereur, 17 août (sans heure,

lettre était jointe une note du général Soleille indiquant le peu de ressources qu'offrait la place de Metz pour le ravitaillement en munitions d'infanterie et d'artillerie.

Au lieu de répondre à l'empereur par le télégraphe, c'est par un nouveau courrier, le commandant Magnan, son aide de camp, que le maréchal envoie son rapport, retardant ainsi, encore une fois, d'une journée, le moment où les ordres du souverain pourront lui parvenir. Magnan a pour mission de donner à l'empereur des détails complémentaires sur la journée du 16 et sur la situation de l'armée, sans toutefois pousser « de cri d'alarme (1) », suivant l'expression même de Bazaine. Il doit prévenir verbalement l'empereur que le commandant en chef compte marcher dans la direction de Montmédy. Il est chargé enfin de demander l'autorisation de remplacer dans leurs fonctions les généraux Frossard et Jarras (2). L'intendant de Préval est envoyé également au camp de Châlons avec mission de pousser par voie ferrée sur Metz tout ce qu'il pourra trouver de pain et de biscuit. Bazaine lui indique Longuyon comme centre de ravitail-

mais probablement après 6 h. 30, puisque la lettre fut écrite pendant la canonnade dirigée sur le fort de Queuleu, *Metz*, III, documents annexes, note 2).

(1) *Procès Bazaine*, Interrogatoire du maréchal Bazaine, 169.
(2) *Ibid.*, 171 ; Mémoire du commandant Magnan.

lements, en prévision de son mouvement prochain vers Montmédy.

Le commandant Magnan et l'intendant de Préval partent de Metz à 10 heures du soir par Thionville et la ligne des Ardennes, et arrivent le lendemain matin au camp de Châlons où leurs déclarations pessimistes au sujet des approvisionnements dont dispose l'armée du Rhin exerceront une influence indéniable sur les déterminations du maréchal de Mac-Mahon (1).

(1) *Procès Bazaine,* Déposition de l'intendant de Préval, 307 ; *Metz,* III, 55-56.

CHAPITRE XII

CONCENTRATION DES ALLEMANDS

Idée que Frédéric-Charles se fait de la situation dans l'après-midi du 16. — Moltke à Pont-à-Mousson. — Ses instructions à la IIe armée. — Ordres pour la concentration donnés par Frédéric-Charles. — Mouvement du XIIe corps et de la Garde. — Le haut commandement allemand à Flavigny, le 17 au matin. — Renseignements contradictoires.

Tandis que sur le plateau de Rezonville se livre une lutte acharnée, le roi Guillaume et Moltke se rendent en voiture de Herny à Pont-à-Mousson. La première nouvelle de la bataille leur est parvenue à Herny, le 16 à midi (1). Un peu plus tard, survient le télégramme expédié de Pont-à-Mousson à 11 h. 45 par le prince Frédéric-Charles. A son arrivée à Pont-à-Mousson vers 5 heures, Moltke trouve une lettre du général von Stiehle, chef d'état-major de la IIe armée, exposant les vues de Frédéric-Charles au moment où le prince s'est dirigé vers le champ de bataille :

(1) Rapport du lieutenant-colonel von Bronsart expédié de Buxières à 9 h. 30 du matin (*Historique du grand État-major prussien*, V, 624).

« ... Le compte-rendu du IIIe corps, daté de Vionville, 10 heures du matin, permet de conclure qu'une forte fraction ennemie a été coupée et se retire sur Thionville. Le IIIe corps est avisé de poursuivre directement l'adversaire en avançant l'aile gauche, afin de le refouler dans Thionville ou vers la frontière belge. Comme cette éventualité était à prévoir, l'ordre d'armée d'aujourd'hui donne à l'aile droite de la IIe armée (X^e, IIIe et IXe corps) une certaine indépendance... Je crois qu'il y a lieu de laisser les quatre autres corps de la IIe armée continuer tranquillement vers la Meuse entre Bannoncourt et Commercy (1)... »

Moltke ne partage pas l'opinion de Frédéric-Charles : il soupçonne que les forces auxquelles s'est heurté le IIIe corps peuvent être une arrière-garde, mais une arrière-garde couvrant à faible distance l'armée ennemie tout entière. Dans ces conditions, il est de toute nécessité de renforcer au plus tôt les trois corps d'aile droite. A 8 heures du soir, Moltke répond à Stiehle : « Rejeter vers le nord les forces principales de l'ennemi qui abandonnent Metz, est chose décisive pour le résultat de la campagne. Plus le IIIe corps a d'adversaires devant lui, plus grand sera le succès demain quand on pourra disposer des Xe, IIIe,

_____

(1) *Correspondance militaire du maréchal de Moltke*, n° 293.

IXe, VIIIe, VIIe corps, peut-être aussi du XIIe.
C'est seulement quand ce but capital aura été
atteint que les Ire et IIe armées se déploieront
pour continuer la marche vers l'ouest. Les autres
corps de la IIe armée peuvent dès maintenant
s'arrêter. Il n'y a qu'un intérêt secondaire à
atteindre rapidement la Meuse (1)... » Moltke
commence à voir clair dans la situation, mais en
faisant allusion au succès du lendemain, a-t-il
entrevu l'hypothèse si vraisemblable de l'écrase-
ment du IIIe corps et des fractions accourues à
son aide? Que serait-il advenu, dans ce cas, de
ses combinaisons?

Aux premières nouvelles de la bataille, un
officier d'état-major s'est rendu auprès de Steinmetz et lui a transmis l'ordre verbal de tenir les
VIIe et VIIIe corps prêts à franchir la Moselle à
Corny et à Arry à la suite du IXe (2). Moltke
complète cet ordre par une dépêche où apparaît
le but du mouvement : « refouler l'ennemi vers
le nord en le coupant de Châlons et Paris (3) ».
De plus, afin d'assurer, pour le 17, un appui aux
troupes engagées vers Rezonville, le prince royal
de Saxe est invité directement dans la soirée à

(1) *Correspondance militaire du maréchal de Moltke*,
n° 172.
(2) Déjà Steinmetz a poussé en avant les équipages de pont
des deux corps d'armée.
(3) *Correspondance militaire du maréchal de Moltke*,
n° 170.

mettre, dès 3 heures du matin, le XIIᵉ corps en marche par Thiaucourt sur Mars-la-Tour et à jeter sa cavalerie vers la route de Verdun (1).

Le 16, après la tombée de la nuit, Frédéric-Charles a établi son quartier général à Gorze. Prévoyant le cas probable où les Français tenteraient, le lendemain matin, de rouvrir leurs communications vers l'ouest, Frédéric-Charles se préoccupe de reconstituer les approvisionnements en munitions et de réunir des troupes fraîches pour résister à cette nouvelle attaque. Des ordres sont expédiés à 11 heures du soir en vue de la concentration vers Vionville de toutes les unités disponibles. De la IIᵉ armée, seuls les IIᵉ et IVᵉ corps, stationnés à Buchy et aux Saizerais, sont à deux fortes marches de Vionville et ne peuvent y arriver le 17. Rien n'est modifié aux prescriptions antérieures qui les concernent : le IIᵉ corps gagnera Pont-à-Mousson, le IVᵉ les environs de Boucq. Le IXᵉ corps, dont le quartier général est à Gorze, devra se rassembler au point du jour sur les hauteurs au nord. Le XIIᵉ corps exécutera une marche de nuit pour atteindre, par Thiaucourt, les environs de Mars-la-Tour. De Rambucourt et de Bernecourt, la Garde se portera sans retard, par Beney et Chambley, sur Mars-la-Tour et s'établira à gauche des Saxons,

(1) *Historique du grand État-major prussien*, V, 625.

tandis que sa cavalerie continuera vers la Meuse (1).

Les fractions du IXe corps les plus éloignées n'ont pas quinze kilomètres à parcourir pour gagner le point de rassemblement assigné; il est donc permis de compter sur leur appui derrière l'aile droite dès les premières heures de la matinée. L'arrivée en temps opportun du XIIe corps et de la Garde derrière l'aile gauche est plus douteuse (2), mais elle sera accélérée grâce à l'initiative de leurs chefs. A la réception de l'ordre direct émanant du grand quartier général, le commandant du XIIe corps prescrit à sa division de cavalerie de se porter le lendemain sur Harville et, si elle n'y trouve pas l'ennemi, de pousser jusqu'à la route Metz-Étain. Le commandant de la 23e division, stationné à Régnéville-en-Haye et informé à 10 heures du soir de ce qui s'est passé au Xe corps, fait prendre les armes et dirige ses troupes sur Thiaucourt, non sans en prévenir le commandant de la Garde. Celui-ci, le prince de Würtemberg, se décide aussitôt à surseoir au mouvement vers la Meuse et à porter vers le nord, à Flirey et à Richecourt, ses deux divisions et son artillerie de corps. Il se trouve ainsi dans d'excellentes conditions pour assurer l'exécu-

---

(1) *Historique du grand État-major prussien*, V, 627.

(2) Ces deux corps d'armée sont respectivement à 30 et 38 kilomètres du champ de bataille.

tion des ordres du commandant de l'armée (1).

Le rapport du prince Frédéric-Charles sur les événements du 16 et sur les dispositions arrêtées pour le lendemain parvient après minuit au grand quartier général où le lieutenant-colonel Bronsart, de retour du champ de bataille, a fourni déjà des renseignements verbaux. On sait maintenant « que deux corps prussiens ont été engagés dans une lutte acharnée et meurtrière contre des forces bien supérieures, et qu'il s'agit avant tout de les soutenir en temps voulu dans les positions qu'ils ont maintenues (2) ». La situation vraie apparaît enfin dans toute sa gravité. Jusque-là Moltke a nettement manifesté son dessein de rejeter vers le nord, en les coupant de Châlons, les forces principales de l'armée française; il a en même temps redressé l'erreur de Frédéric-Charles en arrêtant le mouvement de la IIe armée vers la Meuse, mais il n'a pris que des demi-mesures pour l'exécution de la manœuvre projetée : le 16, à 8 heures du soir, il autorisait encore l'aile gauche de la IIe armée « à faire halte (3) ».

(1) *Historique du grand État-major prussien*, V, 627-628; *Metz*, III, 90-92. — L'inconvénient est que la Garde et le XIIe corps vont marcher tous deux sur un même point, Chambley. Il eût fallu assigner à celui-ci la route Pont-à-Mousson, Thiaucourt, Chambley, et à la Garde les itinéraires à l'ouest.

(2) *Historique du grand État-major prussien*, V, 630.

(3) Moltke à Stiehle, Pont-à-Mousson, 16 août, 8 heures soir (*Correspondance militaire du maréchal de Moltke*, n° 172).

C'est Frédéric-Charles, en réalité, qui a pris l'initiative de la concentration générale que Moltke a hésité jusque-là à prescrire, bien que le plan stratégique conçu par lui-même la rende « immédiatement indispensable (1) ». Dans le courant de la nuit seulement, Moltke invite Steinmetz à faire passer aussitôt la Moselle aux VIIe et VIIIe corps, afin de soutenir les IIIe et X^e « au lever du jour (2) ».

*
* *

Le 17, à 4 h. 30 du matin, Frédéric-Charles est de retour à son poste d'observation, près de Flavigny. Partout la nuit s'est passée dans le plus grand calme; mais, aux premières lueurs de l'aube, les troupes avancées entendent des sonneries françaises et aperçoivent bientôt nos avant-postes couronnant les hauteurs de Bruville à Rezonville. A l'ouest de ce dernier village, on croit distinguer par moments des lignes de tirailleurs et les préparatifs d'une attaque. Dans l'armée allemande, on n'est pas sans de vives inquiétudes à ce sujet. Hommes et chevaux sont épuisés, la plupart n'ont pris aucune nourriture la veille,

(1) *Metz*, II, 75.
(2) Moltke à Steinmetz, Pont-à-Mousson, 17 août, 2 heures matin (*Correspondance militaire du maréchal de Moltke,* n° 173).

certaines unités ne comptent plus qu'un très petit nombre d'officiers, les munitions font encore défaut, on constate d'ailleurs le relâchement qui succède toujours à une période de grande surexcitation (1).

A 6 heures du matin, le roi Guillaume et son état-major arrivent sur la hauteur au sud de Flavigny d'où l'on embrasse la plus grande partie du champ de bataille de la veille. A ce moment, le IXe corps se rassemble au nord-ouest de Gorze. Les premières heures s'écoulent sans incidents remarquables, et les renseignements contradictoires ne donnent encore aucune idée nette de l'attitude et des intentions des Français. On signale à la fois : des colonnes d'infanterie se retirant sur Vernéville, de l'artillerie filant vers Metz, des lignes de tirailleurs sur les hauteurs du bois de Vaux, des mouvements de troupes dans la direction de l'ouest, sur Jarny, des rassemblements importants à l'ouest de Gravelotte. Jusqu'à 11 heures, les Français continuent à occuper Rezonville. Un escadron de hussards, envoyé à 6 heures sur Doncourt, fait connaître la présence d'un vaste bivouac vers Bruville; on affirme aussi que des colonnes sont en marche de Saint-Marcel sur Verdun. Mais un autre escadron, envoyé sur Jarny entre 10 et 11 heures, remar-

(1) Von der Goltz, *Die Operationen der II. Armee*, 103.

quant des nuages de poussière entre Doncourt et Jouaville, conclut à un mouvement « au nord-est, vers Metz (1) ».

Peu à peu les Allemands perdent complètement le contact en avant de leur centre et de l'aile gauche. Après avoir livré bataille le 16 à une armée de 150 000 hommes, ils en arrivent à ignorer ce qu'elle est devenue. L'explication qu'ils ont donnée de ce fait étrange semble peu valable : « On s'attendait à un mouvement offensif des Français dès le point du jour et, par suite, on s'était plus particulièrement préoccupé des moyens de résister à une attaque (2). » Est-il admissible, parce que l'on est sur la défensive, de ne pas chercher à se renseigner sur les agissements de l'adversaire? Des reconnaissances suffisaient, et la cavalerie française ne leur eût, en aucune façon, disputé le terrain (3).

Si contradictoires qu'elles soient, les informations recueillies s'accordent sur un point, la retraite de l'armée française, et dissipent ainsi les inquiétudes. Peu à peu d'ailleurs, les renforts arrivent. A la Iʳᵉ armée, la 15ᵉ division et l'artillerie de corps (VIIIᵉ corps) ont commencé de passer la Moselle à Arry dès 5 heures du matin. Le

---

(1) *Historique du grand État-major prussien*, V, 631-632.

(2) *Ibid.*, 632.

(3) « Un véritable capitaine aurait tout appris, grâce à l'emploi qu'il eût fait de sa cavalerie... » (Fritz HOENIG, *Vingt-quatre heures de stratégie de Moltke*, 10).

VIIe corps a pris les armes à 6 heures seulement et s'est dirigé de Sillegny et Pommérieux sur Corny. Suivant les instructions de Moltke, il doit se porter vers Ars et Gravelotte, et occuper le bois de Vaux sur son flanc droit; le VIIIe corps prendra la direction de Rezonville; le Ier exécutera avec son artillerie par la rive droite de la Moselle une démonstration contre Metz, afin de détourner l'attention des Français des mouvements importants qui se produisent sur la rive gauche (1).

Vers 9 heures, l'avant-garde du VIIe corps s'est mise en marche de Novéant sur Ars. L'escadron, tête de colonne, s'engage dans le ravin qui remonte d'Ars sur Gravelotte et arrive au moulin Fayon quand une fusillade partie de fractions de la division Metman (2) l'arrête en lui blessant quelques hommes. Steinmetz, survenant à ce moment, donne l'ordre d'attaquer les bois. Deux bataillons, appuyés par un troisième en seconde ligne, pénètrent dans les taillis du bois des Ognons où ils progressent lentement; deux autres se jettent dans le bois de Vaux. Vers une heure, les Prussiens atteignent la lisière nord-est du bois des Ognons; la division Metman, dont la mission d'arrière-garde est terminée, se replie lentement sur le plateau de Moscou.

(1) *Historique du grand État-major prussien*, V, 634.
(2) Voir *supra*, p. 157.

Cependant, vers midi, Steinmetz reçoit du
grand quartier général l'ordre de rompre le combat, « le roi se réservant de n'agir que le lendemain avec toutes ses forces réunies (1) ». De
même, Gœben a été invité à suspendre le mouvement du VIIIe corps sur Rezonville. Vers 5 heures
du soir, le Ier corps exécute contre le fort de Queuleu la démonstration prescrite : tout se borne, de
part et d'autre, à une canonnade à peu près inof-
fensive, qui ne fait illusion à personne et ne
modifie aucune des dispositions prises par
Bazaine (2). Vers 6 h. 30, le Ier corps regagne ses
bivouacs de Laquenexy et de Courcelles-sur-
Nied.

Steinmetz, Zastrow, Kameke et leurs états-
majors se sont portés au sud de Gravelotte et,
par-dessus le bois de Vaux, ils aperçoivent des
bivouacs très étendus sur les plateaux à l'est.
Des mitrailleuses, en position au Point-du-Jour,
envoient une grêle de projectiles sur ce groupe
compact d'officiers. Les trois généraux prussiens
acquièrent la certitude de la présence d'une
fraction fort importante de l'armée française sur
ces hauteurs. Pour la nuit, Steinmetz établit son
quartier général à Ars; le VIIe corps bivouaque

(1) *Historique du grand État-major prussien*, V, 635.
(2) Le commandant du fort Saint-Quentin au gouverneur de
Metz, 17 août, 6 h. 40 soir; le commandant du fort de Queuleu
au gouverneur de Metz, 17 août, 7 h. 5 soir; *Metz*, III, 88.

à l'ouest de la localité, tenant par ses avant-
postes le village et le bois de Vaux; le VIIIe corps
stationne à Gorze; la 1re division de cavalerie est
à Corny, la 3e à Coin-les-Cuvry. La brigade
Gneisenau, de retour des environs de Thionville,
arrive dans la journée à Arry (1).

*
* *

Le roi Guillaume, le prince Frédéric-Charles,
Moltke et les officiers de leur suite sont demeurés
toute la matinée à leur observatoire de Flavigny,
sans que les rapports de la cavalerie leur aient
permis de se rendre nettement compte des intentions de l'adversaire. Un seul point est acquis :
loin de prendre l'offensive, comme on le crai-
gnait, les Français ont évacué leurs positions,
mais l'incertitude subsiste sur la direction de
leurs mouvements rétrogrades. Frédéric-Charles
est persuadé que la majeure partie de l'armée
ennemie a repris sa marche vers la Meuse (2). On
ne songe pas — ou l'on renonce — à envoyer un
officier d'état-major de choix vers le nord-ouest,
avec mission d'explorer le cours de l'Orne entre
Conflans et Auboué, moyen à peu près certain de
discerner si les Français marchent sur Verdun
ou s'ils ont pris position sur les hauteurs qui

(1) *Historique du grand État-major prussien*, VI, 636-637.
(2) Von der Goltz, *loc cit*, 114.

s'étendent du Point-du-Jour à Saint-Privat et Roncourt. On compte, il est vrai, sur la division de cavalerie saxonne pour élucider la question, mais elle a plus de trente kilomètres à faire avant d'atteindre la route d'Étain. Les informations très intéressantes qu'elle recueillera parviendront trop tard au prince Frédéric-Charles (1).

Les 5e et 6e divisions de cavalerie, sans compter les escadrons divisionnaires, qui sont à proximité de Flavigny, restent toujours inutilisées.

Le roi Guillaume parcourt les bivouacs des régiments qui ont combattu la veille et leur exprime sa satisfaction pour leur valeureuse conduite. Les unités tactiques des IIIe et Xe corps ont été reconstituées ; celles dont les pertes sont trop grandes ont été fondues avec d'autres. Les colonnes de munitions, dégarnies pour compléter l'approvisionnement des troupes, se dirigent sur Herny pour s'y ravitailler au parc de réserve de la IIe armée. Les vivres sont assurés ; mais, en raison du manque d'eau, la 5e division d'infanterie et la 6e division de cavalerie transfèrent vers midi leurs bivouacs aux environs de Chambley et de Buxières (2).

A ce moment, on apprend la prochaine arrivée du XIIe corps et de la Garde. A 9 h. 30, la tête de colonne du premier est à Xonville ; après une

(1) Von der Goltz, *loc. cit.*, 115, note 2.
(2) *Historique du grand État-major prussien*, V, 638.

heure de repos, il poursuit sa marche sur Mars-la-Tour. Vers une heure de l'après-midi, la Garde est sur le point d'atteindre Hagéville. Si la bataille recommence, on ne peut guère compter sur le concours de ces deux unités avant la fin de la journée; mais cinq corps d'armée et deux divisions de cavalerie sont immédiatement disponibles (1). On envisage un instant l'éventualité d'une offensive immédiate et, si l'on en croit un témoin, cette solution serait le vif désir de Moltke (2); mais Frédéric-Charles objecte la grande fatigue des troupes et l'heure tardive, qui empêcheraient d'obtenir un résultat décisif. On arrête dès lors que la bataille sera remise au lendemain 18 août. Steinmetz en est informé, et reçoit la recommandation expresse d'éviter tout ce qui pourrait produire un engagement dans la journée du 17 (3).

Vers 2 heures de l'après-midi, Moltke, toujours incertain de la situation de l'adversaire, expédie les instructions suivantes : « La IIᵉ armée rompra, demain matin 18, à 5 heures, et marchera par échelons, la gauche en avant, entre l'Yron et le ruisseau de Gorze (direction générale entre

(1) IIIᵉ, IXᵉ, Xᵉ, VIIᵉ, VIIIᵉ corps, 5ᵉ et 6ᵉ divisions de cavalerie.
(2) VERDY DU VERNOIS, *Im grossen Hauptquartier*, 80. — Gœben confirme le témoignage de Verdy (Gebhard Zernin, *August von Gœben in seinen Briefen*, 251).
(3) *Historique du grand État-major prussien*, V, 639.

Ville-sur-Yron et Rezonville). Le VIIIe corps devra participer à ce mouvement à la droite de la IIe armée. Le VIIe aura d'abord pour mission de couvrir cette dernière contre les entreprises venant de Metz. Les ordres ultérieurs de Sa Majesté dépendront des dispositions prises par l'ennemi...» Le roi Guillaume et Moltke retournent ensuite à Pont-à-Mousson, sans attendre l'arrivée de nouveaux renseignements, afin d'assurer au vieux souverain et à son chef d'état-major, pendant la nuit suivante, un gîte confortable et tranquille, qu'ils n'auraient pu trouver dans la région au sud de Vionville, encombrée de troupes et de blessés (1).

Les instructions de Moltke sont conçues à deux fins : elles visent à la fois le cas où les Français auraient repris leur mouvement vers la Meuse et celui de leur retraite sous Metz. Mais, dans la première hypothèse, elles admettent qu'ils se trouveront encore le 18 dans la région comprise entre Conflans, Briey et Saint-Privat. Rien n'est moins certain. Si, comme Moltke et Frédéric-

---

(1) Fritz HŒNIG, *loc. cit.*, 54-55. — Trajet, 22 kilom. 5. « Si l'on s'était décidé à ne pas retourner à Pont-à-Mousson, mais à rester près de l'ennemi... que de choses on aurait pu faire et combien l'ennemi rendait la tâche facile aux Allemands! Dans l'histoire militaire, avant une affaire décisive, il n'y a peut-être pas plus d'un cas où l'on ait, aussi bien qu'ici, étalé, pour ainsi dire, sous les yeux de l'ennemi, toutes les dispositions prises! » (*Ibid.*, 20).

Charles inclinent à le croire, Bazaine s'est décidé
assez tôt à se rabattre vers le nord-ouest par les
routes de Conflans et de Briey, il a pu gagner
le 17 la rive gauche de l'Orne. Dès lors l'aile
gauche de la IIe armée ne rencontrera plus
qu'une arrière-garde, et l'aile droite, après une
marche nécessairement très lente à travers
champs, parviendra difficilement à rejoindre le
reste de l'armée française dans la région de
Briey. On n'a rien fait d'ailleurs pour entraver
sa retraite, et « l'œuvre si remarquable » d'Alvensleben, improductive le 17 par la faute du
commandement suprême, risque encore de de-
meurer stérile le 18 parce que Moltke laisse à
Bazaine le soin d'accepter ou de refuser la
bataille (1).

Moltke ne fait aucune mention de la cavalerie :
on semble oublier son rôle à un moment où l'emploi opportun de cette arme devait, en quelques
heures, éclaircir complètement la situation. Les
résultats de l'exploration pouvaient aisément parvenir dans la soirée au généralissime, s'il fût
resté à Flavigny, ou à la rigueur à Pont-à-Mousson
avant 10 heures du soir. Enfin l'ordre ne s'adresse
qu'à la IIe armée ; la Ire n'y figure pas sous sa dé-
nomination propre, et Moltke, par oubli volon-
taire ou non, dispose directement du VIIIe corps.

(1) *Metz*, III, 102.

Steinmetz se montrera très affecté de cet empiètement sur son autorité (1). A son mécontentement se mêlent des inquiétudes : la situation du VII⁰ corps, le seul dont il dispose encore, lui semble dangereuse, en raison de l'éloignement du VIII⁰ maintenu à Gorze et séparé d'Ars par une large zone forestière presque infranchissable. Au surplus, des observations qu'il a faites lui-même dans l'après-midi, Steinmetz conclut que l'armée française n'est nullement en retraite, comme on le pense au grand quartier général, mais qu'elle est sur les plateaux à l'ouest de Metz, prête à livrer bataille (2).

Le rapport qu'il adresse à ce sujet ne parvient à Pont-à-Mousson que fort tard dans la nuit. Moltke ne répond qu'à son lever, le lendemain 18, à 4 heures du matin : « ... Le VII⁰ corps devra d'abord garder une attitude défensive. La liaison avec le VIII⁰ ne peut être cherchée que vers l'avant... La I⁰⁰ armée sera, en cas de besoin, directement soutenue par le deuxième échelon de la II⁰ armée (3). » C'est donc une fin de non-recevoir catégorique. Steinmetz ne s'en montra que plus irrité et, ne se possédant plus, prit le 18 une série de dispositions défectueuses (4).

---

(1) Fritz Hoenig, *loc. cit.*, 72.
(2) Von Schell, *loc. cit.*, 172.
(3) *Correspondance militaire du maréchal de Moltke*, n⁰ 176.
(4) « Cela fit prendre encore plus à Steinmetz le rôle d'un

Vers la fin de la journée du 17, les corps de la
IIe armée sont venus successivement former leurs
bivouacs : le IXe sur le plateau à l'ouest du bois
de Vionville ; le IIIe, avec la 6e division de cavalerie, à Flavigny et Vionville (1) ; le Xe, avec la
5e division de cavalerie, à Tronville ; le XIIe au sud
de Mars-la-Tour et à Puxieux ; la Garde au sud de
Hannonville-au-Passage. Le IIe corps, arrivé à
Pont-à-Mousson, doit se porter le 18 sur Buxières
par Arnaville et Onville (2).

En tenant compte des unités de la Ire armée,
les Allemands ont donc rassemblé dans la soirée
du 17 sept corps d'armée et trois divisions de
cavalerie sur un front de dix kilomètres environ,
d'Ars à Hannonville. Cette concentration, succédant à la dispersion des jours précédents, est
très remarquable : elle témoigne hautement de
l'esprit de résolution, d'initiative et de solidarité
des généraux allemands. La bataille décisive, que
Moltke a cherché à livrer sur la Sarre, puis sur
la Nied, est proche. Mais, d'après le plan initial,
on devait accabler les Français avec toutes les
forces allemandes mobilisées, tandis que le 18,
on va combattre avec la moitié à peine de l'effec-

personnage entrainé malgré lui ; il se sentait emmené par quelqu'un de plus fort que lui, et sa colère s'en accrut davantage »
(Fritz Hœnig, loc. cit., 76).

(1) Sauf la 5e division d'infanterie stationnée à Buxières et
Chambley.

(2) Von der Goltz, loc. cit., 119.

tif total. N'est-il pas curieux de voir le grand
quartier général allemand s'être départi du principe posé par Clausewitz, le prophète de la stratégie allemande : « Donner aux troupes une disposition stratégique générale, c'est les répartir de
telle sorte, en dehors du combat, qu'elles soient
en mesure, à un moment quelconque, de se concentrer toutes pour combattre en une seule unité,
en un seul tout, en une seule armée en un mot,
quelque petite ou grande que soit d'ailleurs cette
armée (1). »

(1) CLAUSEWITZ, *loc. cit.*, I, 261.

CINQUIÈME PARTIE

SAINT-PRIVAT

CHAPITRE PREMIER

LES POSITIONS DE L'ARMÉE FRANÇAISE

Description d'ensemble. — Saint-Privat et Roncourt. — Emplacements généraux des grandes unités. — Valeur de la position. — Le point faible à l'aile droite. — Champ offensif et défensif. — Premières dispositions prises par les divers corps d'armée. — Bazaine ne quitte pas Plappeville. — Il entrevoit déjà un nouveau recul vers Metz. — Appréciation de Jarras sur la versatilité du commandant en chef.

Le plateau sur lequel l'armée du Rhin a pris position forme le sommet d'un contrefort montueux qui s'étend de la Moselle à l'Orne, à l'ouest de la zone forestière interposée entre ces deux rivières. Découvert aux environs de Saint-Privat, ce plateau est resserré au sud entre les pentes boisées de deux ravins qui descendent d'Amanvillers et de Vernéville vers la Moselle où ils aboutissent : celui de Châtel, à Moulins-les-Metz, celui de la Mance, à Ars-sur-Moselle. Il est traversé par le chemin de fer de Metz à Verdun alors en construction et par les routes de Verdun et de Briey. Du sud au nord, les positions françaises sont jalonnées par le Point-du-Jour, les fermes de Moscou, Leipzig, La Folie, Montigny-la-Grange, puis par les villages d'Amanvillers, Saint-Privat-la-Montagne, Roncourt.

Saint-Privat, où la lutte va se dénouer, est bordé, sur sa lisière occidentale, de jardins clos de murs offrant d'excellents abris à une troupe d'infanterie. Au sud du groupe d'habitations principal, se trouve le hameau de Jérusalem, sur la route de Briey. A 400 mètres environ à l'ouest du village, une pente un peu accentuée dessine une sorte de crête et devient ainsi, pour la défense, un front naturel. Des croupes adoucies, dénudées, longues de 2 à 3 kilomètres, descendent de ces hauteurs vers l'ouest et vers le sud, et fournissent un excellent champ de tir. Le point faible de la position était le flanc droit. Roncourt n'a par lui-même qu'une valeur défensive médiocre et peut d'ailleurs être facilement tourné au nord et à l'est, où des villages rapprochés, des bouquets de bois et les ondulations du sol favorisent la marche d'approche de l'assaillant. Celui-ci possédait dans la vallée de l'Orne une bonne place de rassemblement où il lui était loisible d'accéder

à couvert par le cheminement partant d'Habonville et s'orientant ensuite du sud au nord pour
aboutir sur l'Orne non loin d'Auboué.

La bataille de Saint-Privat va se livrer à fronts
inversés, les Français faisant face à l'ouest, les
Allemands face à l'est. Bazaine a abandonné ses
communications directes avec Verdun et Châlons; par contre, celles de l'armée ennemie ne
sont assurées que par des ponts situés assez loin
en arrière.

Le 2ᵉ corps, aux ordres du général Frossard,
tient la gauche de la position entre le coude de
la grande route de Gravelotte, au Point-du-Jour,
et l'éperon qui domine Rozérieulles. Il fait face
au sud-ouest et se trouve masqué du plateau de
Gravelotte par la crête partant du Point-du-Jour
et se dirigeant vers le sud. La division Vergé est
groupée, sur un espace très restreint, en colonnes
par brigade, le long et au sud de l'ancienne voie
romaine; le 3ᵉ bataillon de chasseurs constitue la
garnison de la ferme du Point-du-Jour, mise en
état de défense et flanquée au nord-ouest d'une
tranchée-abri. La division Fauvart-Bastoul est au
nord de la voie romaine, par brigades successives, la réserve d'artillerie entre celles-ci. La
brigade Lapasset, à l'extrême gauche, occupe la
croupe qui domine Rozérieulles, avec un bataillon dans ce village et six compagnies échelonnées au sud-ouest, vers le bois de Vaux.

Au 3ᵉ corps (maréchal Le Bœuf), les divisions
d'infanterie sont réparties entre la ferme de La
Folie et la voie romaine : Montaudon, de La Folie
à Leipzig ; Nayral, de Leipzig à l'Arbre-mort ;
Metman, de ce point à Moscou ; Aymard, de
Moscou à la grande route de Gravelotte, avec un
bataillon dans le bois qui borde le ravin de la
Mance et un à la ferme Saint-Hubert. La division
de cavalerie Clérembault et la réserve d'artillerie
sont derrière la division Nayral. Des travaux ont
été exécutés sur tout le front ; créneaux dans les
fermes, tranchées-abris destinées à la première
ligne d'infanterie, épaulements pour des batteries. Le bois des Génivaux est fortement tenu par
sept bataillons environ, mais appartenant à trois
divisions et par suite dépourvus d'une direction
d'ensemble. La brigade Clinchant défend le bois
de La Folie (ou bois de la Charmoise), compris
entre les deux sources de la Mance, ainsi que le
secteur entre ce bois et celui des Génivaux ; mais
la ferme de Chantrenne reste inoccupée.

Le 4ᵉ corps (général de Ladmirault) est établi
entre La Folie et le nord d'Amanvillers jusqu'à
mi-distance de ce village au hameau de Jérusalem. Aucune mesure n'a été prise pour l'organisation défensive de la position. Les troupes font
face à trois directions différentes : la division
Lorencez à cheval sur le chemin de Lorry, entre
la ferme Saint-Vincent et la ferme Saint-Maurice,

a son front tourné vers le sud-est; la division de
Cissey est au nord d'Amanvillers, face à l'ouest; la
division Grenier entre Amanvillers et Montigny-la-Grange, face au sud-ouest, sauf son régiment de gauche, le 98ᵉ, qui entoure Montigny,
face au sud. La division de cavalerie Gondrecourt (1) est massée entre Amanvillers et la voie
ferrée, la réserve d'artillerie rassemblée derrière
la division Grenier.

Le 6ᵉ corps (maréchal Canrobert) tient l'extrême droite jusqu'à Roncourt. Arrivé très tard
dans ses bivouacs la veille au soir, et d'ailleurs
presque entièrement dépourvu d'outils (2), il n'a
pu exécuter aucun travail de fortification, à part
quelques tranchées-abris creusées au sud, à l'ouest
et au nord de Saint-Privat, ainsi qu'à Roncourt.
Le 18 au matin, les divisions ont rectifié leurs
camps dont quelques-uns ont été pris un peu au
hasard dans une complète obscurité. Leurs
emplacements définitifs sont : La Font de Villiers,
face à l'ouest, entre Saint-Privat et Roncourt; le
9ᵉ de ligne, de la division Bisson, à droite de la
précédente, face à Roncourt; Tixier, au nord-est
de Saint-Privat; Levassor-Sorval, face au sud-
ouest, au sud de la route de Briey, la droite en

(1) Le général de Gondrecourt remplace le général Legrand
tué le 16 août.
(2) Il eût été facile d'en requérir dans les localités avoi-
sinantes.

avant du hameau de Jérusalem. Les deux régiments de cavalerie du général du Barail sont rassemblés près et à l'ouest de Saint-Privat.

La Garde impériale et la réserve générale d'artillerie sont groupées entre le fort de Plappeville et le mont Saint-Quentin, sauf la division de cavalerie Desvaux réunie à Longeau aux escadrons des généraux de Valabrègue et de Forton (1).

Telles sont les positions sur lesquelles Bazaine se propose de livrer ce qu'il appelle une bataille défensive. Envisagées exclusivement au point de vue tactique, elles ne sont pas sans présenter certains avantages dont il eût été sans doute aisé de tirer parti. Bien que la zone de terrain qui s'étend immédiatement à l'est soit généralement boisée et par suite peu propice aux mouvements des réserves, la ligne principale de résistance, s'étendant de Roncourt à Rozérieulles, sur une longueur de 11 à 12 kilomètres, pouvait être rendue très forte par une organisation bien conçue et exécutée en temps opportun. Au sud de la ferme de La Folie, le champ de tir de l'infanterie se trouvait réduit sur certains points, soit par la présence des bois, soit par la forme convexe des pentes, mais sur toute cette partie de la position, le profond ravin de la Mance et les bois eux-mêmes constituaient des obstacles im-

(1) *Metz*, III, 56-65.

portants où les avant-postes de la défense eussent
pu opposer une longue résistance. Au nord de
La Folie, les pentes descendent insensiblement
vers le sud-ouest; seuls les bois de la Cusse, au
sud-est d'Habonville, en rompent la monotonie.
Au nord d'Amanvillers, jusqu'à Roncourt, le
terrain des attaques est plus découvert encore; il
affecte parfois la forme d'un véritable glacis et
permet ainsi au fusil de produire tous ses effets.
Dans ce secteur, de nombreux points d'appui,
tels que Vernéville, Habonville, Saint-Ail, Sainte-
Marie-aux-Chênes et les bois d'Auboué auraient
pu constituer autant de postes avancés d'une
défense facile (I).

Très forte en elle-même et s'appuyant à la
Moselle, l'aile gauche était encore protégée par
les canons du fort Saint-Quentin. En cas de
retraite, il est vrai, le défaut de communications
à travers le vallon de Châtel constituait un sérieux
inconvénient. La sécurité était bien moindre à
l'aile droite où, à défaut d'obstacle naturel,
aucun ouvrage ne couvrait l'intervalle entre Roncourt et les massifs peu éloignés de l'impraticable forêt de Jaumont. Un commandant en chef
vigilant et compétent eût compensé ces désavan-
tages en accumulant sur ce point les hommes et
des canons. Or le 6ᵉ corps est dépourvu de réserve

(1) *Metz*, III, 66.

d'artillerie, et les seules unités restant disponibles — Garde, réserve générale d'artillerie, deux divisions de cavalerie — sont placées en arrière de l'aile gauche, à huit kilomètres à vol d'oiseau de Saint-Privat.

Une autre raison militait encore en faveur d'un groupement de forces importantes à l'aile droite. Vers Gravelotte, il est impossible aux deux adversaires de prendre une offensive sérieuse : depuis Vernéville jusqu'à Ars, il n'y a qu'une route orientée de l'est à l'ouest, et le ravin de la Mance est infranchissable à toute arme autre que l'infanterie. Tout le terrain compris entre le bois des Génivaux et le bois de Vaux, en face de notre aile gauche, est donc inutilisable pour l'offensive. C'est le *champ défensif* de la position ; il suffirait d'y contenir l'ennemi avec un minimum de forces. La trouée de Vernéville n'a que deux kilomètres du sud au nord ; elle se prête à une contre-attaque ou à un retour offensif, mais non à une offensive décisive dont l'exécution exige d'ailleurs la possession des bois de la Cusse et des Génivaux sur les deux flancs. Le véritable champ offensif est constitué par le large espace compris entre les bois de la Cusse et l'Orne, où le terrain est découvert et propice à l'action combinée des trois armes (1). Même si l'idée de

(1) Colonel Maillard, *Cours de Tactique générale et d'infanterie* (École supérieure de guerre).

l'offensive n'existait pas dans l'esprit de Bazaine, du moins la protection du flanc droit devait-elle l'engager à économiser des forces à l'aile gauche pour augmenter la densité de la ligne de bataille vers Saint-Privat et Roncourt. Enfin, dernière raison pour garnir solidement l'aile droite, ces deux localités constituaient les débouchés indispensables pour la reprise éventuelle de la marche sur Verdun.

Dans les divers corps d'armée, on ne semble pas avoir songé à une opération quelconque. Les divisions sont généralement installées côte à côte sur la crête même où, le cas échéant, elles seront appelées à combattre. Elles sont, il est vrai, formées sur deux lignes, mais peu distantes l'une de l'autre, ce qui interdit toute manœuvre aux échelons et amènera leur engagement prématuré sur tout le front. En maints endroits, les troupes ne se sont pas donné la peine de dissimuler leurs tentes aux vues de l'ennemi. Aucun service de sécurité ne protège d'ailleurs les bivouacs contre les entreprises du canon.

*
* *

Aux premières heures du jour, la fusillade reprend assez vive à l'aile gauche du 2e corps dont les grand'gardes sont en présence des avant-postes allemands installés à la lisière orientale du

bois de Vaux. Sur le plateau à l'ouest, entre Gravelotte et le bois des Ognons, on distingue des
colonnes en marche et des batteries prenant une
formation de rassemblement (1). Prévoyant une
attaque, le général Vergé établit son artillerie de
part et d'autre du Point-du-Jour ; un bataillon du
32ᵉ garnit la tranchée au nord-ouest ; le général
Fauvart-Bastoul assigne à ses batteries une position au sud de la cote 342 ; les deux batteries
de 12 de la réserve y sont appelées un peu plus
tard. Vers 10 heures, le général Vergé, jugeant
de plus en plus la bataille imminente, déploie au
sud du Point-du-Jour deux bataillons du 55ᵉ,
puis, à leur gauche, trois bataillons de la 2ᵉ brigade. Un peu avant le premier coup de canon,
le général Frossard, qui a passé toute la matinée
à Châtel-Saint-Germain, apparaît enfin sur le
plateau (2). Quant aux trois divisions de cavalerie, réunies dans le ravin de Châtel, derrière le
2ᵉ corps, elles restent à peu près inactives (3).

Au 3ᵉ corps, la division de cavalerie Clérembault a envoyé de très bonne heure tous ses pelotons d'éclaireurs en reconnaissance et est avisée
ainsi de certains mouvements de colonnes prussiennes à l'ouest du bois des Génivaux. Vers

(1) C'était la *14ᵉ* division prussienne.
(2) Rapport du général Vergé, 21 août ; Historiques manuscrits des 55ᵉ, 76ᵉ et 77ᵉ de ligne ; Rapports du commandant Col-
langettes, 21 août ; du général Frossard, 20 août ; *Metz*, III, 152.
(3) *Metz*, III, 153.

8 heures, on aperçoit du plateau de l'Arbre-mort
« des troupes ennemies marchant en bataille dans
les plaines... situées en arrière de Gravelotte, et
se dirigeant, de gauche à droite, vers un point qui
paraissait... être à hauteur de Doncourt (1)... »
Le maréchal Le Bœuf avertit aussitôt le commandant en chef et lui demande des ordres. Pour
toute réponse, Bazaine lui fait dire « de tenir bon
dans la forte position qui lui a été assignée (2) ».
Le Bœuf fait compléter l'organisation défensive
ébauchée la veille et placer les réserves en arrière
de la crête (3). Sur ces entrefaites, les reconnaissances de la division Clérembault envoient des
renseignements plus explicites ; les patrouilles de
la division Montaudon signalent « des colonnes
nombreuses » en marche vers Vernéville et sur la
route de Gravelotte à la Malmaison. Le Bœuf
transmet à Bazaine un nouvel avis : « Des forces
ennemies considérables (infanterie et cavalerie)
s'avancent vers Gravelotte sur un front assez
étendu et parallèle au front de bandière des 2e et
3e corps. Il me semble qu'une affaire se prépare
pour aujourd'hui (4). » En même temps, Le Bœuf
fait renforcer les grand'gardes du bois des Géni-

(1) Note non signée trouvée dans les archives du 3ᵉ corps.
— Elle est confirmée par une note du maréchal Le Bœuf.
(2) Conseil d'enquête sur les capitulations, Déposition du maréchal Le Bœuf.
(3) Rapport du maréchal Le Bœuf, 20 août.
(4) *Metz*, III, 156. — Cet avis fut expédié vers 8 h. 30.

vaux ; c'est ainsi que ce point vient à être occupé par sept bataillons de trois divisions différentes (1).

Au 4ᵉ corps règne la quiétude la plus complète, bien que Montaudon ait communiqué par trois fois à Grenier les nouvelles alarmantes reçues par Le Bœuf. Ladmirault est prévenu « que des colonnes prussiennes apparaissent du côté de Verneville (2) » ; la grand'garde du 64ᵉ de ligne signale également leur présence (3). Entre 10 et 11 heures, il reçoit de Bazaine un message relatant les graves informations parvenues à Le Bœuf et lui recommandant de faire surveiller les routes qui débouchent sur ses derrières par Norroy-le-Veneur (4). Malgré tout, Ladmirault laisse les troupes vaquer à leurs occupations. Il se borne à prévenir les divisionnaires de la probabilité d'une attaque et se contente de glisser dans une note concernant l'administration la vague prescription d'exécuter des travaux de défense et de reconnaître les communications à travers bois, en arrière des

(1) Voir *suprà*, p. 188.

(2) Notice sur la bataille du 18 août, du général Osmont, chef d'état-major du 4ᵉ corps, 3 septembre. — Dans son rapport, le général de Ladmirault ne mentionne pas ces avertissements répétés.

(3) « On fait immédiatement prévenir les généraux ; il est répondu : « Vous voyez des Prussiens partout ; il n'est pas « possible qu'ils soient si près... » (Historique manuscrit du 64ᵉ.)

(4) *Metz*, III, 167.

camps (1). Aussi le résultat ne va-t-il pas se faire attendre, et il ne sera pas à son honneur. Les troupes du 4ᵉ corps seront tactiquement surprises dans leurs bivouacs, sur des positions mal reconnues, nullement organisées, bien que Ladmirault ait été presque aussi bien renseigné que Le Bœuf.

Au 6ᵉ corps, Canrobert a chargé du Barail, dès 5 heures du matin, de pousser des reconnaissances vers le sud-ouest et vers le nord. Quelques-unes rentrent vers 9 heures sans avoir rien découvert. Trois escadrons, envoyés à leur tour sur Auboué, signalent vers 10 heures que des troupes ennemies sont parvenues à Valleroy, et que d'autres sont en marche le long de l'Orne. Un peu plus tard, ces nouvelles se confirment; Moineville est occupé, des éclaireurs se montrent devant Sainte-Marie; « des masses prussiennes avec de l'artillerie » s'avancent dans la direction de Batilly. L'aumônier de la division du Barail, qui a passé la journée et la nuit précédentes à Gorze, auprès des blessés, revient au camp en annonçant que toute l'armée ennemie est en mouvement et qu'une attaque est « imminente (2) ». Néanmoins

(1) Le général de Ladmirault aux généraux de division et chefs de service, 18 août.

(2) Historique manuscrit du 2ᵉ chasseurs; général DU BARAIL, loc. cit., III, 194. — Bazaine a envoyé à Canrobert communication des renseignements recueillis par Le Bœuf; ils ne parviennent à destination qu'à 1 h. 15 (Metz, III, 174).

les troupes du 6ᵉ corps seront, comme celles
du 4ᵉ, surprises par l'attaque. L'organisation
défensive de la position est à peine ébauchée. Le service des avant-postes est des plus
sommaires et très rapproché des bivouacs, qui
d'ailleurs s'étalent complaisamment aux vues des
reconnaissances ennemies.

*
* *

Bazaine n'a pas quitté son quartier général de
Plappeville : comme la veille, il s'abstient de parcourir le terrain et de donner des instructions en
vue des éventualités qui se préparent. Dans la
soirée du 17, il sait de façon certaine que des
colonnes prussiennes viennent de franchir sans
interruption les ponts de la Moselle en amont de
Metz, se dirigeant vers les plateaux de la rive
gauche (1). Suivant certaines informations, la
IIᵉ armée tout entière aurait passé la rivière aux
environs d'Ars. D'après des renseignements d'ailleurs erronés fournis par le ministre de la Guerre,
« un corps d'armée considérable » aurait été vu
aux environs d'Apremont dans la journée du 18.
Saint-Mihiel serait occupé par 5 000 cavaliers
avec un régiment d'infanterie et un régiment

(1) Renseignements fournis par le poste d'observation de la
cathédrale et par les commandants des forts de Queuleu et de
Saint-Quentin.

d'artillerie (1). En admettant même que l'ennemi ait commis la faute de détacher vers la Meuse une partie de ses forces, tout permet de prévoir une attaque ayant pour but de couper l'armée française de ses communications avec l'intérieur du pays et de la rejeter sur Metz (2).

Une telle menace ne dut pas préoccuper outre mesure le maréchal Bazaine, car, dès le 17, il a songé à prendre une position encore plus rapprochée et donné des instructions à cet effet au colonel Lewal. Celui-ci convoque les sous-chefs d'état-major des corps d'armée à Châtel-Saint-Germain le 18 à 10 heures du matin; il leur indique les emplacements réservés à chacune des unités et arrêtés par Bazaine dès la veille. La reconnaissance du terrain commence à 11 h. 30, mais au moment où le groupe débouche sur le plateau de Montigny, la canonnade se fait entendre, et l'engagement devenant très rapidement violent, les sous-chefs d'état-major gagnent leurs postes de combat (3). Les commandants de corps d'armée

(1) Le ministre de la Guerre au maréchal Bazaine, D. T., 17 août, 1 h. 5 matin; le même au même, D. T., 17 août, 8 h. 17 matin.

(2) *Metz*, III, 177.

(3) Conseil d'enquête sur les capitulations, Rapport du général d'Autemarre; *Procès Bazaine*, Dépositions du colonel Lewal et du capitaine Yung, 275, 276; général Jarras, *loc. cit.*, 129-130. — Bazaine n'a pas nié le fait, mais a allégué que ce sont des prévisions et qu'il s'est conformé au règlement sur le service en campagne (*Épisodes*, 105).

ont connaissance des ordres de retraite dans le courant de l'après-midi, au moment où la lutte est dans toute son intensité (1).

A partir de 6 h. 45 du matin, Bazaine reçoit successivement communication, par les soins de Le Bœuf, de toutes les informations parvenues au 3ᵉ corps. Il se borne à lui recommander de « tenir bon » dans sa « forte position », et se montre très rassuré sur une attaque qu'il ne croit ni sérieuse, ni susceptible de réussir. « La confiance du maréchal ne pouvait être ébranlée, dit Jarras, et, en ma présence, il répondit à d'autres émissaires envoyés par les commandants des corps d'armée, dans des termes qui ne peuvent me laisser aucun doute à ce sujet (2). » Pourtant, vers 9 heures, Bazaine invite Bourbaki à rapprocher des 2ᵉ et 3ᵉ corps une brigade de la Garde, puis, se ravisant, le laisse libre de « la rappeler ou la laisser, selon les convenances (3) ». Les reconnaissances de la cavalerie de la Garde ayant ensuite signalé l'ennemi à Ars et à Vaux, avec un escadron vers Sainte-Ruffine, Bazaine, dont rien jusqu'alors n'a pu altérer la sérénité, se montre inquiet et, par un message urgent, charge Bourbaki de faire garder la route de Moulins

(1) Conseil d'enquête sur les capitulations, Dépositions du maréchal Canrobert et du général de Ladmirault.

(2) Général JARRAS, *loc. cit.*, 122.

(3) Bourbaki transmit purement et simplement cette note au général Deligny (*Metz*, III, 183).

à Longeville, déjà battue par les forts (1).

L'idée d'un nouveau recul vers Metz apparaît nettement dans une lettre expédiée à Canrobert à 10 heures du matin. Après l'avis de surveiller ses derrières vers Marange, Bazaine ajoute : « Si, par cas, l'ennemi se prolongeant sur votre front, semblait vouloir attaquer sérieusement Saint-Privat-la-Montagne, prenez toutes les dispositions nécessaires pour y tenir et permettre à toute l'aile droite de l'armée de faire un changement de front pour occuper les positions en arrière, si c'était nécessaire, positions qu'on est en train de reconnaître. Je ne voudrais pas y être forcé par l'ennemi et, si ce mouvement s'exécute, ce ne sera que pour rendre les ravitaillements plus faciles, donner une plus grande quantité d'eau aux animaux et permettre aux hommes de se laver... » Cette lettre suffit à expliquer l'indifférence de Bazaine à la réception des graves nouvelles de la matinée, son attitude insouciante et sa coupable inertie au cours de la bataille. Peut-on admettre sa sincérité lorsqu'il affectait une confiance inébranlable dans les positions qu'il avait choisies? Alors, pourquoi faisait-il reconnaître des emplacements nouveaux plus rapprochés de la place? Le général Jarras attribue

---

(1) Le maréchal Bazaine au général Bourbaki, Plappeville, 18 août.

cette « inconséquence » à l'absence de logique qu'il a remarquée dans les actes et les paroles du commandant en chef. « Combien de fois ne m'a-t-il pas été donné de surprendre les divergences qui existaient entre son langage et sa conduite! Approuver ou blâmer le lendemain ce qu'il avait blâmé et approuvé la veille, négliger l'observance d'un principe qu'il avait invoqué naguère, c'étaient des inconséquences en quelque sorte naturelles chez lui, et pour lesquelles il n'avait aucun scrupule (1). »

Bazaine manquait d'ailleurs des qualités indispensables à un chef : le savoir, l'énergie, le caractère. Poussé par les circonstances au commandement suprême d'une armée de 150 000 hommes, il se sentait incapable de maîtriser les événements et succombait sous le poids de cette mission écrasante. N'ayant pas su arrêter un plan, il n'avait pas de but net et précis, et s'efforçait de ne rien compromettre en limitant son ambition à l'obtention de résultats négatifs. Fataliste, physiquement affaissé, moralement peu scrupuleux, il attendait tout du hasard, qui l'avait toujours bien servi, avec l'espoir de dégager, au moyen d'expédients équivoques, sinon son armée, au moins sa responsabilité personnelle et ses intérêts.

(1) Général JARRAS, *loc. cit.*, 131.

Comment, imposée à un commandant en chef d'une telle mentalité et aussi facilement résigné à accepter d'avance la retraite sous le canon même des forts, la bataille eût-elle pu ne pas se dénouer en faveur des Allemands?

CHAPITRE II

LES ALLEMANDS DANS LA MATINÉE

Instructions verbales de Frédéric-Charles. — Inaction de la cavalerie allemande. — Inconvénients du dispositif de marche adopté. — Le roi de Prusse à Flavigny. — Conceptions successives de Moltke. — Instructions expédiées à 10 heures 30. — Frédéric-Charles ébranle son armée pour l'attaque. — Le IXᵉ corps ouvre le feu sur les bivouacs français. — Physionomie d'ensemble de la bataille, selon la relation officielle prussienne.

Dès 5 heures du matin, Frédéric-Charles se rend de Buxières à Mars-la-Tour, puis à Vionville, et donne aux commandants de corps d'armée des instructions verbales.

« La IIᵉ armée continuera aujourd'hui son mouvement en avant avec la même mission : couper l'adversaire de Verdun et de Châlons, l'attaquer où elle le trouvera. A cet effet, le XIIᵉ corps formera l'extrême gauche, ayant en arrière et à droite la Garde, suivie elle-même en arrière et à droite du IXᵉ corps. Le XIIᵉ corps se dirigera sur Jarny, la Garde sur Doncourt, le IXᵉ corps, passant entre Vionville et Rezonville, laissera Saint-Marcel immédiatement sur sa gauche. Le IIIe corps suivra le IXe en se tenant entre lui et la Garde... Le Xe corps... suivra le XIIe de manière à maintenir son itinéraire entre celui-ci et la Garde.

« L'ennemi paraissait être hier soir en retraite sur Conflans. Les trois divisions, qui bivouaquaient hier autour de Gravelotte, se sont aussi repliées sans doute. S'il en était autrement, le général Steinmetz les attaquerait et, dans ce cas, le IXe corps pourrait être appelé à s'engager le premier. On ne peut préciser encore si tout cela amènera, pour la IIe armée, une conversion à droite ou à gauche. Pour le moment, il ne s'agit que d'une marche en avant de huit kilomètres à peine. Elle devra s'exécuter, non pas en colonnes de marche longues et minces, mais par divisions massées, l'artillerie de corps entre les deux divisions de chaque corps d'armée (1). » A titre de renseignements, le prince ajoute que le VIIIe corps se portera sur Metz en arrière et à droite du IXe, le VIIe plus à droite encore. On peut compter sur l'arrivée du IIe corps dans l'après-midi. Les forces ennemies sont évaluées à 100 000 ou 120 000 hommes.

(1) *Historique du grand État-major prussien*, VI, 655. — Ce texte est un peu différent de celui donné par von der Goltz (*loc. cit.*, 128-121). Remarquons, entre autres, que ce dernier se termine par ces mots : « On fera repos après midi », prescription qui révèle combien mal Frédéric-Charles apprécie la situation (*Metz*, III, 108, note 1).

De préférence à toute autre hypothèse, Frédéric-Charles admet celle de la retraite des Français vers la Meuse et, à son avis, ils ne pourront
être atteints qu'en avant du front ou sur le flanc
gauche de la IIe armée (1). L'emploi rationnel
de sa cavalerie aurait pu promptement l'édifier,
mais, des quatre divisions de cette arme dont il
dispose, le prince ne fait aucune mention de
celles de la Garde et du XIIe corps, et maintient
les deux autres avec les IIIe et X^e corps, en
deuxième ligne. Les places assignées au XIIe corps
et à la Garde dans la marche vers le nord vont
déterminer un croisement d'itinéraires, et les
conséquences de cet enchevêtrement seront
encore aggravées par les dispositions défectueuses
prises par le commandant du corps saxon (2). De
ce fait, la Garde ne pourra dépasser Mars-la-Tour
qu'après 9 heures. La formation en masse adoptée
est logique pour un déplacement aussi court, mais
une telle marche de flanc n'est pas sans dangers,
exécutée à si faible distance de l'adversaire, à
découvert, et sans aucune mesure de sécurité.
C'est trop compter sur l'abstention de Bazaine.

(1) Von der Goltz, *loc. cit.*, 120.
(2) On fit remarquer au prince Frédéric-Charles qu'un croisement allait se produire. Il maintint néanmoins sa décision,
considérant que le corps de gauche aurait une tâche plus déli-
cate à remplir, et que le prince de Saxe, qui s'était distingué en
1866 était plus compétent que le prince de Würtemberg, commandant la Garde (Kunz, *loc. cit.*, X, 126).

« Qu'on s'imagine, dit un écrivain allemand, un général ennemi tombant au milieu de ces masses qu'on ne pouvait manœuvrer, par exemple vers 8 heures, au moment où avait lieu le croisement du VII⁰ corps et de la Garde (1) ! »

Depuis 5 heures du matin, les troupes sont sous les armes dans leurs bivouacs et prêtes à commencer sans délai les mouvements qui leur ont été prescrits. Mais le croisement des Saxons et de la Garde provoque un retard de plus de trois heures, et le IXᵉ corps étant parti en même temps que le XIIᵉ, qui forme la gauche, l'échelonnement prévu n'existe pas (2).

A 6 heures, le roi Guillaume, accompagné du grand quartier général, arrive à Flavigny. Des officiers supérieurs d'état-major sont détachés auprès des commandants de corps d'armée avec mission de lui faire connaître immédiatement tout événement important. Vers 8 heures, bien que dépourvu de renseignements, le grand quar-

(1) Fritz HOENIG, *Vingt-quatre heures de la stratégie de Moltke*, 100. — Hœnig accuse l'*Historique de l'État-major prussien* d'avoir travesti ou caché la vérité sur ce qui s'est passé dans la matinée du 18 : « L'exposé de tous ces événements dans l'ouvrage du grand état-major est peut-être une chose sans égale dans l'histoire militaire... On a dû chercher un artisan de style dont le grand talent consistât à rendre noir ce qui était blanc, et cela de telle manière que le lecteur candide voie réellement noir ce qui était et restera blanc » (*loc. cit.*, 101).

(2) « Pas un des corps de la IIᵉ armée ne prit la formation qui répondait aux prescriptions du prince » (*Der 18. August 1870*, herausgegeben vom grossen Generalstabe, 104).

tier général a « l'intuition » que la masse principale des forces françaises s'est retirée vers l'est,
et qu'elle occupe les hauteurs jusqu'à Amanvillers. S'il en est ainsi, la Ire armée attaquera de
front, tandis que le IXe corps abordera notre
droite. Le lieutenant-colonel Verdy du Vernois
est chargé d'en informer Frédéric-Charles et
de lui recommander de ne pas pousser aussi
loin le mouvement de la gauche. Les rapports
parvenus à la IIe armée se sont succédé jusqu'à
9 heures, aussi contradictoires et imprécis que
la veille. Toujours convaincu que l'armée française, établie à quelques kilomètres sur sa droite,
est en retraite sur Verdun, le prince se borne,
vers 9 heures, à arrêter ses corps de première
ligne sur la route d'Étain, et à prescrire l'envoi
de reconnaissances de cavalerie vers Leipzig et
Saint-Privat (1).

A l'aile droite de la IIe armée, le VIIIe corps
s'est mis en marche, dès 6 heures du matin, de
Gorze sur Rezonville. Les deux escadrons de
pointe ayant été accueillis par des coups de feu
en face des bois de la Mance (2), Gœben porte le
28e régiment d'infanterie sur le bois Leprince, le
8e bataillon de chasseurs à la ferme Bagneux,
tandis que le reste de l'avant-garde gagne Villers-aux-Bois. De son côté, le VIIe corps se ras-

(1) *Historique du grand État-major prussien*, VI, 651, 658.
(2) Grand'gardes du 32e et du 80e de ligne.

semble au sud de Gravelotte. Ses avant-postes, placés à la lisière nord-est du bois de Vaux, signalent dans les camps français d'importants mouvements, indices, semble-t-il, d'une retraite partielle. Ces renseignements, transmis au grand quartier général, concordent avec d'autres aussi erronés et déterminent chez Moltke un brusque revirement : vers 9 heures et demie, il admet que les Français sont en retraite vers le nord, « peut-être sur Briey (1) », et il accepte les mesures de temporisation prises par Frédéric-Charles. Telles sont les conséquences de l'inaction presque absolue de la cavalerie.

Peu à peu, néanmoins, la situation se dessine plus nettement : les Français tiennent, avec des forces importantes, le bois des Génivaux et semblent résolus à accepter la lutte. Moltke revient alors à sa première conception, tout en envisageant encore la possibilité d'une retraite sur Briey, et en ignorant d'ailleurs que la droite de l'armée adverse dépasse Amanvillers. A 10 h. 30, il envoie les instructions suivantes à Frédéric-Charles :

« D'après les renseignements reçus, on peut admettre que l'ennemi veut se maintenir entre le Point-du-Jour et Montigny-la-Grange. Quatre bataillons ennemis se sont avancés dans le bois des Génivaux. Sa Majesté estime qu'il y a lieu de

_____

(1) *Historique du grand État-major prussien*, VI, **662**.

mettre le XII⁰ corps et la Garde en marche dans la direction de Batilly, afin, soit d'atteindre l'ennemi près de Sainte-Marie-aux-Chênes dans le cas où il se retirerait vers Briey, soit de l'attaquer à Amanvillers s'il restait sur les hauteurs. L'attaque devrait être menée simultanément par la Ire armée venant du bois de Vaux et de Gravelotte, par le IXe corps contre le bois des Génivaux et Vernéville, par la gauche de la IIe armée venant du nord (1). »

Tels sont les ordres qui vont régler la bataille. Ils sont communiqués à Steinmetz avec la recommandation de ne pas attaquer avant que la IIe armée ait gagné du terrain à sa gauche et soit prête à s'engager elle aussi. De ce fait, pour obtenir une action « simultanée », la Ire armée devrait rester inactive pendant au moins trois heures, car si le IXe corps se trouve à pied d'œuvre à la ferme Caulre, la Garde n'est encore qu'à Bruville et les Saxons à Jarny.

Peu à peu, sur de nouvelles informations, Frédéric-Charles revient de son impression première : le Point-du-Jour est fortement tenu; Valleroy, où l'on avait signalé d'abord des fractions françaises, est décidément inoccupé; les patrouilles de cavalerie, poussées par le IXe corps vers le nord et le nord-est, n'ont rien trouvé. Le prince en conclut que l'armée française est

(1) *Correspondance militaire du maréchal de Moltke,* nº 178.

scindée en deux fractions : l'une restée sous Metz, dont l'aile droite ne dépasse pas La Folie ; l'autre déjà éloignée vers l'ouest et en marche sur Verdun (1). A 10 heures environ, Frédéric-Charles juge la situation assez éclaircie pour pouvoir se conformer aux directives de Moltke expédiées à 8 heures du matin. Il donne donc l'ordre au IXe corps de se porter sur Vernéville et La Folie. Si l'ennemi y a sa droite, on engagera l'action en déployant d'abord une nombreuse artillerie. La Garde continuera sa marche sur Doncourt et Vernéville, où elle se formera en soutien du IXe corps et en s'éclairant à gauche vers Amanvillers et Saint-Privat. Le XIIe corps restera à Jarny en prévision de détachements à envoyer éventuellement vers le nord ou le nord-ouest (2).

On peut être légitimement surpris de voir Frédéric-Charles laisser au commandant du IXe corps la grave responsabilité de déterminer si le moment est venu d'entamer l'action. En quoi Manstein était-il particulièrement qualifié pour apprécier jusqu'où s'étendait la droite des Français, et la place du commandant de l'armée n'était-elle pas, momentanément du moins, non pas à Vionville, mais avec cette sorte d'avant-garde ?

(1) Von der Goltz, *loc. cit.*, 129. — Von der Goltz est, sur ce point, en contradiction avec l'ouvrage du grand État-major dont la version est moins digne de foi.

(2) Von der Goltz, *loc. cit.*, 130-131.

Les instructions de Moltke pour l'engagement général parviennent à Frédéric-Charles vers 11 heures. De nouveaux renseignements montrent avec certitude au prince que la masse principale des forces françaises est encore à l'est de Metz, mais ils ne déterminent aucune modification à ses dispositions. Vers 11 h. 15, arrive une nouvelle de la plus haute importance : un camp français est en vue à Saint-Privat; des colonnes suivent la grande route de Briey. Cette information et surtout la réception des instructions de Moltke décident Frédéric-Charles à surseoir à l'attaque du IX\ :sup : e corps. Entre 11 h. 30 et midi, il dirige la Garde par Vernéville sur Amanvillers, tandis que les Saxons marcheront sur Sainte-Marie-aux-Chênes. En deuxième ligne, le X\ :sup : e corps se portera sur Saint-Ail, le III\ :sup : e sur Vernéville. Le II\ :sup : e corps, venant de Pont-à-Mousson, gagnera Buxières et Rezonville, où il s'établira en réserve de l'aile droite (1). Ainsi, au moment où Frédéric-Charles ébranle toute son armée pour l'attaque, il assigne nettement Amanvillers comme direction à son aile enveloppante qui, dans son esprit, sera constituée par la Garde. En fait, sans l'initiative des subordonnés, celle-ci se serait heurtée au centre du front ennemi, et le corps saxon lui aurait servi de soutien et de garde-

---

(1) Von der Goltz, *loc. cit.*, 135-136; *Historique du grand État-major prussien*, VI, 665-666.

flanc dans l'hypothèse où des forces françaises importantes se seraient trouvées vers Briey.

Les ordres de Frédéric-Charles sont encore en voie d'exécution, quand, un peu avant midi, les premiers coups de canon se font entendre aux environs de Vernéville. En dépit des recommandations qui lui ont été faites, Manstein n'a pas résisté à la tentation de canonner les bivouacs de Ladmirault. Pour la troisième fois en quinze jours, c'est un sous-ordre qui engage la bataille contrairement aux intentions du haut commandement. Au moment de l'ouverture du feu, le grand quartier général est d'ailleurs encore sur la hauteur de Flavigny. Afin d'empêcher la Iʳᵉ armée de s'engager prématurément, Moltke prévient Steinmetz, en termes un peu vagues, que le combat commencé à Vernéville n'exige pas l'intervention de toute la Iʳᵉ armée. Celle-ci évitera de montrer de fortes masses, mais emploiera, en cas de besoin, seulement son artillerie pour préparer l'attaque ultérieure (1).

« En résumé, dit la relation officielle, tandis que la IIᵉ armée se trouvait chargée de prononcer un énergique effort contre la droite française, par une attaque simultanée de front et de flanc, la Iʳᵉ armée avait pour mission de se borner d'abord à tenir sans cesse en haleine le front

(1) *Correspondance militaire du maréchal de Moltke*, n° 179.

des fortes positions de l'aile gauche ennemie (1). »

Telle eût été sans doute la physionomie de la bataille, selon la conception napoléonienne, et il n'est pas impossible que le grand quartier général allemand l'ait conçue un instant telle. Mais ni les instructions de Moltke, ni les ordres de Frédéric-Charles n'assurent la réalisation de ce plan que les documents contemporains ne spécifient nullement. En raison de l'extrême insuffisance des reconnaissances, on n'a pu, pendant vingt-quatre heures, rien apprendre d'important sur une armée de 150 000 hommes dont on n'est séparé pourtant que par une très faible distance. Les incertitudes et les flottements de la matinée sont les conséquences de cette omission essentielle du rôle de la cavalerie. Toutes les dispositions prises jusqu'à midi ne peuvent conduire qu'à une attaque de front sur Amanvillers, et non point au grand mouvement enveloppant dont l'exécution sera le résultat de l'initiative éclairée des sous-ordres bien plus que des conceptions du commandement suprême (2).

---

(1) *Historique du grand État-major prussien*, VI, 668.

(2) « La matinée du 18 présente du côté allemand un spectacle peu réjouissant... c'est l'incertitude et le vague, les erreurs et les malentendus qui dominent; le temps pendant lequel le déploiement en face des positions ennemies aurait dû être terminé, est employé à des mouvements à tâtons, qui sont bien loin de la marche bien ordonnée d'une armée marchant à l'ennemi » (*Der 18. August 1870*, 121).

CHAPITRE III

ENGAGEMENT DES IXe ET 4e CORPS

L'avant-garde du IXe corps dirigée sur La Folie. — Engagement
de l'artillerie. — Déploiement des divisions Grenier et de
Cissey. — Arrivée du gros de la 18e division. — Combat de
Chantrenne. — Situation critique de l'artillerie du IXe corps.
— La division Lorencez à Amanvillers. — La 25e division au
bois de la Cusse. — Échec des batteries de la division de
Cissey. — Péripéties du combat d'infanterie. — L'artillerie du
IIIe corps. — Premiers mouvements de la 25e division. —
Situation à l'ouest d'Amanvillers. — Progrès des Prussiens
dans le bois des Génivaux. — Accalmie vers 5 heures.

A partir de 9 heures du matin, le IXe corps s'est
rassemblé autour de la ferme Caulre, couvert
par une avant-garde dans la direction de Vernéville. Manstein vient d'apprendre l'existence
d'un camp français à Saint-Privat, quand, vers
10 h. 45, lui parvient l'ordre de Frédéric-Charles,
expédié à 10 heures (1). Peu après, les troupes
se remettent en marche. L'avant-garde est
chargée « de s'avancer dans la direction de La
Folie, d'occuper le bois au [sud-ouest] et la
ferme, mais de ne pas dépasser ces points, pour

(1) Voir *suprà*, p. 211.

le moment (1) ». Cette mission impose sans nul doute l'obligation d'engager le gros de l'infanterie, et non pas seulement « une nombreuse artillerie », comme l'a prescrit Frédéric-Charles. Manstein sait de plus que les Français n'ont pas leur droite à La Folie ; sa décision est donc doublement en contradiction avec l'ordre du prince.

Laissant Vernéville au nord, l'avant-garde se dirige d'abord sur Chantrenne. Prenant les devants, Manstein gagne la hauteur à l'ouest de Vernéville et aperçoit une partie des bivouacs de la division Grenier où semble régner « une insouciante quiétude (2) ». Résolu à attaquer et désireux de ne pas laisser échapper l'occasion de surprendre l'adversaire (3), Manstein fait appeler l'artillerie de la 18e division et l'artillerie de corps. En attendant, la batterie d'avant-garde prend position à l'est de Vernéville et, vers 11 h. 45, ouvre le feu sur l'aile gauche de la division Grenier dont les troupes se forment, à ce moment même, derrière les faisceaux pour l'appel de midi (4). Les trois autres batteries de la

---

(1) *Historique du grand État-major prussien*, VI, 673.
(2) *Ibid.*, 674.
(3) Le grand État-major prussien, dans son dernier ouvrage sur la bataille de Saint-Privat (*Der 18. August 1870*, 125), développe un certain nombre de considérations pour tenter de justifier la désobéissance et l'attaque intempestive de Manstein.
(4) Rapport du commandant de Chérisey, 19 août ; Historique

18ᵉ division s'établissent plus en avant, sur la longue croupe cotée 326 descendant d'Aman- villers sur Vernéville. Un peu plus tard, l'artil- lerie de corps prolonge la ligne vers le nord. A midi et demi, ces neuf batteries, placées très en avant de leur infanterie, sont engagées dans une lutte violente. Leurs flancs sont à peine couverts par deux compagnies détachées à la ferme de l'Envie et par deux autres envoyées au bois de la Cusse (1). En arrivant sur la croupe à l'est du château de Vernéville, l'avant-garde du IXᵉ corps est accueillie par une fusillade assez vive partant du bois des Génivaux. Mais les quatre compa- gnies du 69ᵉ, qui lui sont opposées, se replient presque aussitôt sur Leipzig. Les Prussiens pénè- trent dans le bois, tandis que deux compagnies se jettent dans la ferme de Chantrenne inoc- cupée.

Les premiers coups de canon ont donné l'alarme à tout le 4ᵉ corps. L'infanterie de la division Grenier prend ses positions de combat, formant une longue ligne de douze bataillons déployés côte à côte, de façon à battre les pentes descendant vers Vernéville. La brigade Belle- court (13ᵉ et 43ᵉ) a sa droite à hauteur de

manuscrit du 5ᵉ bataillon de chasseurs; *Metz*, III, 192. — Le résultat du tir fut à peu près nul : la distance avait été appréciée de 600 à 700 mètres trop courte (*Der 18. August 1870*, 131, note 1).

(1) *Historique du grand État-major prussien*, VI, 674-678.

la sortie ouest d'Amanvillers, sa gauche à
500 mètres au nord-ouest de Montigny-la-
Grange; la brigade Pradier (64ᵉ et 98ᵉ) se forme
en avant de Montigny, le long d'un chemin de
terre. Un seul bataillon, le IIIᵉ du 98ᵉ, reste en
réserve. Le 5ᵉ bataillon de chasseurs a quatre
compagnies en soutien des batteries divisionnaires, les deux autres à l'extrême droite de la
ligne. Les six batteries de la réserve du 4ᵉ corps,
déjà attelées, garnissent rapidement la crête
entre Amanvillers et Montigny; les trois batteries
de Grenier entrent en action à leurs côtés (1).
Malgré sa supériorité numérique, la division
Grenier, suivant les funestes habitudes de l'armée
française d'alors, va se contenter de se maintenir
à peu près passivement sur ses emplacements de
combat. Cette attitude aura d'autant plus d'inconvénients que le front adopté, sensiblement recti-
ligne, ne se plie nullement aux formes du terrain
et ne permet pas de battre avec efficacité un certain nombre de couloirs parallèles, qui pourront
servir de cheminements abrités à l'assaillant (2).

Sur un avis du général de Ladmirault, les
troupes de la division de Cissey se sont réunies
dans leurs bivouacs, prêtes à prendre les armes

(1) Journal de marche de la division Grenier; Rapports du
général Bellecourt, 19 août; du commandant Carré, 19 août; du
général Pradier, 20 août; du général Lafaille, 26 août; *Metz*,
III, 196-200.
(2) *Metz*, III, 200.

au premier signal. Dès les premiers coups de canon, elles rompent les faisceaux et, laissant les sacs au camp dont les tentes restent dressées, elles se portent au pas gymnastique d'environ mille mètres en avant, vers la crête qui se développe entre Amanvillers et Saint-Privat. La 2e brigade, obliquant à droite, se forme en deçà de la crête : le 57e et deux bataillons du 73e au nord-est de la cote 325, le IIIe bataillon du 73e dans la tranchée du chemin de fer. Les trois batteries divisionnaires s'établissent sur la crête même, avec le 20e bataillon de chasseurs comme soutien. La brigade Golberg se porte derrière la 2e brigade dans le pli de terrain qui remonte d'Amanvillers vers Jérusalem. De toutes les troupes de la division, les tirailleurs du IIIe bataillon du 73e sont d'abord seuls engagés immédiatement ; ils ouvrent le feu contre la batterie de gauche de l'artillerie du IXe corps, puis, un peu plus tard, contre les compagnies allemandes qui garnissent la lisière orientale des bois de la Cusse (1).

Les troupes du 3e corps ont été postées d'avance sur les positions qu'elles doivent défendre à la lisière des bois et sur la crête de La Folie au Point-du-Jour (2). Ce déploiement pré-

(1) Rapport du général de Cissey, 23 août; Historiques manuscrits du 20e bataillon de chasseurs, des 1er, 6e, 57e et 73e de ligne; *Metz*, III, 207.

(2) Voir *suprà*, p. 217.

maturé, exécuté avant d'avoir le moindre indice
sur les projets de l'adversaire, ne permet pas de
prendre en flanc l'attaque imprudente que Manstein a dirigée de Vernéville sur Montigny. Le
maréchal Le Bœuf ne change rien pourtant aux
dispositions prises, et les chefs en sous-ordre
s'absorberont dans la défense sur place des positions qu'on leur a si expressément désignées.
Aussi les deux premières divisions du 3ᵉ corps
ne joueront-elles dans la bataille qu'un rôle très
secondaire : elles se borneront à résister passivement dans le bois des Génivaux à des détachements peu nombreux des masses allemandes qui
attaqueront d'une part Amanvillers, d'autre part
le Point-du-Jour (1). Le seul appui direct, fourni
dès le début par le 3ᵉ corps au général de Ladmirault, est celui de quelques compagnies et batteries établies sur le mamelon au nord-ouest de
La Folie (2).

* *

A midi un quart, le gros de la *18*ᵉ division a
atteint Vernéville. Toujours préoccupé de soutenir son artillerie très aventurée, Manstein dirige de Vernéville deux bataillons vers le bois
de la Cusse. Vers une heure, après avoir subi des

(1) *Metz*, III, 202.
(2) **Rapport du général Montaudon, 20 août.**

pertes sensibles, l'un atteint le remblai du chemin de fer, dans la partie nord-est du bois;
l'autre garnit les lisières sud et est, face aux tirailleurs de la division Grenier (1). Deux batteries
hessoises de l'avant-garde de la 25° division
s'établissent au sud d'Habonville, face à l'artillerie occupant les hauteurs de Saint-Privat. Vers
Chantrenne, les Prussiens ne peuvent dépasser la
crête à l'est de la ferme : le 95° de ligne qui
tient le bois de La Folie et la corne nord-est du
bois des Génivaux leur inflige des pertes sensibles, par ses feux de front et de flanc. De part
et d'autre, on s'abstient momentanément de passer à l'offensive; l'action dégénère en une fusillade de pied ferme (2).

Dès le début, l'artillerie du IX° corps, complètement à découvert sur la longue croupe au sud-
ouest d'Amanvillers, a beaucoup souffert du feu
des tirailleurs des 64° et 43°, et de celui des batteries du 4° corps voisines de Montigny. La batterie prussienne d'extrême gauche, en particulier, est déjà très éprouvée quand les mitrailleuses
de la division Lorencez s'établissent au sud-ouest
d'Amanvillers, à moins de mille mètres. En
quelques minutes, elle subit des pertes énormes
qui l'obligent à interrompre le tir : les trois
quarts de l'effectif présent et tous les chevaux,

(1) *Historique du grand État-major prussien*, VI, 679.
(2) *Ibid.*, VI, 682; *Metz*, III, 205.

sauf huit, sont mis hors de combat. Peu après,
vers 1 h. 15, apparaissent, à courte distance,
les tirailleurs du IIIe bataillon du 13e de ligne.
Les Prussiens parviennent à conduire vers le bois
de la Cusse les deux seules pièces qu'ils peuvent
encore atteler, mais les quatre autres sont enlevées par le lieutenant Parent, à la tête de sa section, et deux d'entre elles ramenées dans nos lignes.
Jusqu'à la tombée de la nuit, deux bouches à feu
et plusieurs avant-trains restent sur place, aban-
donnés au milieu des fluctuations de la lutte (1).

Pour dégager l'artillerie, l'infanterie prussienne tente de déboucher de la lisière sud-est du
bois de la Cusse, mais elle est aussitôt arrêtée par
les feux des tirailleurs du IIIe bataillon du 73e et
du 5e bataillon de chasseurs. Bien que l'infanterie
du général Bellecourt ne profite pas de ces hésita-
tions, signes de faiblesse, « la situation des batteries
prussiennes, et notamment de l'artillerie de corps,
n'en est pas moins de plus en plus critique (2) ».
Les pertes deviennent très sensibles; plusieurs
officiers supérieurs sont frappés. Quatre nouvelles
batteries françaises de la réserve du 3e corps

(1) Rapports du général Bellecourt, 18 août; du lieutenant
Parent, 21 août; du capitaine Masson, 20 août; *Historique du
grand État-major prussien*, VI, 683; *Metz*, III, 210. — Le
chasseur Hamoniaux, du 5e bataillon, fut un des premiers à
arriver dans la batterie (Rapports du lieutenant Parent; du commandant Carré, 21 août).

(2) *Historique du grand État-major prussien*, VI, 684.

interviennent : deux sur le mamelon au nord-ouest de La Folie, deux au sud de Montigny. En outre, une batterie de la division Lorencez s'établit en ce dernier point. Par contre les deux batteries de la division Montaudon ont dû se retirer pour se réorganiser. Quinze batteries sont donc en action contre les neuf du IXe corps. Malheureusement, il n'y a de notre côté aucune direction d'ensemble ; chaque batterie agit, pour ainsi dire, à sa guise, et choisit l'objectif que le hasard lui permet d'apercevoir. Ainsi échappe l'occasion de prendre d'enfilade et même à revers toute la ligne d'artillerie du IXe corps (1).

Au feu des batteries françaises, s'ajoutent ceux des tirailleurs de la division Grenier (2). Les IIe et IIIe bataillons du 64e sont par contre très éprouvés et obligés, vers 2 heures, après avoir épuisé leurs cartouches, de se replier en arrière des batteries, près du parc de Montigny où les coups longs de l'artillerie prussienne les atteignent encore. Le IIIe bataillon du 98e, jusqu'alors en réserve, gagne alors la gauche de son régiment et, ménageant ses munitions, « subit, avec un courage admirable, le feu écrasant des obus qui éclatent sur toute la ligne, surtout à la droite (3) » .

---

(1) *Metz*, III, 213-214.
(2) Les batteries prussiennes souffrirent surtout de la « grêle de balles du fusil Chassepot » (*Der 18. August 1870*, 149).
(3) Rapport du général Pradier, 20 août.

Déjà Ladmirault a déployé deux divisions contre une avant-garde relativement faible. Jugeant ces forces encore insuffisantes, il appelle à Amanvillers la division Lorencez : les premières fractions de la brigade Pajol atteignent le village vers une heure (1). Le 2ᵉ bataillon de chasseurs se déploie et, après un arrêt à la sortie sud, se porte à l'extrême droite de la division Grenier; les deux batteries qui le suivent s'engagent immédiatement (2). Afin de se relier solidement avec le 3ᵉ corps, Ladmirault dirige sur Montigny le 33ᵉ de ligne avec mission « d'occuper cette position avec le plus grand soin » et de s'y « maintenir coûte que coûte, pendant toute la durée de la bataille (3) ». La brigade Berger, qui suit la brigade Pajol, s'établit de part et d'autre d'Amanvillers : le 54ᵉ au-nord-ouest, le 65ᵉ au sud (4). Bientôt Lorencez appelle à lui les unités laissées à la ferme Saint-Vincent : deux bataillons du 15ᵉ se portent à la gauche du 65ᵉ, la batterie prend position près d'Amanvillers, au nord du chemin d'Habonville (5). La division Lorencez

---

(1) Lorencez a laissé à la ferme Saint-Vincent les deux premiers bataillons du 15ᵉ de ligne et une batterie, sans doute pour continuer à observer la direction de l'est. Le IIIᵉ bataillon du 15ᵉ est dans les carrières de la Croix, au nord-est d'Amanvillers (*Metz*, III, 218).

(2) Voir *supra*, p. 221, 223.

(3) Rapport du général Pajol, 19 août.

(4) Rapports du général Berger (sans date).

(5) *Metz*, III. 220.

forme ainsi une deuxième ligne derrière les troupes de Grenier.

*
* *

Manstein a reçu, sur ces entrefaites, l'ordre de Frédéric-Charles expédié à 11 h. 30 et prescrivant au IXe corps et à la Garde « d'attaquer, de concert, la droite ennemie (1) ». Dans le cas où notre front s'étendrait plus au nord, il lui est recommandé de différer tout engagement sérieux jusqu'à ce que la Garde puisse intervenir par Amanvillers. Manstein sait à ce moment que l'aile droite française se prolonge bien au delà de cette localité; dès lors il va tendre à s'élever, lui aussi, vers le nord. Toute son attention se porte vers les bois de la Cusse, au détriment de la protection qu'il doit à l'artillerie en avant de son front.

La 25e division, formée des contingents hessois, a suivi d'abord la 18e dans la direction de Vernéville. Manstein prescrit à son chef, le prince Louis de Hesse, de la rassembler au nord des bois de la Cusse, et « d'y attendre l'entrée en ligne de la Garde pour attaquer simultanément (2) ». L'avant-garde gagne ainsi les environs sud-est d'Habonville et occupe ensuite la parcelle du

(1) *Historique du grand État-major prussien*, VI, 685.
(2) *Ibid.*, 686.

bois coupée par la voie ferrée et le remblai de celle-ci. Les cinq batteries hessoises s'établissent vers une heure sur la croupe à 1 000 mètres à l'est du village ; elles engagent la lutte avec les trois batteries de la division de Cissey et quelques batteries du 6ᵉ corps, celles-ci étant bientôt détournées de leur premier objectif par l'apparition de l'artillerie de la Garde. Un régiment du gros de la division se porte dans la clairière centrale du bois ; un de ses bataillons, détaché vers la croupe de Champenois pour soutenir l'artillerie compromise, arrive trop tard, après une catastrophe subie par la batterie de gauche (1).

Vers 1 h. 30, neuf batteries de la Garde prussienne (2) se sont déployées entre Habonville et Saint-Ail, et ouvrent le feu sur les troupes de la division Levassor-Sorval, au sud de Saint-Privat. Les deux batteries de 4 de la division de Cissey ripostent, mais l'artillerie hessoise prend la supériorité et les oblige, vers 3 heures, à se retirer du combat avec des pertes sensibles. Les compagnies du 20ᵉ bataillon de chasseurs placées en soutien de ces batteries et des fractions du 73ᵉ de ligne, criblées d'obus, sont également forcées de se reporter en arrière. Par contre, le 6ᵉ s'est avancé de part et d'autre de la voie

(1) *Historique du grand État-major prussien*, 687-689. — Voir *suprà*, p. 222.
(2) De la 1ʳᵉ division et de l'artillerie de corps.

ferrée, et ses tirailleurs ouvrent le feu contre l'infanterie ennemie du bois de la Cusse (1). Au sud du chemin de fer, à l'extrême droite de la division Grenier, le général Berger fait avancer successivement deux bataillons du 54ᵉ : le Iᵉʳ prolonge sur leur droite les deux compagnies du 7ᵉ bataillon de chasseurs embusquées dans le chemin qui descend à la maison du garde-barrière (2).

Au sud du bois de la Cusse, la situation est beaucoup moins favorable pour le IXᵉ corps. Vers 2 heures de l'après-midi, le bataillon de fusiliers du *85*ᵉ est arrivé au voisinage de l'aile gauche de la grande batterie du IXᵉ corps. A ce moment, cette artillerie est « presque hors d'état de combattre », et sa situation est devenue « excessivement critique (3) ». Une batterie a dû amener ses avant-trains et se réfugier, à grand'peine d'ailleurs, vers les bois de la Cusse. Les fusiliers déposent les sacs et avancent de quelques centaines de mètres, mais tombent sous le feu croisé des tirailleurs du 13ᵉ de ligne et de la batterie de mitrailleuses de la division Lorencez. Durant vingt minutes, ils subissent des pertes énormes, ils lâchent pied et refluent vers les bois. Malheu-

(1) Historique des batteries de la division de Cissey; Historique manuscrit du 6ᵉ de ligne; *Metz*, III, 227-229.

(2) Historiques manuscrits du 54ᵉ de ligne et du 5ᵉ bataillon de chasseurs; *Metz*, III, 236.

(3) *Historique du grand État-major prussien*, VI, 692.

reusement notre infanterie reste à peu près passive et perd ainsi l'occasion de s'emparer des batteries prussiennes, absolument découvertes sur
leur front et sur leur flanc gauche.

Vers 2 h. 30, l'artillerie allemande commence
sa retraite, non sans difficultés et, à 3 heures, il ne
reste plus que les trois batteries d'aile droite. Les
Français disposent encore à ce moment, sur le
plateau entre La Folie et la voie ferrée, de seize
batteries, dont certaines, il est vrai, sont assez
éprouvées et qui, presque toutes, ont consommé
une grande partie de leurs munitions (1). Le
IXe corps n'en est pas moins dans une situation
désavantageuse qu'une offensive résolue du général de Ladmirault eût aisément transformée en
échec (2). Bientôt l'intervention de l'artillerie du
IIIe corps va modifier sensiblement la tournure du
combat.

*
* *

Rassemblé pendant toute la matinée à Chambley et à Flavigny, le IIIe corps s'est mis en
marche vers une heure de l'après-midi sur Saint-
Marcel et la ferme Caulre : la 6e division d'infan-

_____

(1) *Historique du grand État-major prussien*, 694-695; *Metz*,
III, 235.

(2) Dans son dernier ouvrage, *Der 18. August 1870*, 216,
l'État-major prussien a fait ressortir les fautes commises dans
l'engagement du IXe corps.

terie a pris la tête, suivie de la 5ᵉ et de l'artillerie
de corps ; la 6ᵉ division de cavalerie se joint
au mouvement. Il est plus de 2 heures quand
Frédéric-Charles se rend de Vernéville à l'ouest
d'Habonville, afin de dissiper enfin son incertitude
sur l'emplacement exact de l'aile droite française.
De son nouvel observatoire, il découvre nos positions de Saint-Privat et prescrit aussitôt au commandant du IIIᵉ corps de renforcer le IXᵉ avec
l'artillerie de corps (1). Les quatre batteries montées s'établissent, à 3 h. 30, sur la croupe au sud-
est de Vernéville et ouvrent le feu sur l'artillerie
française des environs de Montigny et sur les
mitrailleuses de la division Montaudon (2). Les
deux batteries à cheval entrent en ligne vers
4 heures à l'ouest de Champenois, à la gauche
de l'artillerie du IXᵉ corps, réduite à ce moment
à trois batteries (3), renforcées un peu plus tard
par deux autres, qui viennent d'être reconstituées. Vers 4 h. 15, douze batteries allemandes (4)
sont donc en action entre les bois de la Cusse et
des Génivaux et prennent nettement la supério-

---

(1) *Historique du grand État-major prussien*, VI, 704 ; Von
der Goltz, *loc. cit.*, 140.

(2) Deux de ces batteries tentent de prendre une position plus
rapprochée, mais les feux de l'infanterie française les obligent à
revenir sur l'emplacement initial.

(3) Voir *suprà*, p. 228.

(4) Y compris la batterie d'avant-garde de la *18ᵉ* division restée à l'est de Vernéville.

rité du feu. Une demi-heure après, il ne reste
plus, sur le plateau de Montigny, que quatre
batteries françaises (1).

L'échec de notre artillerie n'est pas moindre
à l'ouest d'Amanvillers, où six batteries cèdent à
partir de 4 heures, sous les feux de l'artillerie
hessoise, qui a déjà contraint à la retraite les
batteries de la division de Cissey. Notre infanterie, engagée le long du chemin de terre de La
Folie à Sainte-Marie, est désormais abandonnée
à ses seules forces et devient l'unique objectif des
deux armes, fusil et canon, de l'adversaire (2).

Le commandant de la Garde, prince de Würtemberg, a offert précédemment à Manstein la
coopération de toutes ses forces disponibles.
Manstein n'accepte pas ce concours et préconise
au contraire l'attaque sur Saint-Privat comme le
meilleur moyen de venir en aide à ses troupes.
Il se borne à demander qu'une brigade de la
Garde reste en réserve à Anoux-la-Grange.
Vers 3 h. 30, le prince de Hesse, constatant que
des troupes allemandes sont en marche vers
Sainte-Marie, croit voir dans ce mouvement les
préliminaires de l'attaque de Saint-Privat. Afin
de l'appuyer, il prescrit à trois de ses bataillons
de réserve de se porter dans cette direction. Sept
compagnies franchissent la voie ferrée vers la

(1) *Metz*, III, 244.
(2) *Historique du grand État-major prussien*, VI, 707.

cote 303 et gagnent le vallon au nord; mais, sur ces entrefaites, le mouvement observé du côté de Sainte-Marie s'est arrêté, et les Hessois suspendent également leur offensive (1).

Dans le bois de la Cusse, la situation est restée stationnaire. Vers 3 h. 30, le 1ᵉʳ bataillon de chasseurs débouche de la lisière et se porte sur la crête à l'ouest de Champenois. Assailli de front par les feux de six compagnies du 64ᵉ et criblé de balles sur son flanc gauche par les 13ᵉ et 43ᵉ de ligne, le bataillon s'arrête bientôt, tout entier déployé et couché, à quelques centaines de mètres de notre infanterie, qui se renforce de plus en plus (2). Vers 4 heures, en effet, le général Grenier a porté derrière le 43ᵉ, un bataillon du 64ᵉ, en réserve à Montigny. Lorencez dirige les deux premiers bataillons du 15ᵉ derrière le 13ᵉ. Quatre compagnies du 5ᵉ chasseurs, devenues disponibles à la suite de la retraite des batteries dont elles formaient le soutien, rejoignent les deux premières du bataillon. Malheureusement le 43ᵉ, manquant de munitions, se retire du combat; il est remplacé par le bataillon du 64ᵉ et deux du 65ᵉ. Un peu avant 5 heures, douze bataillons sont déployés à l'ouest d'Amanvillers sur une ou plusieurs lignes très rapprochées les unes des autres et sur un front ne dépassant pas

(1) *Historique du grand État-major prussien*, VI, 703.
(2) *Ibid.*, VI, 698.

1 200 mètres, formant ainsi une masse dense, très vulnérable à l'artillerie, et qui se contente de combattre sans avancer (1).

Depuis le début de la bataille, aucun fait important ne s'est passé dans la zone marquée par les fermes de l'Envie et de Champenois, celle-ci n'étant occupée que par une seule compagnie du 13e de ligne. Vers 3 h. 30, les Allemands se décident, tardivement d'ailleurs, à s'emparer de ce point d'appui. Quatre batteries préparent l'attaque; un bataillon hessois, cheminant par le vallon au sud, aborde la ferme et y pénètre au moment où sa garnison l'évacue (2).

Aux environs de la ferme Chantrenne, les bataillons de l'avant-garde du IXe corps n'ont pu progresser. A 2 heures de l'après-midi, ils sont encore tenus en échec par six compagnies du 95e embusquées au saillant est du bois des Génivaux et battus d'écharpe par un bataillon du 81e occupant le bois de La Folie (3). Toutes leurs tentatives pour gagner du terrain échouent et causent des pertes très fortes; il ne faut pas moins de toute l'énergie des chefs, « secondée par le dévouement absolu des troupes, pour leur permettre de se maintenir dans la position pri-

(1) Journal de marche de la division Lorencez; Rapport du général Pajol, 19 août; *Metz*, III, 251-252.
(2) *Historique du grand État-major prussien*, VI, 696.
(3) *Metz*, III, 254.

mitive (1) ». Vers 2 h. 45, un bataillon prussien frais, marchant de Chantrenne vers le sud-est, se jette d'un seul élan dans le bois des Génivaux et, malgré l'épaisseur du fourré, parvient jusqu'à la lisière nord-est. Un deuxième suit et s'établit à sa droite. Mais les défenseurs du bois de La Folie (2) ont été renforcés d'abord de deux, puis de six compagnies, de sorte que tous les efforts des Allemands pour déboucher du bois des Génivaux demeurent infructueux. A partir de ce moment, ils conservent, comme leurs adversaires, une attitude purement passive, entretenant une fusillade peu intense avec les troupes de la brigade Clinchant (3).

Cette offensive de cinq bataillons prussiens, quoique décousue, a suffi pour paralyser toute la division Montaudon et l'empêcher de déboucher sur le flanc droit du IX° corps (4). Dès 4 heures, cette division est complètement morcelée : sept bataillons environ combattent dans les bois des Génivaux et de La Folie, trois occupent des tranchées-abris sur la crête entre ce dernier et Montigny, trois sont encore dispo-

(1) *Historique du grand État-major prussien*, VI, 699.
(2) Fractions du 81° et du 95°.
(3) Rapports du général Clinchant (sans date); du colonel d'Albici, du 71° (s. d.); du colonel Davout, du 95° (s. d.); du lieutenant-colonel Louis, du 62°, 18 août; *Metz*, III, 257-260.
(4) Voir au sujet de ce mouvement, *Der 18. August 1870* : « Il n'y avait chez les Français ni vie, ni activité » *(Ibid.)*.

nibles entre Leipzig et La Folie (1). L'infanterie
du IXe corps est non moins égrenée et ne doit
qu'à une puissante artillerie — cent six bouches
à feu — de pouvoir conserver ses positions. Le
IIIe corps, il est vrai, s'est rassemblé à Vernéville,
prêt à soutenir le IXe, autant que le lui per-
mettraient ses effectifs réduits par la sanglante
bataille du 16. Vers 5 heures, on constate, sur
cette partie du champ de bataille, une sorte
d'accalmie produite de notre côté par l'épuisement des munitions et la fatigue des combattants, de l'autre, par l'attente des événements qui
se préparent sur notre droite.

(1) Rapport du général Montaudon, 20 août.

CHAPITRE IV

DÉPLOIEMENT DU 6ᵉ CORPS

Premières dispositions prises par Canrobert. — Déploiement de Levassor-Sorval. — Canrobert dégarnit sa droite. — Les divisions Tixier et La Font de Villiers. — Nouvelle ligne de bataille. — La lettre de Bazaine. — La Garde prussienne à Doncourt. — Son mouvement sur Vernéville. — Déploiement de l'artillerie. — L'avant-garde se porte sur Sainte-Marie. — Marche des Saxons de Jarny vers le nord-est. — Situation du XIIᵉ corps à 2 heures. — Heureuse inspiration du prince de Saxe. — Débuts du mouvement tournant sur Roncourt. — Attaque de Sainte-Marie. — Belle résistance du 94ᵉ de ligne. — Sa retraite sur Roncourt. — L'artillerie allemande maîtresse du champ de bataille.

Vers 11 heures du matin, le maréchal Canrobert possède des renseignements assez complets pour conclure à l'imminence d'une attaque. Néanmoins, jugeant sans doute qu'il lui suffit d'avoir « refusé son aile droite » pour éviter « d'être tourné par l'ennemi (1) », il ne change rien aux dispositions prises. Aux premiers coups de canon, les troupes prennent les armes d'elles-mêmes. Vers midi et demi, les deux batteries

(1) Rapport du maréchal Canrobert, 22 août; *Metz*, III, 266.

de la division Levassor-Sorval sont établies par
le maréchal lui-même au sud-ouest de Saint-
Privat : aucun objectif n'est d'ailleurs en vue. La
brigade Marguenat, 1re de la division, se porte
en avant de l'artillerie de manière à découvrir
les pentes descendant vers Saint-Ail : le 25e, en
ligne de bataillons déployés, à cheval sur le chemin d'Habonville, le 26e en arrière (1). Un
quart d'heure après, les quatre batteries de la
1re division de la Garde prussienne s'établissent
au nord-ouest d'Habonville. Puis, à une heure,
deux batteries hessoises prennent position entre
ce village et le bois de la Cusse; en même temps
de l'infanterie se montre le long du chemin de
fer (2). Ces mouvements déterminent quelques
modifications au déploiement initial : les deux
batteries appuient à gauche pour mieux battre
l'objectif, le 25e avance d'environ 400 mètres,
le 26e se forme en bataille à sa gauche. En
seconde ligne, la brigade Chanaleilles s'étend
entre la route de Briey et la division de Cissey.
Bientôt trois des batteries de la division Tixier
s'établissent à cheval sur la grande route; les trois
autres à mi-distance entre Saint-Privat et la voie
ferrée. Le feu des batteries de 4 paraissant ineffi-
cace à la distance de 3 000 mètres, le lieutenant-

(1) Rapports du lieutenant-colonel Morin, 26 août; du commandant Kesner, 1er septembre; *Metz*, III, 266-267.
(2) Voir *suprà*, p. 225.

colonel de Montluisant le suspend et se contente
de faire tirer lentement les six pièces de 12 (1).

Vers une heure, Canrobert, préoccupé de l'attaque qu'il voit se dessiner sur sa gauche et ayant
acquis « par des renseignements de cavalerie...
la certitude que les Prussiens ne se trouvaient
point dans les environs des villages de Montois
et de Marange », dégarnit prématurément sa
droite et prescrit à la division Tixier d'appuyer
la droite de la division de Cissey en se reliant à
Levassor-Sorval (2). La brigade Péchot se déploie
dans l'ordre de bataille (9ᵉ chasseurs, 4ᵉ et 10ᵉ de
ligne) à 300 mètres en avant du chemin de
Saint-Privat à Amanvillers, la droite à Jérusalem ;
la brigade Leroy de Dais (12ᵉ et 100ᵉ) se place à
l'est de ce même chemin (3). A la division La
Font de Villiers, la brigade de Sonnay (75ᵉ et 91ᵉ)
occupe à peu près tout l'espace compris entre
Roncourt et Saint-Privat ; puis elle s'avance en
échelons, la gauche en avant, en restant liée avec
le bataillon du 75ᵉ qui occupe les crêtes près de
Roncourt et appuyée en arrière par deux bataillons du 9ᵉ, de la division Bisson (4). La brigade

(1) Rapport du lieutenant-colonel de Montluisant, 20 août ;
Metz, III, 269.

(2) Rapport du maréchal Canrobert.

(3) Rapport du général Tixier, 21 août ; Historique manuscrit
du 10ᵉ de ligne ; *Metz*, III, 269. — Le Iᵉʳ bataillon du 12ᵉ est
détaché à Saint-Privat à la garde du quartier général.

(4) Moins trois compagnies chargées d'occuper Saint-Privat.

Colin, d'abord formée au nord de la route de Briey, à 300 mètres à l'ouest de Saint-Privat, envoie ensuite le 94ᵉ à Sainte-Marie-aux-Chênes (1) et répartit le 93ᵉ le long de la grande route, un bataillon tenant la lisière occidentale de Saint-Privat (2).

Tout en maintenant la droite du 6ᵉ corps orientée vers le nord-ouest en prévision du débouché de l'ennemi par Auboué et Montois, Canrobert s'est proposé d'organiser, face à Habonville, ce qu'on appelait alors « une nouvelle ligne de bataille ». Très solidement constituée au sud de Saint-Privat, cette ligne présente à Sainte-Marie un saillant prononcé, très exposé à des attaques concentriques (3).

Quelques instants après le commencement de la canonnade à Vernéville, Canrobert envoie à Bazaine le lieutenant de Bellegarde porteur d'un message faisant connaître qu'une « attaque sérieuse » se dessine et demandant des renforts et des munitions d'artillerie (4). Vers une heure et demie, il reçoit la lettre écrite par Bazaine à 10 heures du matin (5) : le commandant en chef

(1) Le 3ᵉ est appelé à Saint-Privat.
(2) Rapports du général de Sonnay, 20 août ; du colonel Ganzin, 21 août.
(3) *Metz*, III, 275.
(4) *Procès Bazaine*, Dépositions du maréchal Canrobert, 224, et du capitaine de Bellegarde, 277.
(5) Voir *suprà*, p. 201.

recommande vaguement de tenir à Saint-Privat et vise « aussi un changement de front pour occuper les positions en arrière (1)... » Aucune mission nette ne ressort de ce document; d'ailleurs, à ce moment, la lutte a pris toute son intensité.

*
* *

Parvenu à Doncourt, le prince de Würtemberg a reçu vers 11 heures l'ordre de Frédéric-Charles appelant la Garde à Vernéville, en soutien du IXe corps. Mais les informations reçues établissant que nos positions s'étendent au nord d'Amanvillers, il n'hésite pas à modifier cette prescription, en tenant compte de la situation nouvelle. La 2e division se portera sur Vernéville, mais la 1re marchera par Jouaville sur Habonville. Vers midi, le prince de Würtemberg reçoit le nouvel ordre de Frédéric-Charles, expédié de Vionville à 11 heures et demie : les dispositions prises, concordant dans l'ensemble avec les prescriptions édictées, sont maintenues. D'ailleurs Frédéric-Charles apprenant la présence de forces françaises importantes à Saint-Privat et à Sainte-Marie, dirige également la 2e division sur Habonville (2).

Il est midi 45 quand la 1re division, von Pape,

(1) Voir *suprà*, p. 201.
(2) *Historique du grand État-major prussien*, VI, **672**.

arrive au sud de cette localité. La situation de
l'adversaire étant mieux connue à ce moment,
on espère, en appuyant plus au nord, trouver
« un meilleur point d'attaque (5) ». Von Pape
installe donc ses quatre batteries au sud-ouest
du village, puis au sud de Saint-Ail; à leur gauche
s'établissent, vers une heure, cinq batteries de l'artillerie de corps, tandis que l'infanterie marche
sur Sainte-Marie. A part un bataillon laissé à
Habonville et un autre à Saint-Ail pour encadrer
l'artillerie, l'avant-garde se déploie tout entière
devant Sainte-Marie que vient d'occuper le colonel de Geslin avec le 94ᵉ de ligne. L'intention de
von Pape est de s'abstenir, pour le moment,
d'une offensive sérieuse; d'ailleurs le prince de
Würtemberg lui donne « l'ordre formel de surseoir à l'attaque de Sainte-Marie, jusqu'à l'entrée
en ligne du XIIᵉ corps (1) ». Contrairement à ces
instructions, une fusillade s'engage bientôt entre
l'avant-garde prussienne et les tirailleurs du 94ᵉ.
Von Pape fait alors diriger sur Sainte-Marie le feu
des dix pièces de gauche de l'artillerie de corps
et réclame l'aide des batteries de la 24ᵉ division
saxonne, qui arrivent précisément à l'ouest du
village.

De Jarny, en effet, où le XIIᵉ corps est rassemblé à 11 h. 30 du matin, le prince royal de

---

(1) *Historique du grand État-major prussien*, VI, 711.
(2) *Ibid.*, VI, 716.

Saxe a résolu, de sa propre initiative, de marcher dans la direction du nord-est. Une avant-garde, aux ordres du général von Craushaar, gagne, par les deux rives de l'Orne, Valleroy et Moineville. A la 23ᵉ division, la 45ᵉ brigade se porte par Tichémont sur le bois de Fleury; la 46ᵉ, d'abord maintenue à Jarny, suit bientôt la 45ᵉ. La 24ᵉ division se dirige sur Sainte-Marie par Jouaville et Batilly; l'artillerie de corps marche sur Giraumont-en-Jarnisy. Lorsque survient l'ordre de Frédéric-Charles, expédié à 11 h. 45 et prescrivant au XIIᵉ corps de se porter sur Sainte-Marie, le prince de Saxe n'a que quelques dispositions complémentaires à prendre pour en assurer l'exécution (1).

A 2 heures de l'après-midi, la tête de colonne de la 24ᵉ division atteint Batilly; celle de la 23ᵉ est à un kilomètre environ à l'ouest; l'avant-garde de la vallée de l'Orne entre à Coinville. Du mamelon 273, entre Jouaville et Batilly, le prince de Saxe aperçoit sur les hauteurs de Saint-Privat des nuages de fumée indiquant que notre droite s'étend au moins jusque-là. D'après les renseignements de la cavalerie, la vallée de l'Orne est libre, mais Roncourt est occupé. Enfin le capitaine von Planitz, avec une patrouille saxonne, a vu des masses sur la crête de Saint-Privat à Ron-

_____

(1) *Historique du grand État-major prussien*, VI, 669.

court. A son avis, le long glacis découvert qui
s'étend à l'ouest rendrait l'attaque directe très
difficile. Le prince de Saxe prend aussitôt le parti
de tourner la position et d'envelopper notre
droite. Inspiration des plus heureuses, dont les
conséquences seront décisives, mais qui présente
une lacune par l'omission de l'attaque de front
destinée à maintenir l'adversaire (1).

Tandis que la 24ᵉ division, passant à l'est de
Batilly, se porte sur Sainte-Marie, la 23ᵉ est dirigée, par Coinville et les bois à l'est d'Auboué, sur
Roncourt. Vers 2 h. 15, la 47ᵉ brigade, cheminant
dans le ravin au nord-est de Batilly, dépasse la
division von Pape qui s'y rassemble, et se forme
ensuite à l'ouest de Sainte-Marie. Trois batteries
ouvrent le feu sur le village, de concert avec les
dix pièces de la Garde ; l'artillerie de corps intervient à son tour sur la crête au nord du bois de
Batilly ; enfin trois batteries de la 23ᵉ division
entrent également en ligne. Ainsi quinze bataillons vont attaquer Sainte-Marie, avec l'appui de
quatre-vingt-huit pièces qui criblent d'obus le village occupé par moins d'un régiment (2). Le 94ᵉ

(1) Von Schimpff, *Das XII. Corps im Kriege* 1870-1871 (*Metz*,
III, 283).
(2) *Historique du grand État-major prussien*, VI, 719-721.
— « Nous fûmes écrasés de projectiles » (Rapport du colonel de
Geslin, 20 août). — Le 94ᵉ comptait 1 454 hommes seulement
présents sous les armes (Le général de Geslin au ministre de la
Guerre, (?) janvier 1900).

n'a d'autre soutien que les feux de quelques compagnies du 93ᵉ accourues à 1 000 mètres environ à l'ouest de Saint-Privat.

Ni l'énorme disproportion des forces, ni les incendies ne déconcertent les défenseurs qui opposent une résistance énergique. A 3 heures, deux attaques simultanées se produisent : quatre bataillons de la Garde s'avancent au sud, sept bataillons de la 47ᵉ brigade saxonne à l'ouest. Les compagnies de réserve du 94ᵉ se sont portées sur la ligne de combat, produisant ainsi un redoublement d'intensité dans le tir. Cependant cette lutte inégale ne peut durer longtemps. Menacé d'être enveloppé, le colonel de Geslin ordonne la retraite et, vers 3 h. 30, au moment où les Allemands donnent l'assaut, le village est presque entièrement évacué. Sous la protection de trois compagnies moins éprouvées, et grâce à un mouvement offensif de deux bataillons du 91ᵉ, qui se portent en avant sur la route de Saint-Privat à Sainte-Marie, ce qui reste du 94ᵉ peut se replier sur Roncourt sans être inquiété, mais en laissant aux mains de l'ennemi environ 200 prisonniers qui se sont attardés à la défense des maisons (1).

Durant ces événements, la lutte s'est poursuivie avec violence entre les deux artilleries opposées. Aux vingt-deux batteries allemandes en ligne au

(1) Rapport du colonel de Geslin, **20** août; *Historique du grand État-major prussien*, VI, **723-724**; *Metz*, III, **287-289**.

nord d'Habonville ne répondent plus que dix batteries du 6° corps; encore celles-ci ne tirent-elles plus que par intermitences pour ménager leurs obus (1). Désormais l'artillerie allemande est à peu près maîtresse du champ de bataille, tant en face de Saint-Privat qu'au nord-est de Verné-ville. Pénétré de la gravité de la situation, Can-robert envoie à Bazaine, dès 2 heures, un nouvel officier, le capitaine de Chalus, chargé de de-mander instamment l'envoi d'une colonne de munitions et d'une division d'infanterie, et de déclarer que le 6° corps tiendra Saint-Privat « tant qu'il aura des munitions (2) ». Cet appel ne devait être qu'en partie écouté : à défaut de renforts, même les munitions n'allaient arriver qu'en quantité très insuffisante, comme si l'on eût voulu rendre impossible le sacrifice auquel Can-robert et ses troupes étaient prêts à se vouer.

(1) *Metz*, III, 294-295.
(2) Instruction relative au procès Bazaine, Dépositions du ma-réchal Canrobert et du capitaine de Chalus; *Procès Bazaine*, mêmes dépositions, 224, 277.

CHAPITRE V

LE MOUVEMENT TOURNANT DES SAXONS

Nouvelles dispositions de Canrobert. — Bond en avant de l'artillerie allemande. — La *47ᵉ* brigade saxonne débouche de Sainte-Marie. — Contre-attaque de la brigade de Sonnay. — Retraite de la brigade saxonne. — L'artillerie du 6ᵉ corps à peu près éteinte. — Le mouvement tournant de la *23ᵉ* division prolongé vers le nord. — Recul des 75ᵉ et 91ᵉ de ligne. — Canrobert renforce la garnison de Saint-Privat. — Rassemblement de la Garde. — Les IIIᵉ et Xᵉ corps à Batilly et Vernéville.

Le déploiement de nombreuses batteries ennemies au nord d'Habonville et l'apparition de forces considérables d'infanterie au sud et à l'ouest de Sainte-Marie modifient les premières dispositions prises par Canrobert. Au lieu de laisser ses troupes accumulées au sud de Saint-Privat, il va concentrer tous ses moyens d'action autour de ce point d'appui. Renonçant délibérément à disputer les postes avancés, il se bornera à la défense du plateau sur lequel il a bivouaqué (1).

(1) *Metz*, III, 297.

A 2 h. 30, cinq bataillons de la division Tixier, groupés sous les ordres du général Leroy de Dais, sont ramenés à Saint-Privat, pour renforcer les unités qui occupent déjà le village (1). Deux bataillons du 12ᵉ se placent à la lisière ouest dans des jardins, derrière des haies et des murs de clôture que le génie organise défensivement. Les trois bataillons du 10ᵉ s'établissent dans la partie nord; puis, sur la demande du général La Font de Villiers, et dans le but de dégager le 94ᵉ, ils s'avancent, avec un bataillon du 12ᵉ, de quelques centaines de mètres en avant de Saint-Privat (2).

Vers 3 h. 30, au moment où l'ennemi vient de s'emparer de Sainte-Marie, onze bataillons intacts sont échelonnés sur deux lignes, entre la route de Briey et Roncourt, et appuyés par quatre batteries. Douze bataillons de la division Levassor, avec sept batteries, sont également déployés sur deux lignes au sud de la grande route; seuls quelques groupes de tirailleurs ont été engagés. Saint-Privat est occupé par vingt-cinq compagnies de quatre régiments différents, appartenant eux-mêmes à trois des divisions du 6ᵉ corps. Au sud de Jérusalem, sept bataillons de la division

---

(1) Iᵉʳ bataillon du 12ᵉ, quatre compagnies du Iᵉʳ bataillon du 93ᵉ, trois compagnies du Iᵉʳ bataillon du 94ᵉ; *Metz*, III, 298.
(2) Rapport du général Tixier, 21 août; Historiques manuscrits des 10ᵉ et 12ᵉ de ligne.

Tixier sont encore disponibles; quant à l'aile droite, elle n'a que deux bataillons en réserve près de Roncourt. Enfin, le général du Barail, avec trois régiments de cavalerie, se tient derrière la crête entre Saint-Privat et Roncourt (1). L'occupation de Sainte-Marie a fourni à l'assaillant un excellent point d'appui qui, joint à ceux de Saint-Ail et du bois de la Cusse, lui procure un front de combat solide d'où l'artillerie peut exercer en toute sécurité la suprématie qu'elle a acquise. Dès avant l'enlèvement du village, les neuf batteries de la Garde ont fait un bond vers l'est et se sont établies au sud-est de Saint-Ail sous la protection d'un bataillon du 4ᵉ grenadiers. Aussitôt après la prise de Sainte-Marie, six batteries saxonnes se portent au nord-est de cette localité, quatre en deçà de la route de Briey, deux au delà. Une septième prend position au sud-est (2). Cependant, la 47ᵉ brigade saxonne débouche de Sainte-Marie, au nord de la grande route, à la poursuite du 94ᵉ de ligne et au devant des bataillons du 6ᵉ corps apparus sur les pentes entre la chaussée et Roncourt.

Le général La Font de Villiers s'est décidé en effet à porter en avant la brigade Sonnay qui devra ensuite se rabattre à gauche, vers Sainte-Marie, afin de dégager le 94ᵉ. Le mouvement est

(1) *Metz*, III, 301.
(2) *Historique du grand État-major prussien*, VI, 725-730.

exécuté « avec un entrain remarquable », entre
la route de Briey et le chemin de Montois, par
le 91ᵉ de ligne et par deux bataillons du 75ᵉ à
sa droite, soutenus en arrière par deux bataillons du 10ᵉ, de la division Tixier, que La Font
de Villiers conduit en personne. L'une des batteries à cheval de la division du Barail appuie de
très près la marche de l'infanterie, en prenant
successivement trois positions dont la dernière
n'est pas éloignée des tirailleurs ennemis de plus
de 700 mètres. Un bataillon du 75ᵉ reste sur
place pour surveiller le débouché des bois à
l'est d'Auboué. Bientôt la situation devient critique pour les Saxons, qui ne parviennent à se
maintenir qu'au prix « de lourds sacrifices ».
Les deux batteries placées à la gauche de la ligne,
criblées de balles par le 75ᵉ, se replient d'abord
au delà de la route de Briey. Vers 4 h. 15, la
47ᵉ brigade elle-même rompt le combat pour se
rallier au nord-ouest de Sainte-Marie. Cette déli-
cate opération s'effectue sans encombre, grâce
à la cessation de notre offensive et, vers 5 heures,
les Saxons se reconstituent derrière la crête au
nord-ouest de Sainte-Marie (1).

Pendant l'exécution de cette contre-attaque,
l'artillerie de la Garde a définitivement affirmé

---

(1) Rapports du général La Font de Villiers, 21 août; du général de Sonnay, 20 août; *Metz*, III, 305; *Historique du grand
État-major prussien*, VI, 727-730.

sa supériorité sur les batteries du 6ᵉ corps qui lui tiennent encore tête : la plupart de celles-ci manquent de munitions, les autres subissent des pertes très fortes; vers 5 heures, elles disparaissent toutes, sauf cinq (1), pour se ravitailler ou se réorganiser. Au même moment, douze batteries saxonnes couronnent la crête entre Sainte-Marie et le bois d'Auboué, de sorte que, y compris l'artillerie de la Garde, vingt et une batteries sont en ligne devant le 6ᵉ corps.

*
* *

Après la prise de Sainte-Marie, le prince royal de Saxe croit distinguer de l'artillerie au nord de Roncourt, il en conclut que les positions des Français s'étendent encore au delà. Il se demande dès lors si l'ordre donné à la 23ᵉ division de se porter directement d'Auboué, à travers les bois, sur Roncourt, ne l'amènera pas encore devant le front de l'adversaire au lieu de lui faire déborder son flanc droit. Un peu avant 4 heures, il prescrit donc à cette division « de s'élever plus au nord... afin d'arriver réellement au mouvement tournant projeté (2) ». La 48ᵉ brigade est mise à

_____

(1) Les trois batteries de la division La Font de Villiers, la 9ᵉ du 13ᵉ et la 6ᵉ du 19ᵉ établies, toutes les cinq, sur la crête de Saint-Privat à Roncourt (*Metz*, III, 308-309).

(2) *Historique du grand État-major prussien*, VI, 731.

sa disposition. La division de cavalerie saxonne (1) qui, du bois de Fleury, s'est portée sur Coinville, doit chercher à gagner les derrières de l'ennemi et lancer deux escadrons dans la vallée de la Moselle afin de détruire, vers Maizières, le chemin de fer et le télégraphe reliant Metz à Thionville (2).

Entre temps, la 45e brigade a atteint Auboué, où elle opère sa jonction avec la colonne qui a suivi la vallée de l'Orne (3). Un régiment occupe aussitôt le bois à l'est d'Auboué et continue ensuite sa marche sur Montois; les deux autres régiments de la 45e brigade suivent. Leurs progrès permettent à l'artillerie saxonne de venir, vers 4 h. 30, border le chemin de Sainte-Marie à Homécourt. La 48e brigade, avec deux régiments de cavalerie et deux batteries, marche d'Auboué sur Joeuf. La 46e reste à la disposition du commandant du XIIe corps (4).

Manquant d'objectif immédiat, criblées d'obus et menacées d'ailleurs d'une attaque de flanc, les compagnies de tirailleurs du 75e de ligne, engagées au nord-est de Sainte-Marie, faiblissent. Sur

(1) Réduite par divers détachements à deux régiments et une batterie.

(2) *Historique du grand État-major prussien*, VI, 732.

(3) Voir *suprà*, p. 241.

(4) *Historique du grand État-major prussien*, VI, 733. — La 47e brigade est, on le sait, rassemblée au nord-ouest et près de Sainte-Marie.

l'ordre du général La Font de Villiers, le IIe bataillon du 10e se porte à leur secours au pas de course, se déploie devant elles et leur permet ainsi de se replier en bon ordre. Plus près de la route de Briey, le 91e, sauf un bataillon, rétrograde également vers Saint-Privat jusqu'à une sorte de terrasse située à 400 mètres environ de la lisière. Au sud de la chaussée, trois compagnies du IIe bataillon du 93e dont les munitions sont épuisées, rentrent dans le village; cinq compagnies seulement de ce régiment restent face aux défenseurs de Sainte-Marie (1).

Vers 5 heures, le maréchal Canrobert a pu distinguer le mouvement enveloppant qui se prépare au nord des bois d'Auboué. Il fait appel alors aux dernières troupes dont il dispose encore; mais au lieu de les placer en échelons derrière son aile droite (2), il les accumule à Saint-Privat, où leur forte densité sera la cause de pertes considérables par le feu de l'artillerie. Le 9e bataillon de chasseurs est placé par Canrobert en personne sur la lisière ouest du village; le 4e de ligne et le IIIe bataillon du 100e sont établis au delà de la lisière nord; les deux autres bataillons du 100^e

---

(1) Rapports du lieutenant-colonel de Brem, du 75e, 20 août; du lieutenant-colonel Champion, du 91e, 20 août; du colonel Ganzin, du 93e, 20 août; Historique manuscrit du 10e de ligne; Rapport du général La Font de Villiers, 21 août; *Metz,* III, 314.

(2) « C'eût été le meilleur moyen de s'opposer offensivement à l'enveloppement qui le menaçait » (*Der 18. August 1870,* **234**).

sont rapprochés de Jérusalem, en réserve. Enfin, le Ier bataillon du 9e occupe Roncourt, le IIe est en soutien au sud (1).

Tandis que les Saxons éxécutent le mouvement tournant par Montois et Roncourt, la Garde prussienne achève d'amener ses régiments à pied d'œuvre. Vers 5 heures, la 1re division, sous les ordres du général von Pape, est groupée autour de Sainte-Marie : la 2e brigade et le bataillon de chasseurs occupant le village et ses abords immédiats; la 1re brigade, rassemblée à 1 500 mètres au sud-ouest. A la 2e division, la 3e brigade est au sud d'Habonville, en réserve du IXe corps; la 4e au nord de Saint-Ail. De nouvelles batteries sont entrées en ligne entre Habonville et Sainte-Marie, portant à trente le nombre de celles qui peuvent agir contre le 6e corps, dont l'artillerie, presque tout entière, a dû se retirer du feu (2).

Plus en arrière, le Xe corps, arrivé à Batilly à 2 h. 30, se rassemble en ce point où le rejoint, vers 5 heures, la 5e division de cavalerie. Le IIIe corps et la 6e division de cavalerie sont formés en réserve près de Vernéville. Ces nombreux escadrons demeurent inutilisés, comme d'ailleurs ceux de la Garde. Leur adjonction aux troupes chargées du mouvement tournant semble pourtant logiquement s'imposer.

(1) *Metz*, III, 315.
(2) *Historique du grand État-major prussien*, VI, 737-738.

CHAPITRE VI

ENGAGEMENT DES 2ᵉ ET 3ᵉ CORPS

Situation des 2ᵉ et 3ᵉ corps vers midi. — Steinmetz à Gravelotte dans la matinée. — Premiers mouvements de la *15ᵉ* division. — Déploiement de l'artillerie allemande. — Attaque de la *15ᵉ* division. — Lutte d'artillerie. — Combats dans le bois des Génivaux. — Le défilé de la Mance et la ferme Saint-Hubert. — Belle résistance du commandant Molière. — Prise de la ferme. — Désorganisation des assaillants. — Gœben renforce la *15ᵉ* division. — Illusions de Steinmetz. — Dispositions prises pour la poursuite des Français. — Accumulation de troupes sur la chaussée. — Tentative de la *1ʳᵉ* division de cavalerie. — Sa retraite désordonnée. — Contre-attaque de la brigade Jolivet. — La *26ᵉ* brigade aux prises avec Lapasset. — Démonstration d'une brigade du Iᵉʳ corps. — Le grand quartier général prussien à la Malmaison. — Accalmie vers 5 heures.

Vers midi, au moment où les premiers coups de canon se font entendre aux environs de Vernéville, la situation des troupes françaises déployées entre la ferme de Leipzig et Sainte-Ruffine n'a pas sensiblement changé. Les travaux commencés ont été continués, de sorte que la plus grande partie de la première ligne d'infanterie est désormais couverte soit par des tranchées-abris, soit par les fossés de la grande route au sud du Point-du-Jour. La plupart des

batteries sont protégées par des épaulements
rapides.

A l'extrême gauche, le 84ᵉ, de la brigade
Lapasset, s'est déployé sur la hauteur qui domine
Rozérieulles; dans ce village il ne reste plus que
neuf compagnies du 97ᵉ, les autres ayant été
envoyées à Sainte-Ruffine. Sur le front de la division Vergé, les compagnies de grand'garde tiennent la bande boisée du ravin de la Mance.
Entre la grande route et la pointe sud du bois
des Génivaux, les avant-postes des 80ᵉ et 60ᵉ occupent le fond de la dépression; trois compagnies
du 71ᵉ gardent le pont sur lequel le chemin de
Saint-Hubert à Vernéville franchit le ruisseau;
deux autres, du 7ᵉ de ligne et du 7ᵉ bataillon de
chasseurs, sont placées sur la lisière du bois des
Génivaux qui fait face à la Malmaison, mais le
saillant ouest du même bois qui touche au chemin de Vernéville est dégarni et, dans l'ensemble
de ces dispositions, il n'y a aucune coordination (1).

Durant toute la matinée, Steinmetz s'est tenu
près de Gravelotte, observant en personne les
mouvements des Français et, selon les instructions de Moltke, attendant, pour entrer en ligne,
que l'action soit engagée à sa gauche. Vers midi,
il dispose immédiatement de la majeure partie

(1) *Metz*, III, 323-324.

du VIIᵉ corps massé au sud-ouest du village et du VIIIᵉ rassemblé en deux groupes : *15ᵉ* division près de Villers-aux-Bois (1), *16ᵉ* division, artillerie de corps et *1ʳᵉ* division de cavalerie au sud et à l'est de Rezonville.

Aux premiers coups de canon qui, vers midi, retentissent du côté de Vernéville, indiquant le début de l'engagement du IXᵉ corps, Gœben, s'inspirant du « plan offensif général », porte la *15ᵉ* division sur Gravelotte. L'apparition des premiers éléments provoque, de la part des batteries du 2ᵉ corps, un feu très violent, « mais presque sans effet ». La division se forme dans le vallon au nord de la grande route ; le *33ᵉ* régiment occupe Gravelotte ; les quatre batteries prennent position au nord de la route de Verdun et à 500 mètres à l'ouest de celle de la Malmaison, et sont rejointes vers une heure par l'artillerie de corps (2). Un bataillon et trois escadrons couvrent la gauche à la Malmaison ; un bataillon s'établit sur le front. Steinmetz, qui n'a pas encore reçu l'ordre du grand quartier général expédié à midi, juge que le moment est venu d'engager à son tour l'action avec son artillerie. Les batteries de la *14ᵉ* division s'installent au sud-est de Gravelotte, le long du chemin d'Ars ;

(1) Cette division a rappelé, entre 10 et 11 heures, les fractions poussées dans la matinée vers Bagneux et la Malmaison.
(2) *Historique du grand État-major prussien*, VI, **740**, **748**.

celles de la *13*ᵉ prolongent, vers 1 h. 15, les deux ailes des précédentes. Quatre bataillons couvrent le front de la ligne d'artillerie du VIIᵉ corps; trois autres se tiennent à l'aile droite (1). Depuis la Malmaison jusqu'à la hauteur du sud de Gravelotte, cent huit bouches à feu couronnent donc le plateau, dirigeant leur tir contre nos batteries de Moscou et du Point-du-Jour.

Au cours de cette première action, Steinmetz a pris connaissance des instructions de Moltke, recommandant de nouveau à la Iʳᵉ armée « une attitude expectante, tout en lui laissant la faculté de faire préparer l'attaque par l'artillerie (2) ». Jusqu'alors, les dispositions prises s'accordent avec les intentions du commandement suprême, mais Steinmetz ne tardera pas à prendre une attitude tout opposée.

Le *33*ᵉ, débouchant de Gravelotte, se glisse dans le ravin de la Mance, refoule les grand'-gardes de la division Vergé, et gravit ensuite, sans être inquiété, la berge opposée. Vers 2 heures, ses tirailleurs atteignent la lisière orientale des bois de la Mance, et se trouvent en face du Point-du-Jour. Mais, dès leur apparition, ils sont accueillis par une fusillade tellement nourrie qu'il leur est impossible de pro-

---

(1) *Historique du grand. État-major prussien*, VI, 741, 743.
(2) *Ibid.*, VI, 741.

gresser. Le régiment s'établit provisoirement à
mi-côte, entre les carrières adjacentes à la route
et le Point-du-Jour (1). Peu après cette première
tentative, la *30ᵉ* brigade prend également l'offensive au nord de la grande route. Le tir des batteries françaises — particulièrement des deux batteries de 12 postées près de Moscou — redouble
d'intensité et est d'une réelle efficacité. En même
temps, les tirailleurs du IIIᵉ bataillon du 60ᵉ,
placés à la lisière de la bande boisée, ouvrent un
feu violent. Néanmoins la *30ᵉ* brigade, disposée
en échelons, gagne le bois d'un seul élan et, vers
2 h. 15, elle occupe solidement le fond du ravin
de la Mance depuis la chaussée jusqu'au point où
vient aboutir le vallon descendant de La Folie (2).

Jusqu'alors neuf batteries françaises seulement, appartenant aux 2ᵉ et 3ᵉ corps, sont en action entre Moscou et le Point-du-Jour, sur la
ligne même de combat de l'infanterie : ce n'est
qu'une faible fraction des ressources en artillerie
dont disposent les deux corps d'armée (3). Vers
2 heures, ce nombre est même réduit à huit, par
suite de la retraite d'une des batteries, puis porté
à onze par l'intervention au nord de Moscou de

(1) *Historique du grand État-major prussien*, VI, 750.
(2) Rapport du lieutenant-colonel Maucourant, 21 août; Historique manuscrit du 11ᵉ d'artillerie; *Historique du grand État-
major prussien*, VI, 753; *Metz*, III, 339.
(3) À l'ouverture du feu, trente batteries sont disponibles sur
le front Leipzig-Rozérieulles.

l'artillerie de la division Nayral (1). La lutte
d'artillerie, déjà très inégale, va bientôt tourner
en faveur des Allemands.

Désormais couverte sur son front, l'artillerie
du VIIIᵉ corps exécute, à ce moment, par échelons, un bond en avant qui l'amène à quelques
centaines de mètres à l'est de la ferme Mogador.
La batterie à cheval de la 1ʳᵉ division de cavalerie
rassemblée à l'ouest de la Malmaison s'établit à
l'extrême gauche. Sur ces entrefaites, la canonnade du 2ᵉ corps s'étant ralentie, l'artillerie du
VIIᵉ corps, renforcée de deux nouvelles batteries,
s'avance au delà du chemin d'Ars (2). A 2 h. 45,
l'artillerie de la Iʳᵉ armée développe donc, sur une
ligne presque ininterrompue de 2 500 mètres
d'étendue, cent trente-deux bouches à feu. Six
batteries françaises seulement restent en position
près de Moscou. Une batterie de mitrailleuses du
2ᵉ corps, qui tente de s'établir près du Point-du-
Jour, est, en quelques instants, criblée d'obus et
de balles, et obligée de cesser le feu. Il lui faut
le secours de l'infanterie pour se dégager (3).
Toutes les autres batteries du 2ᵉ corps engagées
jusqu'alors se sont retirées malgré des pertes insi-
gnifiantes, peut-être pour ne pas épuiser leurs
munitions « dans une lutte d'artillerie contre ar-

(1) *Metz*, III, 336, 338.
(2) *Historique du grand État-major prussien*, VI, 758, 762.
(3) Journal de marche de la 2ᵉ division du 2ᵉ corps.

tillerie » qui semble « ne devoir amener aucun
résultat décisif (1) » .

* *
*

Vers 3 heures, l'infanterie de la *15e* division
prussienne progresse lentement à l'est du ravin :
la *29e* brigade entre la route et les sablières, la *30e*
débordant déjà par sa droite Saint-Hubert tandis
que sa gauche atteint le confluent des deux ruisseaux. En avant de la ligne de résistance jalon-
née par Moscou-le-Point-du-Jour, les Français
occupent encore deux postes avancés : les grandes
carrières du Point-du-Jour où sont embusquées
quelques compagnies des 76e et 77e; la ferme
Saint-Hubert défendue par le IIe bataillon du 80e
et par deux compagnies du 85e. L'artillerie prussienne est à peu près maîtresse du champ de
bataille; ses obus incendient les bâtiments très
visibles de Moscou et du Point-du-Jour et s'abat-
tent instantanément sur toutes les troupes qui
apparaissent en formation dense (2).

Au nord de la route, le IIIe bataillon du 60e s'est
replié, vers 2 h. 15, devant les forces supérieures

----

(1) Rapport du général Gagneur (sans date). — A ce moment,
huit batteries, sur les trente dont disposent les 2e et 3e corps,
n'ont pas encore tiré un coup de canon (*Metz*, III, 357).

(2) Général DE TISSONNIÈRE, *Saint-Hubert et le Point-du-Jour*
(*Revue du Cercle militaire*, nos du 18 et du 25 janvier 1902).

de la *30e* brigade (1). Du côté des Génivaux,
les avant-postes chargés de la défense de la lisière
sud-ouest, se sont réfugiés à l'intérieur du
taillis avant d'être sérieusement attaqués. Huit
compagnies prussiennes ont donc suffi pour faire
reculer, jusque sur le ruisseau de la Mance, toute
la ligne de surveillance de la division Metman.
Un combat sous bois, avec des alternatives
diverses et sans décision, se livrera sur ce point
jusqu'à la nuit. Les forces accumulées dans le
bois des Génivaux n'auront aucune influence sur
la lutte qui se déroulera au sud. Si l'on tient
compte des unités engagées à la lisière septen-
trionale, on arrive à un total de seize bataillons
immobilisés dans ces bois, sans autre profit que
d'en interdire l'accès à l'adversaire. Un tel résultat est appréciable, sans doute, mais il eût été
possible de l'atteindre avec des effectifs bien
moindres (2).

Les six bataillons de première ligne des divisions Metman et Aymard du 3e corps ont suffi
pour arrêter l'assaillant au pied des pentes. Frossard, au contraire, a cru devoir, dès 2 heures,
renforcer son front au moyen d'un régiment de
la division Fauvart-Bastoul et du 12e bataillon de
chasseurs. Au moment de l'attaque de la *15e* division, sept bataillons sont engagés dans un combat

(1) Voir *suprà*, p. 257.
(2) *Metz*, III, 359.

de feux depuis Moscou jusqu'au Point-du-Jour et ont des vues directes sur le vallon de la ferme Saint-Hubert (1). A quelques centaines de mètres en arrière, et à l'abri de la crête, sont accumulés douze bataillons. Malheureusement, le commandement français, toujours imbu des idées de défensive presque passive, ne saura pas utiliser ces forces pour exécuter une contre-attaque qui eût réussi vraisemblablement à rejeter les Prussiens dans le ravin de la Mance. Loin de là, il laissera l'ennemi s'emparer de la ferme Saint-Hubert et s'y maintenir jusqu'à la fin de la bataille (2).

Cette ferme est située à l'issue orientale du défilé long de plus de 1 200 mètres que parcourt la route de Gravelotte à Metz. Les abords en sont difficilement accessibles : l'infanterie seule peut se mouvoir en dehors de la chaussée (3), encore est-ce sur un terrain assez difficile et coupé, à l'est du ruisseau de la Mance, de taillis et de carrières. Un peu à l'ouest de Saint-Hubert pourtant, un chemin de terre permet à la cavalerie de déboucher sur les pentes découvertes qui s'étendent au sud de la ferme. Celle-ci comprend

(1) 3ᵉ chasseurs, IIIᵉ du 23ᵉ, Iᵉʳ et IIᵉ du 32ᵉ, Iᵉʳ du 80ᵉ, Iᵉʳ du 85ᵉ, Iᵉʳ du 44ᵉ. — Six autres bataillons sont déployés au sud, le long de la route (*Metz*, III, 362).

(2) *Metz*, III, 363.

(3) Cette chaussée est en remblai entre Gravelotte et le ruisseau, puis en tranchée jusqu'à la ferme de Saint-Hubert.

une maison d'habitation à deux étages et deux granges bordant au nord la route de Verdun, une cour entourée de murs, enfin un jardin situé à l'est des bâtiments et également clos de murs. Le commandant Molière, du 80ᵉ, qui occupe la ferme avec 750 hommes environ, a résisté jusqu'alors en utilisant les feux de deux compagnies, qui ont été successivement relevées, le reste de sa troupe restant massé dans la cour et le jardin. Mais, vers 3 heures, la situation s'aggrave à chaque instant. Des forces quatre fois supérieures progressent de front et sur les deux ailes de la position, que l'artillerie crible d'obus; 300 hommes sont hors de combat; les cartouches enfin commencent à s'épuiser. Quand le commandant Molière se voit presque cerné, hors d'état de prolonger la lutte, blessé lui-même à deux reprises, il se décide à ordonner la retraite, remonte en assez bon ordre jusqu'à la voie romaine et reforme ce qui reste des défenseurs en arrière de la crête.

Au moment où le feu a presque complètement cessé, les Allemands se sont précipités sur Saint-Hubert. Dix-huit compagnies s'engouffrent dans la ferme, dans les dépendances et aux abords, constituant un mélange à peu près inextricable où les officiers restés valides s'efforcent de mettre un peu d'ordre (1). Le capitaine Lamarle,

(1) « Peu après 3 heures, il n'y a plus à Saint-Hubert une seule compagnie groupée, mais au plus quelques pelotons. Tout

atteint de deux blessures, et une quarantaine d'hommes, prévenus trop tard de la retraite, tombent entre les mains de l'assaillant. D'autres, parmi lesquels les sergents Grès et Jammet, préfèrent la mort à la captivité et se font tuer les armes à la main (1).

Tandis que se produit l'attaque de Saint-Hubert, les Allemands font de nouveaux efforts, aux deux ailes de la *15ᵉ* division. Six compagnies se sont portées des Sablières vers le Point-du-Jour, mais un feu écrasant les a forcées à regagner leur point de départ. Un pareil insuccès met fin à une tentative du *28ᵉ* à l'aile opposée pour progresser sur Moscou. Vers 3 h. 30, la *15ᵉ* division se contente de conserver le terrain conquis; elle n'est donc pas arrivée, ainsi que le prétend l'*Historique du grand État-major prussien*, « à paralyser complètement le 2ᵉ corps, ainsi qu'une grande partie du 3ᵉ, et à les mettre hors d'état de venir en aide à l'aile droite de l'armée, contre laquelle se préparait le choc principal (2)». Loin de songer à une pareille manœuvre, Frossard et Le Bœuf croient avoir tout fait en se

est pêle-mème; des monceaux de morts et de blessés augmentent encore la confusion... » (KUNZ, *Kriegsgeschichtliche Beispiele*, I, 7).

(1) Rapport du général Sanglé-Ferrière, 19 août; Historiques des 80ᵉ et 85ᵉ de ligne; *Historique du grand État-major prussien*, VI, 766; *Metz*, III, 368.

(2) *Historique du grand État-major prussien*, VI, **769**.

maintenant sur leurs positions. Des abords de
Moscou, le Ier bataillon du 44e fusille l'infanterie
prussienne entassée dans le jardin de Saint-
Hubert. Plus au sud, des fractions du 85e, du 80e,
du 32e et du 23e criblent de balles les groupes
ennemis qui se montrent en avant de la ferme.
Mais à cela se borne l'action de l'infanterie française : les nombreux bataillons massés à quelques
centaines de mètres en arrière de la ligne de
combat demeurent immobiles, alors qu'un retour
offensif, vigoureusement mené, eût sans doute
chassé de Saint-Hubert la cohue désorganisée
qui vient de l'occuper (1).

*
* *

Vers 3 heures, les troupes de la 15e division,
très éprouvées et engagées dans une lutte très
meurtrière, sont à peu près démunies de réserves.
Gœben, qui se tient près de Gravelotte, juge
nécessaire de les renforcer au moyen de l'artillerie et d'une brigade, la 31e, de la 16e division. Les
trois quarts de l'infanterie du VIIIe corps vont
donc être sérieusement engagés, contrairement
aux prescriptions de Moltke. Partant de Mogador, la brigade s'avance vers l'est : le 29e régiment suivant la grande route, le 69e marchant

(1) *Metz*, III, 370.

au nord et détachant six compagnies vers le confluent des deux ruisseaux. Sur l'ordre de Steinmetz, d'autres troupes s'acheminent encore vers
le ravin de la Mance. D'après un rapport du
général von Wedell, il apparaît que « dans l'état
actuel de la lutte, un mouvement qui déborde-
rait la gauche française aurait pour conséquence
de rendre les Allemands maîtres des hauteurs
opposées (1) ». Cette appréciation corrobore les
observations personnelles de Steinmetz : le feu
de l'artillerie française est sensiblement moins
vif ; certaines batteries ont commencé à se retirer (2) ; les fermes du Point-du-Jour et de Moscou sont en flammes ; sur toute la ligne, Steinmetz croit voir « l'infanterie prussienne se porter
impétueusement en avant, et les troupes françaises s'égrener devant elles et regagner la crête
par groupes épars (3)... ». De la retraite de nos
bataillons d'avant-postes et de celle des défenseurs de Saint-Hubert, Steinmetz conclut à un
« grand ébranlement chez l'adversaire » et se per-
suade qu'une nouvelle poussée contre son front
et son flanc fixera la victoire sur cette partie du
champ de bataille (4).

(1) *Historique du grand État-major prussien*, VI, 772.
(2) Le feu de l'artillerie française est complètement éteint sur
le front du 2e corps ; cinq batteries du 3e corps tirent encore
par intermittences *(Metz*, III, 377).
(3) *Historique du grand État-major prussien*, VI, 772.
(4) Hœnig fait remarquer que, des mêmes événements, Stein-

Steinmetz arrête aussitôt ses dispositions. Le général Hartmann, avec la *1*re division de cavalerie, franchira le défilé de Gravelotte; son régiment d'avant-garde passera en arrière de Saint-Hubert, obliquera vers la gauche dans la direction de Moscou pour se jeter sur l'ennemi « qui est en train de battre en retraite »; toutefois il ne dépassera pas les glacis de Metz. Toute la division suivra ce régiment. La *26*e brigade se portera d'Ars sur Vaux, avec mission d'opérer contre l'extrême gauche ennemie. L'artillerie du VII*e corps, enfin, franchira le défilé et s'établira à l'est du ravin, sur les hauteurs au sud de la route; la *27*e brigade, chargée de la couvrir, s'avancera de Gravelotte jusqu'à la lisière du bois (1). Ces dispositions extravagantes qui, selon une juste expression, resteront « célèbres dans l'histoire militaire (2) », ne sauraient nullement convenir à une attaque. Tout au plus s'appliqueraient-elles à un ennemi en déroute; au reste, elles jetaient la cavalerie non point vers les glacis de Metz, mais dans l'im-

---

metz et Gœben tiraient des conclusions absolument opposées (*loc. cit.*, 206).

(1) JUNCK, *Die 1. Kavallerie Division im Kriege 1870-1871* (*Metz*, III, 370). — L'*Historique de l'État-major prussien* donne de ces ordres une analyse très succincte, et ne reproduit pas la recommandation au moins superflue de ne pas dépasser les glacis de la forteresse.

(2) Fritz HOENIG, *loc. cit.*, 211.

praticable ravin de Châtel. Dans les circonstances présentes, en face d'un adversaire à peu
près intact, elles ne pouvaient aboutir qu'à un
désastre.

Des tranchées françaises, on a discerné les
préparatifs de ce nouvel effort. Quelques pièces
disponibles sont remises en position pour appuyer l'infanterie demeurée inébranlable sous les
feux de l'artillerie prussienne. Sur toute la ligne
de combat on s'apprête à bien recevoir l'ennemi.
Les premières fractions du 29e sont déjà parvenues à hauteur des carrières de Saint-Hubert,
quand les batteries du VIIe corps arrivent au trot,
par la route de Gravelotte, et pénètrent dans le
défilé en s'ouvrant un passage au travers des
rangs de l'infanterie. Seules, les quatres batteries
de tête peuvent dépasser le 29e et gagner le versant opposé ; derrière elles la division de cavalerie Hartmann s'est intercalée dans la colonne,
obstruant ainsi le passage pour un temps très
long. Le désordre résultant de l'accumulation
de toutes ces troupes sur la chaussée et aux
abords immédiats augmente encore à l'arrivée
par la droite des 9e et 15e hussards qui, formés
par trois, doublent la colonne et parviennent
à hauteur des régiments de cuirassiers de la
1re division. « Il se produisit alors, au milieu de
ces trente-deux escadrons enchevétrés les uns
dans les autres, une confusion prodigieuse.

C'était le chaos dans la *direction*, dans la destination propre et le mode d'emploi des différentes
armes, dans les conceptions tactiques, dans la
manière d'apprécier les événements antérieurs.
Comment une entreprise débutant ainsi aurait-
elle pu avoir une heureuse issue, même dans les
circonstances les plus favorables (1) ! »

A peine les premières pièces se montrent-elles,
que le feu reprend sur notre front avec une terrible intensité. Les bataillons français déployés
de part et d'autre du coude de la grande route (2)
et les batteries de mitrailleuses des divisions
Metman et Aymard font pleuvoir une grêle de
balles sur ces nouveaux assaillants. Deux capitaines commandants sont blessés, l'un mortellement. Dès les premiers coups de canon, une
batterie prussienne est « dans une situation désespérée » et contrainte de se retirer non sans
« les plus extrêmes efforts ». Une autre ne peut
même pas se déployer et rétrograde vers le ravin.
Deux batteries seulement peuvent se maintenir
non loin de Saint-Hubert et lutter contre l'artillerie française des environs de Moscou, mais c'est
au prix de pertes très lourdes (3).

Le 4ᵉ uhlans, qui marche en tête de la division

---

(1) Fritz HOENIG, *loc. cit.*, 210, 213.
(2) Au nord de la chaussée : Iᵉʳ du 85ᵉ, Iᵉʳ du 80ᵉ; au sud :
Iᵉʳ et IIᵉ du 32ᵉ, IIIᵉ du 23ᵉ, 3ᵉ et 12ᵉ bataillons de chasseurs.
(3) *Historique du grand État-major prussien*, VI, 775-777.

Hartmann, a réussi, après mille difficultés, à déboucher du défilé encombré de troupes de toutes armes. Il prend le galop et se déploie à droite de l'une des batteries, face au Point-du-Jour. Aucune occasion ne s'offrant pour exécuter la charge prescrite, le régiment reste sur place pendant quelques instants ; puis, décimé par le feu, il redescend dans le ravin de la Mance. Le reste de la division n'atteint même pas la sortie est du défilé. Hartmann a pu se convaincre en effet de l'impossibilité de faire agir des masses de cavalerie sur le plateau du Point-du-Jour. Afin d'éviter d'inutiles sacrifices, il fait sonner *demi-tour* : c'est le début d'un immense désarroi (1). « Dans cette masse terriblement enchevêtrée, du plateau descendent au galop des avant-trains dont les attelages, en partie blessés, se sont emportés. Le 29ᵉ tente de se dégager, mais est mis dans la plus mauvaise posture... Que l'on ajoute à cela un nuage de poussière considérable, si épais que l'on peut à peine distinguer ses mains, puis le feu meurtrier des Français qui tirent sur cet amas fortement pressé d'hommes et de chevaux. On se heurte, on s'entre-croise, on crie, on gémit. A peine peut-on se faire une idée de cette scène. Soudain l'on entend, venant de l'arrière, du côté de Gravelotte, le signal *demi-tour*, et cette masse

(1) Fritz HŒNIG, *loc. cit.*, 222.

de cavaliers disparaît du côté d'où elle est venue (1)... » Il est 3 h. 45 environ.

Tel fut, dans cette folle entreprise, le sort de l'artillerie et de la cavalerie. L'infanterie n'eut guère un destin meilleur. Des tranchées françaises qui couronnent la crête du Point-du-Jour, surgissent tout à coup des bandes de tirailleurs qui s'avancent très rapidement. Le général Jolivet a remarqué l'arrivée des troupes fraîches ennemies : ce sont les trois bataillons du 39ᵉ, qui se sont arrêtés au sud de la route, à 150 mètres environ des bois (2). Afin de prévenir une nouvelle attaque qu'il pressent imminente, Jolivet fait entrer en ligne deux bataillons du 76ᵉ, qui se déploient sur la chaussée à la gauche du 3ᵉ bataillon de chasseurs, doublant ainsi deux bataillons du 55ᵉ. Peu après, il observe le mouvement offensif de fractions du 33ᵉ vers la partie méridionale des grandes carrières. Pour séparer ces deux groupes d'assaillants, Jolivet jette en avant le Iᵉʳ bataillon du 76ᵉ que deux ou trois compagnies du 55ᵉ, entraînées par l'exemple, appuient aussitôt sur sa droite. Enfin une compagnie du 77ᵉ, embusquée dans le voisinage du coude de la grande route, charge à la baïonnette, bientôt suivie de deux autres, du même régiment. Les fractions du 33ᵉ, arrivées aux carrières, s'enfuient

(1) Kunz, *loc. cit.*, I, 10.
(2) Le *39ᵉ* appartient à la division Kameke, du VIIᵉ corps.

vers le bois, fusillées d'ailleurs par les tirailleurs du *60ᵉ* qui confondent amis et ennemis. Trois compagnies de ce dernier régiment sont également rejetées dans le ravin de la Mance. Déjà les balles pleuvent autour du point d'observation de Steinmetz, à l'est de Gravelotte, et il faut l'intervention du *39ᵉ* pour arrêter notre contre-attaque.

Bien que, malheureusement, cette offensive ait été isolée, elle met un terme aux tentatives des troupes prussiennes pour prendre pied sur le plateau du Point-du-Jour. La *31ᵉ* brigade échoue de même dans tous ses efforts pour gagner du terrain soit à l'est de Saint-Hubert, soit vers Moscou. Vers 5 heures, elle est éparpillée sur tout le front de la *30ᵉ*, sans avoir produit un notable changement dans la situation. Ses pertes sont considérables en face de la pauvreté du résultat. Une des batteries du VIIᵉ corps, aventurées vers Saint-Hubert, se replie, à bout de forces, dans le ravin de la Mance; l'autre reste seule en action derrière les jardins de la ferme. En face, vers Moscou, cinq batteries françaises tirent encore par intermittences toutes les fois que le ralentissement des feux de la puissante ligne d'artillerie du plateau de Gravelotte permet aux servants de sortir de leurs abris (1).

(1) *Historique du grand État-major prussien*, VI, 779-780; Kunz, *loc. cit.*, I, 10; Journal de marche de la brigade Jolivet;

A l'extrême gauche de notre ligne, la brigade
Lapasset est toujours rassemblée vers 4 heures
sur l'éperon au nord-ouest de Rozérieulles,
tenant par ses postes avancés Sainte-Ruffine et le
bois du Peuplier au nord de Vaux. En face d'elle,
la brigade von der Goltz (1), laissée le matin à Ars
pour observer la vallée de la Moselle (2), a reçu,
vers 3 h. 30, l'ordre de se porter sur Vaux « pour
opérer contre l'extrême gauche ennemie ». Une
demi-heure après, elle se met en marche. Dès la
sortie d'Ars, la colonne subit le feu de deux batteries de la réserve générale que Bazaine a fait
placer sur le rebord méridional du plateau du
Saint-Quentin (3). Tandis que deux bataillons
prussiens, traversant Vaux, gravissent les pentes
au nord et s'emparent du bois du Peuplier, le
gros de la brigade chasse de Jussy une compagnie du 84e. Von der Goltz ne peut progresser au
delà sous les feux du 97e, d'une section d'artillerie
de la Garde installée à Sainte-Ruffine et de trois
batteries occupant la croupe au nord-ouest de
Rozérieulles. Il se contente de ce mince résultat

Historique manuscrit du 76e; *Metz,* III, 390, 397. — La batterie prussienne obligée de se retirer a perdu presque tous ses
servants; c'est à peine s'il lui reste assez d'hommes valides pour
servir une pièce.

(1) *26e* brigade, du VIIe corps.

(2) Vers une heure, les pièces de gros calibre du Saint-Quentin
ont lancé quelques projectiles sur les fractions avancées de la
brigade. Le résultat est insignifiant.

(3) Historique des 5e et 8e batteries du 13e.

qui facilite, il est vrai, aux troupes allemandes
le débouché du bois de Vaux et couvre vers Metz
les communications de la Ire armée. Une brigade
mixte du Ier corps, envoyée par Manteuffel de
Courcelles-sur-Nied vers Vaux, débouche d'Augny
à 4 h. 30 et établit à la ferme Orly une batterie
qui tire sur Sainte-Ruffine sans grande efficacité.
Deux heures plus tard, un bataillon occupe Tour-
nebride et, malgré le feu du fort Saint-Quentin,
pousse une compagnie sur la Maison-Rouge (1).
Ainsi se termine la faible diversion tentée par
les Allemands à notre extrême gauche : elle a
pour effet incontestable d'attirer de ce côté l'attention de Bazaine qui va craindre, comme
l'avant-veille, d'être coupé de Metz.

Le roi Guillaume et Moltke sont arrivés à la
Malmaison vers 4 heures. Au lieu du succès an-
noncé par Steinmetz (2) et déjà escompté par le
grand quartier général, ils assistent à la débâcle
du défilé de la Mance. Aux termes d'un message
du commandant de la Ire armée, qui parvient au
roi une demi-heure plus tard, « le combat sur le
front est indécis et, pour remporter ici un succès,
une attaque vigoureuse contre l'aile droite ennemie est nécessaire (3) ». Steinmetz, accouru

(1) *Historique du grand État-major prussien*, VI, 792-797.
(2) « Contrairement à ce que l'on attendait... » (*Historique du
grand État-major prussien*, VI, 787).
(3) Fritz Hoenig, *loc. cit.*, 243.

pour faire son rapport au roi, est très mal
accueilli. Tous deux s'étant mis à l'écart, leur
entretien ne put être surpris; mais, « par la viva-
cité de ses gestes et la gravité de ses traits lorsqu'il quitta Steinmetz, les spectateurs conclurent
que le roi lui avait exprimé son mécontentement
au sujet des mesures prises antérieurement et
surtout au sujet de l'attaque prématurée de la
Ire armée (1) » .

Vers 5 heures, l'attaque de Steinmetz et de
Gœben sur le Point-du-Jour est frappée définitivement d'impuissance : la ferme résistance de
nos troupes a suffi pour briser l'effort de l'assaillant. Une accalmie se produit sur ce point du
champ de bataille comme sur le front de la
IIe armée : elle résulte à la fois des tentatives infructueuses des Allemands et de l'immobilité
persistante des Français; les uns ne peuvent
plus avancer sans renforts, les autres sont rivés
sur leurs positions, faute de l'esprit offensif qui
leur a valu jadis tant de victoires (2).

(1) Fritz HOENIG, *loc. cit.*, 269.
(2) Rien ne permet d'affirmer, comme l'a écrit l'état-major
prussien, que « les Français s'abstinrent de prendre l'offensive
par crainte d'une contre-attaque de flanc partant du bois de Vaux
et par suite de la supériorité de l'artillerie allemande » (*Der 18.
August 1870*, 289).

CHAPITRE VII

INERTIE DE BAZAINE

Bazaine prévenu de l'importance de l'action. — Le capitaine de
Bellegarde. — Mouvements de la Garde. — Mission du capitaine de Chalus. — Bazaine au mont Saint-Quentin. — Rapports du commandant Guioth. — La division Forton se
replie sur le Ban Saint-Martin. — Préoccupations de Bazaine
pour sa gauche. — Faibles probabilités d'une attaque sérieuse
sur ce point. — Bazaine sur les hauteurs de Plappeville. —
Ordre verbal confié au commandant de Beaumont. — Retour
de Bazaine à son quartier général. — Télégramme à l'empereur.

Dès le commencement de l'action le commandant en chef n'a pu méconnaître l'importance de
la lutte tragique qui se déroule. Si la direction
du vent et la configuration du terrain assourdis-
sent peut-être la canonnade (1), par contre des
renseignements précis parviennent au quartier

_____

(1) *Procès Bazaine*, Déposition du lieutenant-colonel Fay,
258 : « ... C'est étrange à dire, mais, par suite de la direction du
vent ou en raison de la disposition des lieux, nous n'entendions
rien. » Le colonel d'Andlau déclare au contraire (*loc. cit.*, 86)
que l'on entendait « l'effroyable canonnade ». — Jarras dit
que « l'on n'entendait que par intermittence et même très faiblement le canon de la bataille » (*loc. cit.*, 126).

général (1). Jarras donne l'ordre de seller et se rend auprès du maréchal, convaincu qu'il le trouvera prêt à partir. Mais Bazaine le renvoie, l'invitant « à prendre patience, et... recommandant de pousser avec la plus grande activité un travail d'avancement... impatiemment attendu dans toute l'armée (2) ». Il répète à tout instant que cette affaire ne peut être sérieuse et, pendant la journée entière, il s'attachera obstinément à cette opinion, peut-être pour se dispenser de faire acte de commandant en chef, peut-être aussi parce qu'un insuccès justifierait, aux yeux de tous, la retraite définitive sous Metz à laquelle il est déjà résolu (3).

Entre une heure et 2 heures se présente le lieutenant de Bellegarde chargé par Canrobert de demander des secours en hommes et en munitions : « Vous direz au maréchal Canrobert, répond Bazaine, que je donne l'ordre au général Bourbaki de lui envoyer une division de la Garde pour le cas où l'attaque dont il est l'objet deviendrait plus sérieuse ; que j'envoie aussi l'ordre au général Soleille de lui envoyer une batterie de 12 (4)... » Deux batteries de ce calibre — au lieu d'une — sont dirigées sur Saint-Privat, mais

---

(1) *Procès Bazaine,* Déposition du colonel Lewal, **275** ; maréchal BAZAINE, *Épisodes,* 104. — Voir *suprà,* p. **195.**
(2) Général JARRAS, *loc. cit.,* **122-123.**
(3) Cf. colonel d'ANDLAU, *loc. cit.,* 99 ; *Metz,* III, **397.**
(4) *Procès Bazaine,* Déposition du capitaine de Bellegarde, **277.**

elles ne partent du mont Saint-Quentin qu'entre 3 et 4 heures de l'après-midi et n'arriveront à destination que vers 6 heures (1). Le commandant Abraham est chargé en outre d'amener à Canrobert vingt caissons de munitions, mais le convoi ne quitte Plappeville qu'à 5 heures et n'atteint les environs d'Amanvillers qu'après 6 heures (2).

Quant à la division de la Garde annoncée, elle ne rejoindra pas Canrobert de la journée. Dans la matinée, Bazaine a prescrit à Bourbaki de porter une brigade sur l'éperon au nord-ouest de Châtel. Le général Brincourt s'y établit à une heure avec les 1er et 2e voltigeurs et la compagnie du génie divisionnaire; il n'interviendra pas dans la lutte (3). L'autre brigade de la division Deligny est maintenue au mont Saint-Quentin; elle détachera, un peu plus tard, le 3e voltigeurs qui se placera au nord-est de Moscou derrière la division Aymard (4). Le commandant de la Garde ne dispose donc plus, en fait d'infanterie, que de la division Picard. Apprenant, vers une heure et demie, que Canrobert est attaqué à Saint-Privat, Bourbaki consigne toutes ses troupes dans

(1) Rapport du commandant de Contamine, 19 août.
(2) *Procès Bazaine*, Déposition du commandant Abraham, 280; Note du commandant Maignien, 19 août; Journal du général Soleille; *Metz*, III, 400.
(3) *Procès Bazaine*, Déposition du général Bourbaki, 234.
(4) Journal de la brigade Garnier; Historique du 3e voltigeurs.

leurs camps, puis se dirige vers le plateau de la ferme Saint-Vincent. Du Gros-Chêne, à l'est de La Folie, il aperçoit de grands nuages de fumée qui ne lui laissent aucun doute sur l'importance de l'action engagée. Dépourvu de toute indication sur le rôle qui lui est réservé (1), Bourbaki juge nécessaire de rapprocher d'Amanvillers la division Picard. Il en rend compte à Bazaine et lui fait part « des inquiétudes qu'il est permis de concevoir du côté des routes de Briey et de Thionville (2) ». En même temps, il envoie le commandant de Beaumont au Saint-Quentin avec mission de « voir si l'ennemi ne fait pas de progrès le long des rives de la Moselle, dans la direction des villages de Vaux et de Sainte-Ruffine (3) ».

Laissant les tentes dressées, la division de grenadiers s'est mise en marche et vient se déployer vers 4 heures sur le plateau de la ferme Saint-Vincent. Bourbaki la fait avancer un peu plus

(1) Vers 10 heures du matin, le capitaine de Mornay-Soult, aide de camp de Bazaine, a communiqué à Bourbaki, de la part du commandant en chef, un billet dans lequel Le Bœuf annonce un engagement sérieux imminent. Bourbaki demande à Mornay-Soult quels sont les ordres de Bazaine. L'aide de camp répond : « M. le maréchal vous laisse libre » (*Procès Bazaine*, Déposition du général Bourbaki, 233).

(2) Instruction relative au procès Bazaine, Déposition du général Bourbaki.

(3) Conseil d'enquête sur les capitulations, Déposition du commandant de Beaumont.

dans la direction d'Amanvillers « afin de la rapprocher des troupes qu'elle pourrait être appelée
à soutenir (1) » ; il envoie ensuite vers Saulny un
de ses aides de camp, accompagné de quelques
dragons, avec mission de s'assurer si l'ennemi
menace « de tourner notre extrême droite par les
routes de Briey et de Thionville (2) ».

Ainsi, dès 4 heures de l'après-midi, une division entière est rassemblée à moins de quatre
kilomètres de Saint-Privat. On ne saura malheureusement tirer aucun parti de l'heureuse initiative du commandant de la Garde (3).

*
* *

A Plappeville, Bazaine attend avec une indifférence, une sérénité et une inconscience complètes l'issue d'événements qu'il ne veut prévoir
ni diriger. De nouveaux messages lui montrent
pourtant, à n'en pas douter, l'importance de
l'action. Vers 3 heures, arrive un billet de Le
Bœuf : « Attaque sur toute la ligne par l'artillerie,
qui est nombreuse. Nous tenons bien ; je suis
tranquille. » Peu après, le capitaine de Chalus
sollicite, de la part de Canrobert, « de presser
l'envoi d'une colonne de munitions et d'une

(1) Note du général Bourbaki.
(2) *Ibid.*
(3) *Metz*, III, 400-405.

division d'infanterie, déjà demandées l'une et
l'autre ». Chalus explique à Bazaine comment
s'est produite l'attaque contre le 6ᵉ corps dont
la situation, à son départ de Saint-Privat, « com-
mençait à donner de graves inquiétudes ». Sans
paraître se préoccuper davantage de cette information, Bazaine répond que la colonne de munitions demandée est « déjà partie », et qu'il va
faire hâter le départ de la division d'infanterie.
En réalité, aucun ordre n'est envoyé à la Garde,
et Chalus ne peut obtenir que quatre caissons (1).
Selon d'Andlau, Bazaine se contente de répondre
à d'autres officiers qui viennent le prévenir de ce
qui se passe à une ou deux lieues de son quartier
général : « C'est bien : votre général a de très
fortes positions ; qu'il les défende (2) !... »

Après le départ de Chalus, entre 3 heures et
demie et 4 heures, Bazaine se décide enfin à
monter à cheval, mais il ne se dirige ni vers les
positions de Canrobert, ni même vers celles de Le
Bœuf, dont les rapports auraient dû, à juste titre,
lui inspirer certaines inquiétudes. Il se rend

---

(1) Instruction relative au procès Bazaine, Déposition du capitaine de Chalus. — D'après ce même officier, Bazaine aurait
reçu à ce moment « un petit mot d'un général de division...
dans lequel il était dit que tout allait bien à la droite du 6ᵉ corps »
(*Ibid.*). — Chalus n'a pas pu préciser le nom du général en
question (*Procès Bazaine*, Déposition du capitaine de Chalus,
277).

(2) Colonel D'ANDLAU, *loc. cit.*, 87.

sur le mont Saint-Quentin où il s'intéresse au tir d'une section de 12 que le général Canu vient de faire établir pour battre la direction d'Ars où l'on signale une colonne prussienne (1). Ce singulier commandant en chef d'une armée de 150 000 hommes, engagée tout entière dans une lutte violente, s'absorbe « pendant un temps considérable » dans la surveillance du pointage des pièces et le maniement du télémètre (2) ! L'histoire n'offre pas d'autre exemple d'une semblable aberration. Au surplus, comment concilier cette attitude avec ce télégramme qu'il adresse à l'empereur : « En ce moment, 4 heures, une attaque conduite par le roi de Prusse en personne, avec des forces considérables, est dirigée sur tout le front de notre ligne. Les troupes tiennent bon jusqu'à présent, mais des batteries ont été obligées de cesser le feu. »

Sur ces entrefaites, le commandant Guioth rejoint le maréchal et lui donne des nouvelles des 2ᵉ et 3ᵉ corps. Frossard juge que les Prussiens ne font devant lui qu'une démonstration, en dessinant vers sa gauche « un mouvement tournant » ; mais la brigade Lapasset étant à Sainte-Ruffine, il compte sur elle et n'a aucune inquiétude. Le Bœuf, ajoute Guioth, vient de repousser une

(1) 26ᵉ brigade prussienne. — Voir suprà, p. 271-272.
(2) Instruction relative au procès Bazaine, Déposition d'Andlau ; Metz, III, 409 ; Témoignage de M. le général Brugère.

attaque sur son front et s'attend à être assailli de nouveau vers 5 heures, suivant l'habitude de l'ennemi. Il serait heureux de recevoir des renforts — la division de grenadiers — mais il ne la demande pas « d'une manière formelle », et déclare pouvoir tenir avec ses seuls moyens (1).

Au nom de Frossard, Guioth demande à Bazaine l'évacuation par la cavalerie du ravin de Châtel. Déjà la division Valabrègue, qui relève directement du commandant du 2e corps, a été renvoyée vers Metz. Sur l'ordre de Bazaine, la division Forton se replie de même vers 5 heures et gagne le Ban Saint-Martin, non sans quelque désordre, causé par le feu d'une batterie de la 26e brigade (2). Toute cette cavalerie restera ainsi inutilisée jusqu'à la fin de la bataille, alors qu'elle eût pu rendre d'importants services à l'aile droite, entre Roncourt et Auboué. Forton est chargé seulement d'envoyer « un ou plusieurs escadrons faire une reconnaissance dans la vallée de la Moselle vers Ars (3) ».

Comme le 16 août, Bazaine semble en effet se préoccuper exclusivement de son aile gauche. Son souci primordial est non pas de vaincre,

(1) *Procès Bazaine*, Déposition du commandant Guioth, 301.
(2) Journal de marche de la division Valabrègue; Historique du 1er dragons; Relation du chef d'escadron Le Flem; *Metz*, III, 411.
(3) Instruction relative au procès Bazaine, Déposition du commandant Guioth.

non pas même de conserver ses communications avec Verdun, mais d'éviter d'être coupé de Metz et de ne plus pouvoir regagner la forteresse qu'il considère comme son port de refuge et de salut. Toute autre combinaison militaire lui échappe. L'attaque si molle de la 26ᵉ brigade sur Sainte-Ruffine augmente encore ses inquiétudes à cet égard, et il s'empresse de rappeler le 3ᵉ voltigeurs au mont Saint-Quentin (1). La manœuvre qui l'inquiétait tant n'avait rien de redoutable : l'aile gauche française, appuyée à la Moselle, était efficacement protégée par la brigade Lapasset et surtout par les canons des ouvrages de la place.

Bazaine s'est montré d'abord indifférent au message de Bourbaki appelant son attention sur les routes de Briey et de Thionville. Une demiheure après pourtant, il quitte le mont Saint-Quentin en disant : « Allons voir un peu ce qui se passe du côté de la route de Thionville! » Un officier de son état-major proposant d'envoyer

(1) « ... Je craignais un mouvement tournant, le long de la Moselle, sur notre aile gauche ; on apercevait en effet de fortes masses ennemies qui traversaient le pont d'Ars-sur-Moselle et s'engageaient sur la route de la rive gauche, semblant se diriger vers Metz. Je devais prendre les précautions les plus complètes pour parer à un événement qui, en nous coupant de la place, eût gravement compromis notre situation... » (*Enquête sur les actes du Gouvernement de la Défense nationale*, Déposition du maréchal Bazaine, VI, 356). — Cf. Colonel D'ANDLAU, *loc. cit.*, 89.

dans cette direction la réserve générale d'artillerie, le maréchal aurait répondu : « Oui, j'y ai
pensé; on pourrait bien envoyer quelques batteries, mais nous verrons cela plus tard (1). »
Un autre officier fait remarquer combien augmente l'intensité du feu dans la direction de
Saint-Privat. Suivant d'Andlau, Bazaine répète :
« Ils sont dans de bonnes positions; qu'ils les dé-
fendent; je vais du reste envoyer deux batteries
de la réserve au débouché de la route de Briey,
pour le garder s'il y a lieu (2). »

Arrivé sur la hauteur, au nord-ouest du fort
de Plappeville, le maréchal croit apercevoir au
loin quelque désordre sur les derrières du 6ᵉ corps.
Le colonel d'Andlau est chargé d'aller chercher
les deux batteries de la réserve générale afin de
« battre le défilé de Saulny », si cela devenait nécessaire. Bazaine va même au-devant d'elles jusqu'au col de Lessy où il rencontre le commandant
de Beaumont revenant du mont Saint-Quentin. Il
lui confie pour Bourbaki un ordre verbal, que
Beaumont, à tort ou à raison, transmet en ces
termes : « Prévenir Canrobert de rentrer avec la
Garde (3). » Bazaine retourne ensuite sur le

----

(1) Le lieutenant-colonel Leperche au commandant de Beaumont, 6 août 1872 (*Metz*, III, 412).

(2) Colonel d'Andlau, *loc. cit.*, 88.

(3) Le sens exact de cet ordre a donné lieu à de nombreuses
discussions au Conseil d'enquête sur les capitulations et au procès même. La version de Bazaine, confirmée par Mornay-Soult,

plateau de Plappeville, sans doute pour surveiller l'installation des deux batteries de la réserve générale qui s'établissent à quelques centaines de mètres au nord-ouest du fort. Enfin, vers 7 heures du soir, au moment où, à Saint-Privat, Canrobert succombe sous le nombre, le commandant en chef ignorant réellement ou voulant ignorer la situation critique de son aile droite, rentre à Plappeville, sans même avoir envoyé un seul officier aux nouvelles (1).

A peine a-t-il mis pied à terre, que Jarras se hasarde à l'interroger avec une « discrétion respectueuse ». Bazaine répond qu'il est « satisfait de la journée ». A l'entendre, l'attaque de l'ennemi a échoué, et nos troupes se sont maintenues derrière « la ligne inexpugnable » qu'il leur a fait occuper (2). Suivant Jarras, les officiers de l'état-major général qui ont accompagné le maréchal exposent ce qu'ils ont vu, et pas un mot, dans leur relation, ne peut « faire suspecter

est : « Se mettre en communication avec Canrobert, mais éviter de s'engager à la légère. » — D'après le commandant de Beaumont, Bazaine aurait ajouté : « Les Prussiens ont voulu nous tâter, et la journée est finie. Maintenant, je vais rentrer » (Conseil d'enquête sur les capitulations, Déposition de Beaumont). — Cf. *Metz*, III, 413. Aucune suite ne fut donnée par Bourbaki à l'ordre en question, qui lui parvint au moment où il avait engagé sa division de grenadiers pour soutenir la retraite de Canrobert.

(1) Instruction relative au procès Bazaine, Dépositions du général Jarras et du colonel d'Andlau; *Metz*, III, 414.

(2) Général JARRAS, *loc. cit.*, 125. — Cf. *Procès Bazaine*, Déposition du général Jarras, 237.

l'appréciation du commandant en chef (1) ».
A 8 h. 20, Bazaine télégraphie à l'Empereur en
termes qui ne peuvent donner aucune idée de
l'importance de la bataille et qui même sont en
grande partie inexacts : « J'arrive du plateau.
L'attaque a été vive. En ce moment, 7 heures,
le feu cesse; nos troupes sont constamment restées sur leurs positions. Un régiment, le 60ᵉ (2),
a beaucoup souffert en défendant la ferme de
Saint-Hubert. »

Ainsi, une promenade stérile sur le mont
Saint-Quentin et l'envoi de deux télégrammes à
l'Empereur, voilà à quoi s'est bornée l'action du
commandant en chef pendant cette journée où
s'est livrée la plus importante bataille de la
guerre et où se sont décidés le sort de l'armée et
les destinées du pays. Comment n'eût-on pas demandé compte au maréchal d'une aussi coupable
inertie, de l'abandon où il a laissé Canrobert,
de la défaite infligée à nos armes? « Bazaine, a
dit justement un écrivain allemand, a montré

---

(1) Général JARRAS, *loc. cit.*, 127.

(2) Il faut lire : le 80ᵉ. — Cf. *suprà*, p. 262. Ce télégramme ne
put être transmis que le lendemain, 19 août, à midi. Les derniers fils télégraphiques reliant Metz à Paris par les Ardennes
furent coupés à Hagondange par les Allemands le 18, entre
6 heures et 7 heures du soir. Les communications furent momentanément rétablies le 19 de midi à une heure un quart. (Le
directeur du télégraphe au maréchal Bazaine, Metz, 18 août,
3 h. 50 soir; *Procès Bazaine*, Déposition Petitpas de la Vasse-
lais, 302).

le 18 août un tel oubli de ses devoirs que, de là
à une trahison ouverte vis-à-vis de sa patrie, il
n'y a qu'un pas (1). » Si l'on peut à la rigueur
s'expliquer ses actes antérieurs par l'incapacité
et l'effroi des responsabilités, sa conduite pendant la bataille de Saint-Privat ne souffre en effet
aucune excuse. Pas plus qu'un simple soldat, un
maréchal de France n'a le droit de ne pas être à
son poste en présence de l'ennemi (2).

(1) Major KUNZ, *le Maréchal Bazaine pouvait-il en 1870
sauver la France?* 129.
(2) *Procès Bazaine,* Rapport, 22; *Metz,* III, 692.

CHAPITRE VIII

LA GARDE PRUSSIENNE DEVANT SAINT-PRIVAT

Le prince de Würtemberg prend le parti d'engager la Garde. — Ordres d'attaque. — Observations du général von Pape. — Déploiement de la 4ᵉ brigade. — Déroute de la brigade Gibon. — Les 70ᵉ et 28ᵉ de ligne. — Contre-attaque de la division de Cissey. — Mouvements de la 1ʳᵉ brigade. — Le 2ᵉ régiment à pied. — Situation critique des troupes de la Garde. — Démonstration du 3ᵉ chasseurs. — Le 4ᵉ régiment à pied. — Bond de l'artillerie prussienne. — Bombardement de Saint-Privat et d'Amanvillers.

Vers 5 heures du soir, le feu a considérablement diminué sur le front du 6ᵉ corps, le combat d'infanterie a presque entièrement cessé et l'artillerie allemande, ménageant ses munitions, n'entretient plus qu'un tir lent et mesuré (1). Le commandant de la Garde, prince Auguste de Würtemberg, attend, pour lancer l'infanterie à l'attaque de Saint-Privat, « que le mouvement tournant des Saxons par Auboué et Montois ait produit son effet vers Roncourt (2) ». Quelques

(1) *Historique du grand État-major prussien*, VI, 737.
(2) Kunz, *Kriegsgeschichtliche Beispiele*, X, 22, (extrait d'un ordre verbal du prince de Würtemberg au prince de Hohenlohe, relaté dans l'*Historique de l'artillerie de la Garde*, 141).

instants plus tard, il prend une décision toute
différente. Observant des mouvements de troupes
françaises de Roncourt sur Saint-Privat, il est
frappé en même temps du silence que garde
l'artillerie opposée et en conclut que l'adversaire
s'affaiblit sur sa position principale, soit qu'il
veuille se soustraire à une défaite, soit qu'il se
renforce vis-à-vis du IXe corps déjà très pressé.
De plus, par une erreur d'interprétation d'un
message du prince de Saxe, le commandant de la
Garde juge que le mouvement tournant fera sen-
tir ses effets vers Roncourt dès 5 heures. Enfin,
le prince de Würtemberg est impatient d'agir.
Tels sont les arguments qui ont été donnés officiellement pour expliquer son brusque changement d'attitude (1). Le commandant de la Garde
ne fut-il pas également sensible à cette observation désobligeante de Frédéric-Charles : « Pous-
sez le combat moins mollement ; ce n'est pas ainsi
que l'on décide de l'issue des batailles (2) ? »

(1) *Der 18. August 1870*, 378-379. — Du point où se tient
le prince de Würtemberg, au nord d'Habonville, on voit très
mal le plateau qui s'étend entre Roncourt et Saint-Privat. On ne
relève à ce moment, chez les Français, aucun mouvement de
troupes de Roncourt sur Saint-Privat (*Metz*, III, 416).

(2) Kunz, *loc. cit.*, 31. — Kunz ne se porte pas garant du
fait, mais il le considère comme très vraisemblable. — Selon
Busch, l'attaque prématurée de la Garde aurait eu une autre
cause : « Si la Garde a chargé trop tôt, aurait dit Bismarck le
21 août, c'est uniquement par jalousie des Saxons qui arrivaient
derrière » (*Mémoires de Bismarck*, I, 55). — Même opinion
dans Keudell, *Bismarck et sa famille*, 414, 415.

Quelles que soient les raisons qui prévalent dans son esprit, le prince de Würtemberg, après en avoir référé à Frédéric-Charles, prend, vers 5 h. 15, la résolution d'engager la Garde. Il prescrit d'abord à la 4ᵉ brigade, massée au nord de Saint-Ail, d'attaquer dans la direction de Jérusalem. Puis il se rend auprès du général von Pape, à Sainte-Marie, et lui donne également ses instructions pour la 1ʳᵉ division : attaquer et enlever Saint-Privat. De Sainte-Marie, von Pape a pu se rendre compte plus exactement de la situation tactique; il devine l'étendue des sacrifices que coûtera l'exécution de cet assaut et, avant de se résoudre à ce véritable holocauste, il présente quelques objections au prince. N'est-il pas prudent d'attendre que l'artillerie ait mieux préparé l'attaque et que le mouvement des Saxons soit plus prononcé? Une action directe aurait bien peu de chances de succès contre Saint-Privat, qui a pour ainsi dire la valeur d'un poste fortifié. Le prince répond que les Saxons doivent déboucher devant Roncourt à 5 heures, et qu'il est déjà 5 heures et demie. Au surplus la 4ᵉ brigade est déjà en marche, et on ne peut la laisser attaquer isolément. Puis, pour couper court aux sages observations de son subordonné, il aurait ajouté : « Allons! Avec vous on n'en finit jamais! (1) »

(1) *Der 18. August 1870*, 385, 408; Kunz, *loc. cit.*, 49.

Ainsi, la Garde prussienne va se porter à l'assaut d'une localité distante de 2 000 mètres environ de son point de départ, sans s'être suffisamment rapprochée de l'objectif, sans reconnaissance préalable du terrain qui, malgré son aspect découvert, présente des cheminements favorables, sans préparation par les feux de l'artillerie et de l'infanterie, sans nouvelles précises de la colonne chargée du mouvement tournant, sans même que le commandement ait assuré la simultanéité des attaques, partant l'une de Saint-Ail à 5 h. 15, l'autre de Sainte-Marie à 5 h. 45. Des fautes d'exécution aggraveront encore ces erreurs dans la conception.

Cependant les cinq bataillons disponibles de la 4e brigade se sont déployés sur un front d'environ 1 000 mètres entre Sainte-Marie et la gauche de la grande batterie de la Garde placée au sud-est de Saint-Ail. Le 2e grenadiers occupe la gauche, le 4e tient la droite; tous deux ont pris des formations denses, colonnes de compagnie ou demi-bataillons. Ils vont se heurter à cinq compagnies du 93e laissées à mi-distance entre Sainte-Marie et Saint-Privat, au sud et près de la grande route, et surtout à la brigade du colonel Gibon — 25e de ligne à droite, 26e de ligne à gauche — établie sur la croupe à 1 200 mètres au sud-ouest de Saint-Privat, à cheval sur le chemin d'Habonville (1).

(1) *Der 18. August 1870*, 287 ; *Metz*, III, 424-425.

Dès les premiers instants du déploiement, une grêle de balles s'abat sur les grenadiers, et éclaircit leurs rangs. La sécheresse des jours précédents a d'ailleurs durci le sol argileux, en sorte que beaucoup de projectiles qui touchent terre ricochent et portent. La résistance des compagnies du 93ᵉ aux abords de la grande route est de courte durée, en raison de l'épuisement des cartouches ; mais des fractions du 9ᵉ bataillon de chasseurs et du 25ᵉ de ligne couvrent le 2ᵉ grenadiers d'un feu extrêmement meurtrier. Le commandant Berbegier, qui se trouve avec son bataillon, Iᵉʳ du 70ᵉ, vers la cote 334, voyant plier une partie du 25ᵉ, entraîne ses compagnies et, après un mouvement offensif, fait exécuter un feu rapide (1).

Exposé en terrain absolument découvert à une fusillade des plus intenses, le 2ᵉ grenadiers, abandonnant l'objectif indiqué, oblique d'instinct vers la gauche pour gagner par bonds successifs le seul couvert qui soit à proximité et constitué par les fossés et le remblai de la route. Il est 6 heures. Déjà le régiment a perdu presque tous ses officiers, et il ne reste plus des compagnies «que des groupes insignifiants (2)». On parvient

(1) Rapports du colonel Ganzin, du 93ᵉ, 20 août ; du colonel Henrion-Bertier, du 70ᵉ, sans date ; Historiques manuscrits des 25ᵉ et 70ᵉ de ligne ; *Metz*, III, 425.
(2) *Historique du grand État-major prussien*, VI, 823.

toutefois à gagner un peu de terrain vers Saint-Privat; mais, à 6 h. 30, la force d'impulsion du 2ᵉ grenadiers est absolument brisée (1).

Le *4*ᵉ grenadiers, régiment de la Reine, s'est ébranlé au pas de charge pour gravir les hauteurs que couronnent les unités de gauche du 25ᵉ de ligne. Presque aussitôt un feu terrible s'abat sur les assaillants; en un clin d'œil leurs rangs sont décimés et, là encore, les officiers surtout paient « un large tribut (2) ». Malheureusement, « un mouvement de retraite précipité » se produit tout à coup dans la première ligne de la brigade Gibon, d'abord au 25ᵉ, puis au 26ᵉ (3). Cette panique est due en grande partie à la fatigue physique et morale des hommes maintenus pendant cinq heures sous un feu violent d'artillerie, et à l'ébranlement nerveux qui en est la conséquence. Peut-être faut-il faire intervenir aussi le manque de munitions, qui n'ont pas été recomplétées au 6ᵉ corps depuis la bataille du 16 (4). Quelques fractions du 25ᵉ tiennent bon néanmoins. Un groupe de 300 à 400 hommes, en grande partie du IIIᵉ bataillon, ramené par

---

(1) Trente-huit officiers sur 52 sont tués ou blessés; sur un effectif de 2 300 hommes, il en reste au plus 600 encore valides. Il y a eu, il est vrai, de nombreux fuyards (KUNZ, *loc. cit.*, 39).

(2) *Historique du grand État-major prussien*, VI, 823.

(3) Rapports du général Levassor-Sorval, 21 août; du lieutenant-colonel Morin, du 25ᵉ, 20 août.

(4) Historique manuscrit du 25ᵉ de ligne; *Metz*, III, 427-432.

quelques officiers, se masse autour du drapeau, et n'opère sa retraite sur Saint-Privat qu'après avoir brûlé toutes ses cartouches (1). D'ailleurs la brigade Gibon est bientôt relevée sur ses positions par d'autres troupes. Les IIe et IIIe bataillons du 70e viennent border les haies d'un chemin de terre au sud-ouest de Saint-Privat, les IIe et IIIe du 28e, entrant en ligne à gauche des précédents, au nord-ouest des Mares, remplacent le 26e (2). Enfin trois de nos batteries apparaissent un instant au sud des premières maisons de Jérusalem : l'une vient de se ravitailler au moyen de trois des vingt caissons envoyés par le maréchal Bazaine; les deux autres, du calibre de 12, proviennent de la réserve générale (3). Elles ouvrent le feu sur l'artillerie prussienne et, malgré leur infériorité numérique, se maintiennent courageusement jusqu'au moment où les progrès de l'infanterie ennemie les obligent à se replier (4).

La droite du 4e grenadiers a gagné du terrain en effet le long du chemin de terre venant d'Habonville. Une batterie de la Garde, puis trois autres, exécutent un bond en avant et s'établis-

(1) Historique manuscrit du 25e de ligne. — Le fait n'est pas mentionné dans le rapport du lieutenant-colonel, déjà cité, en date du 20 août.

(2) Historiques manuscrits des 28e et 70e de ligne; *Metz*, III, 431.

(3) Voir *suprà*, p. 376.

(4) Rapport du commandant de Contamine, 19 août.

sent sur la croupe au sud-ouest de Saint-Privat,
à 1500 mètres environ du village (1). Ce secours
est des plus opportuns au moment même où la
brigade est menacée sur son flanc droit. Placé
à l'aile droite du 4ᵉ corps, le général de Cissey
a constaté que la gauche du 6ᵉ corps va être
« débordée et tournée » ; il a prescrit en conséquence à son artillerie de reprendre le feu et à
sa 2ᵉ brigade d'exécuter un rapide changement
de front sur sa droite. Vers 5 h. 45, deux bataillons du 57ᵉ et un du 73ᵉ poussent leurs tirailleurs
sur les pentes du vallon qui s'ouvre au sud-
ouest de Jérusalem ; deux autres, en formation
serrée, suivent. Les fractions de l'aile droite du
4ᵉ grenadiers ripostent par des feux rapides
auxquels se joignent ceux des batteries voisines.
Toute la ligne française s'arrête, et le général de
Cissey, se contentant d'avoir ralenti « les progrès
de la colonne ennemie », suspend sa contre-attaque
malgré les forces supérieures dont il dispose (2).
La brigade de dragons du 4ᵉ corps esquisse des
préparatifs en vue d'une charge, mais disparaît
bientôt sous les balles des grenadiers. De leur
côté, les fractions prussiennes les plus avancées
arrivent à 1 200 mètres environ de la sortie sud-
ouest de Saint-Privat : presque toutes les compagnies sont dissociées, décimées et privées de leurs

(1) *Historique du grand État-major prussien*, VI, 825.
(2) Rapport du général de Cissey, 23 août; *Metz*, III, 439.

officiers; un seul officier supérieur a été épargné par les balles. Vers 6 h. 30, le *4*ᵉ grenadiers, comme le *2*ᵉ, parvient à se maintenir sur le terrain conquis, mais sans pouvoir pousser au-delà (1).

* * *

Au moment où la *1*ʳᵉ brigade de la Garde reçoit du général von Pape l'ordre de se porter sur Saint-Privat, elle est formée sur trois lignes au sud-ouest de Sainte-Marie, et face au village, le *3*ᵉ régiment à droite, le *1*ᵉʳ à gauche. A 5 h. 45, la brigade s'ébranle : elle doit exécuter deux changements de direction successifs, afin de contourner Sainte-Marie et de passer au nord de la grande route. C'est une manœuvre en masse, usitée parfois sur le terrain d'exercices, mais à proscrire devant l'ennemi. Après la première conversion et le franchissement de la chaussée, les colonnes tombent sous un feu si intense de mousqueterie et d'artillerie que le second changement de direction est rendu presque impossible. Le général de brigade parvient à redresser, face à Saint-Privat, le bataillon de fusiliers du *3*ᵉ régi-

(1) *Historique du grand État-major prussien*, VI, 826-827; Journal de marche du 6ᵉ corps. — Les pertes du *4*ᵉ grenadiers dans la journée du 18 s'élèvent à **27** officiers, **902** hommes de troupe. La plupart se produisent dans la période de l'action que l'on vient de relater.

ment, mais tout le reste continue à cheminer vers Roncourt. Les fractions françaises des 91ᵉ, 10ᵉ et 93ᵉ de ligne, qui occupent la terrasse à l'ouest de Saint-Privat, criblent de balles ces troupes en formation dense et les contraignent à chaque instant à se jeter à terre. Les pertes sont effrayantes ; déjà plus de 50 officiers sont tués ou blessés ; « les compagnies fondent à vue d'œil sous le feu meurtrier des chassepots ». Les fusiliers du *3ᵉ* régiment ont pu gagner néanmoins un peu de terrain ; successivement les autres unités viennent se déployer à leur gauche. Mais neuf compagnies ont poussé si loin dans la direction de Roncourt qu'elles dévient définitivement de la direction assignée, et joindront plus tard leurs efforts à ceux des Saxons. Les quinze autres ont atteint, au prix des plus lourds sacrifices, le rebord de la terrasse que nos tirailleurs ont abandonné pour se replier sur Saint-Privat. A 6 h. 45, les débris de la *1ʳᵉ* brigade sont arrêtés, face à la lisière nord-ouest de Saint-Privat, à une distance de 600 à 800 pas. Il reste à peine un sixième de l'effectif en état de combattre ; les forces matérielles et morales de ces belles troupes sont épuisées (1).

(1) *Der 18. August 1870*, 417-430 ; *Historique du grand État-major prussien*, 830-832 ; Kunz, *loc. cit.*, 53, 63 ; *Metz*, III, 457. — Pertes : *1ᵉʳ* régiment, 36 officiers, 1 056 hommes ; *3ᵉ* régiment, 36 officiers, 1 060 hommes.

Par suite de la direction imprévue prise par la 1re brigade, une trouée de quelques centaines de mètres s'est produite entre elle et la gauche de la 4e, qui s'appuie à la route. Le général von Pape dirige le 2e régiment à pied dans cet intervalle. Contournant Sainte-Marie par le sud, ces trois bataillons frais se déploient sur deux lignes : le 1er franchit obliquement la chaussée à 400 mètres à l'est du village et se redresse vers Saint-Privat ; les deux autres suivent en échelons à droite. Un feu terrible les accueille. Le bataillon de tête parvient néanmoins, par une série de bonds, jusqu'à hauteur des fractions de la 1re brigade. Mais tous ses officiers et 503 hommes sur 900 sont hors de combat. Le IIe bataillon vient se former à sa droite, non sans pertes considérables. Le IIIe, un peu moins éprouvé, par suite de la retraite de nos tirailleurs, se relie vers la chaussée à la gauche de la 4e brigade (1).

Désormais, sur un front de près de 2 000 mètres, les débris de soixante-deux compagnies de la Garde sont immobilisés face à Saint-Privat, à la merci d'une contre-attaque. Leur situation est « devenue fort critique... dit l'*Historique officiel*, car l'ennemi, posté à couvert, pouvait n'avoir subi que des pertes relativement faibles, et on

(1) *Der 18. August 1870*, 433-436 ; Kunz, *loc. cit.*, 68-70. — Pertes du 2e régiment : 39 officiers, 1 076 hommes de troupe.

devait s'attendre à tout instant à lui voir prononcer un vigoureux retour offensif et culbuter sur Sainte-Marie les lignes sans consistance de l'assaillant. Mais, chose singulière, rien de semblable ne se produisit (1)... » Le 6ᵉ corps persiste dans la défense passive de ses positions, et les troupes de la Garde, donnant un bel exemple de solidité, se maintiennent sur place. Sur l'ordre du maréchal Canrobert, le général du Barail prescrit à la brigade de cavalerie légère Bruchard « d'exécuter une charge en fourrageurs, par escadron, sur l'infanterie ennemie (2)... » Les cinq escadrons du 3ᵉ chasseurs, formés en colonne serrée et suivis du 2ᵉ chasseurs, remontent vivement vers la crête derrière laquelle ils se tiennent depuis le commencement de la bataille, et apparaissent à peu près à mi-distance entre Roncourt et Saint-Privat. Deux escadrons du 3ᵉ chasseurs prennent le galop et se dirigent vers la gauche du 1ᵉʳ régiment de la Garde. Un feu intense, mais peu meurtrier, suffit à les arrêter. Toute la brigade Bruchard fait demi-tour et se rassemble à l'est de Saint-Privat (3).

(1) *Historique du grand État-major prussien*, VI, 834.
(2) Rapport du général de Bruchard, 20 août.
(3) Historique manuscrit du 3ᵉ chasseurs ; *Der 18. August 1870*; *Metz*, III, 468. — Le général du Barail a émis plus tard l'opinion que cette charge était inutile et impraticable (III, 198). Le général von Kessel, commandant la 1ʳᵉ brigade de la Garde, juge au contraire qu'elle eût rendu la situation de ses troupes

Sur ces entrefaites, le général von Pape, préoc-cupé de renforcer la ligne d'attaque, a fait appel au *4ᵉ* régiment, massé dans les rues de Sainte-Marie. A 6 h. 30, ces trois nouveaux bataillons débouchent du village par la sortie nord et, sur la recommandation du prince de Würtemberg, suivent, sur un parcours de 500 mètres, le ravin qui descend vers Homécourt, puis changent de direction à droite. Ils gagnent ainsi, vers 7 h. 15, « sans avoir trop à souffrir », la gauche de la *1ʳᵉ* brigade (1). L'artillerie intervient à son tour pour fournir à l'infanterie un concours des plus puissants. Trois batteries installées jusque-là entre Sainte-Marie et Saint-Ail, se portent en deux bonds jusqu'à mille pas environ de Saint-Privat, un peu au sud de la route. A leur droite, l'artillerie de corps gagne de nouveaux emplace-ments à 800 mètres environ à l'est de Saint-Ail, de sorte que, vers 7 heures, fractionnée en deux groupes, elle canonne énergiquement, à courte distance, Saint-Privat, Jérusalem et Amanvillers. En peu de temps, Jérusalem est en feu, et plu-sieurs incendies se déclarent à Saint-Privat (2). Les nombreuses troupes, malencontreusement accumulées dans ces localités, souffrent cruelle-

---

« très périlleuse » (KUNZ, *loc. cit.*, 55, Rappórt du général von Kessel). — Cette dernière appréciation semble être la vraie.

(1) *Historique du grand État major prussien*, VI, 834-835.

(2) *Ibid.*, 836.

ment de ce bombardement intense, tandis qu'au nord s'accentue de plus en plus le mouvement tournant des Saxons, qui aura raison enfin de leur opiniâtreté.

Comme Manstein à Verneville, comme Steinmetz sur la Mance, le prince de Würtemberg a ordonné devant Saint-Privat une attaque irréfléchie, irrationnelle et aussi peu conforme au plan d'engagement général que peu indiquée par la situation tactique. Si ces fautes graves sont restées impunies, il faut en chercher la raison dans une erreur de doctrine qui rivait étroitement au terrain des troupes dont l'élan avait fait les victoires de Malakoff, de Magenta et de Solférino. « Le 18 août, dit un écrivain allemand, il s'est présenté fréquemment des circonstances dans lesquelles des divisions d'infanterie française, bien conduites, auraient pu obtenir de grands succès. Nous étions, dans cette bataille mémorable, exposés au danger de contre-attaques heureuses de la part des Français ; mais nous avons eu cette grande bonne fortune que les Français n'ont, sur aucun point, tenté de ces contre-attaques avec des masses, bien qu'ils disposassent des forces nécessaires (1). » On ne saurait, en particulier, imaginer une occasion plus favorable, pour une contre-attaque de la Garde impériale,

(1) Major KUNZ, *le Maréchal Bazaine pouvait-il en 1870 sauver la France ?* 127.

que le moment où la Garde prussienne s'arrêtait exténuée et désorganisée devant Saint-Privat et où le mouvement tournant des Saxons n'était pas encore dessiné. Mais une telle manœuvre exigeait l'intervention du commandant en chef, et Bazaine, on le sait, se désintéressant de la lutte, n'en voulait même pas connaître les péripéties.

CHAPITRE IX

PRISE DE SAINT-PRIVAT

Les *45*e et *47*e brigades au bois d'Auboué. — Bond de l'artillerie saxonne. — La *46*e brigade à Auboué. — La colonne tournante à Montois. — Prise de Roncourt. — Canrobert localise la défense autour de Saint-Privat. — Nombreuses troupes accumulées dans le village. — L'artillerie du 6e corps aux carrières de La Croix. — Attaque de Saint-Privat. — Préparation de cette attaque par trente batteries allemandes. — Belle défense du 6e corps. — L'assaut. — Combats à l'intérieur du village.

Tandis que la Garde prussienne entreprend sur Saint-Privat une attaque de front sanglante et infructueuse, les Saxons continuent leur marche par la vallée de l'Orne et gagnent de plus en plus vers notre droite. Vers 5 h. 15, la *45*e brigade, forte de trois régiments, atteint la lisière orientale des bois à l'est d'Auboué, et aussitôt les grenadiers du Corps s'engagent contre le IIe bataillon du 10e de ligne déployé sur les pentes à l'ouest de Roncourt. Un bataillon saxon est dirigé en même temps sur Montois, qui paraît faiblement occupé. Mais, peu après, toute la brigade reçoit l'ordre de se borner « à entretenir le combat jusqu'à l'entrée en ligne de la colonne tournante (1) ».

De son côté, la *47e* brigade a quitté, vers 5 h. 30, les abords de Sainte-Marie, et s'est portée, à l'abri de la crête située au nord, vers la lisière sud des bois d'Auboué. L'artillerie saxonne fait un bond en avant jusqu'au chemin de Sainte-Marie à Montois : neuf batteries tiennent sous leur feu Roncourt et les quatre batteries françaises qui se montrent encore sur la crête au sud. Sur ces entrefaites, la *46e* brigade dépasse Auboué et se masse entre cette localité et les bois à l'est. Enfin, la colonne chargée du mouvement tournant — *48e* brigade, quatre régiments de Reiter, trois batteries — a suivi, à partir d'Auboué, la rive droite de l'Orne et atteint vers 6 heures le plateau au nord-ouest de Montois. Croyant Montois occupé, elle se déploie; puis, l'erreur reconnue, elle poursuit sa marche sur Roncourt, sauf la cavalerie qui demeure en formation d'attente à l'est et à l'ouest de Montois. Deux escadrons envoyés dès 4 heures d'Auboué, l'un sur Richemont, l'autre sur Uckange, détruisent, entre 7 et 8 heures, la voie ferrée de Metz à Thionville. La *45e* brigade reprend, de son côté, sa marche sur Roncourt en refoulant sans difficulté les tirail-

(1) *Historique du grand État-major prussien*, VI, 837.

leurs français du IIe bataillon du 10e et du Ier du
91e. A 6 h. 30, l'attaque du village va commencer au moment même où les dernières fractions
des deux brigades de la Garde, effroyablement
décimées, atteignent par un dernier effort le bord
de la terrasse de Saint-Privat (1).

Entourée au nord et à l'ouest par deux brigades saxonnes auxquelles se sont joints deux
bataillons de la Garde, la position de Roncourt
n'est gardée que par deux faibles bataillons, le
Ier du 9e et le Ier du 75e. Au sud-ouest du village,
le reste du 75e de ligne, exposé à un feu terrible
d'artillerie, est dans une situation difficile depuis
la retraite du 91e qui, précédemment placé à sa
gauche, face à Sainte-Marie, s'est replié derrière
la crête de Saint-Privat-Roncourt. Ce mouvement de recul est bientôt suivi par le 75e. Resté
seul à Roncourt, le bataillon du 9e, dont la position est intenable, se jette dans la forêt de Jaumont (2). Les quatre batteries qui occupent encore
la crête au sud de Roncourt n'étant plus couvertes par l'infanterie, amènent les avant-trains
et gagnent, au sud-est de Saint-Privat, la croupe
des carrières de La Croix, où se sont déjà diri-

(1) *Der 18. August*, 503-509 ; *Metz*, III, 454.
(2) Historiques manuscrits des 9e, 10e, 75e, 91e de ligne ; Rapport du lieutenant-colonel de Brem, 20 août ; *Metz*, III, 463. —
Le rapport du général Bisson mentionne « plusieurs charges à la
baïonnette » exécutées par le Ier bataillon du 9e. L'historique du
corps n'en parle pas.

gées la plupart des batteries du 6ᵉ corps (1).

Dès que la *48ᵉ* brigade saxonne s'est montrée vers Montois, menaçant par le nord les faibles défenseurs de Roncourt, déjà vivement pressés de front par la *45ᵉ* brigade, le maréchal Canrobert, désespérant de recevoir des secours et même des munitions, a jugé la partie perdue. Bien que résolu à résister jusqu'à la dernière extrémité, il fait prévenir Ladmirault, vers 6 h. 30, « qu'il va être forcé d'évacuer Saint-Privat, où il ne peut plus tenir et de battre en retraite sur Saulny (2)... » Un officier est envoyé à Bourbaki avec mission de le renseigner sur la situation et de lui demander de protéger le mouvement (3).

Roncourt une fois abandonné, Canrobert, admirable d'énergie et de sang-froid, localise la défense autour de Saint-Privat. Bien que le village soit déjà occupé par un trop grand nombre de bataillons (4), il y pousse encore tout le 4ᵉ de ligne qui garnit « les clôtures d'un nouveau rang de défenseurs », disposition dont l'effet sera surtout d'accroître les pertes. Le IIIᵉ bataillon du

(1) Rapport du lieutenant-colonel Jamet, 21 août ; Historique des 5ᵉ, 6ᵉ, 7ᵉ batteries du 14ᵉ d'artillerie ; *Metz*, III, 464.

(2) Note du maréchal Canrobert.

(3) L'officier chargé de ce message ne put trouver Bourbaki (Conseil d'enquête sur les capitulations, Déposition du maréchal Canrobert ; Instruction relative au procès Bazaine, Déposition Bourbaki).

(4) Plus de huit.

100ᵉ entre également dans Saint-Privat, tandis que les deux premiers bataillons de ce régiment, restés jusqu'alors près de Jérusalem, se déploient sur la croupe au nord-est de Saint-Privat, face à Roncourt, appuyant leur droite à la forêt de Jaumont. Derrière eux sont placés le 94ᵉ et la brigade Bruchard. Enfin, pour parer à une attaque de cavalerie, qui semble devoir déboucher de Roncourt, Canrobert fait former les débris des 75ᵉ et 91ᵉ de ligne en carrés échelonnés au nord-ouest de Marengo (1). Un détachement du 25ᵉ est embusqué dans les maisons de Jérusalem. Entre ce hameau et la ferme de Marengo se sont ralliés les régiments de la division Levassor. Enfin, presque toute l'artillerie du 6ᵉ corps, renforcée de deux batteries de la réserve générale et de quelques batteries du 4ᵉ corps, est en position sur la croupe des carrières de La Croix (2). Il est 7 heures du soir environ. La situation du 6ᵉ corps n'est pas désespérée en ce sens que la retraite sur Metz n'est nullement compromise, mais la bataille est perdue à l'aile droite française parce que le commandement et les troupes, ébranlés dans leur moral (3), ont perdu l'espoir

(1) Rapport du général Tixier, 21 août ; Historiques manuscrits des 4ᵉ et 100ᵉ de ligne ; *Metz*, III, 465. — C'est sans doute à ce moment que se place la charge prescrite à du Barail.

(2) *Metz*, III, 471.

(3) Dès 6 heures, commencent à arriver à Metz des officiers et des soldats des 4ᵉ et 6ᵉ corps. « Ceux de ce dernier, particulière-

de vaincre et ne combattent plus que pour conserver jusqu'à la dernière extrémité, le poste qui
leur a été confié.

* *
*

Des fractions de la 48ᵉ et de la 45ᵉ brigade,
ainsi que quelques compagnies de la Garde, ont
pénétré à peu près simultanément dans Roncourt,
entre 6 h. 45 et 7 heures (1). Elles poursuivent
de leurs feux le bataillon du 9ᵉ de ligne en
retraite sur la forêt de Jaumont. Les deux régiments de cavalerie rassemblés à l'est de Montois
se portent en avant vers la grande route à l'est
de Saint-Privat, mais la fusillade partant de la
lisière des bois les oblige à se mettre à l'abri dans
un vallon au nord-est de Roncourt. Les autres
troupes saxonnes, primitivement affectées à l'attaque de ce village, se sont dirigées droit sur
Saint-Privat : un officier d'ordonnance du général von Pape les a mises, en effet, au courant de
la situation de la Garde et les a sollicitées « d'intervenir le plus promptement possible (2) ».

Attaqué de front par les fractions qui débouchent de Roncourt et débordé sur sa gauche
par des forces considérables, le IIᵉ bataillon du 9ᵉ

ment, apportent des nouvelles peu satisfaisantes » (Journal de
marche de la division Laveaucoupet).

(1) *Historique du grand État-major prussien*, VI, 843.
(2) *Ibid.*

ne peut tenir longtemps au nord de Saint-Privat
et se replie bientôt sur le village. Tandis que
trois bataillons de la *48ᵉ* brigade font face à la
forêt de Jaumont et aux hauteurs à l'ouest, tout
le reste des troupes saxonnes marche du nord au
sud sur Saint-Privat menacé déjà du côté de
l'ouest par les troupes de la Garde. Parvenus à
800 mètres environ de la lisière, les deux bataillons du *107ᵉ*, qui forment à la fois « la gauche et
la tête de la ligne d'attaque saxonne », sont
assaillis par une fusillade des plus meurtrières.
En peu d'instants, le commandant du régiment
et deux officiers supérieurs tombent; après quelques progrès, l'assaillant marque un temps d'arrêt. Le *4ᵉ* régiment à pied de la Garde joint ses
efforts à ceux du *107ᵉ*, en prenant comme direction le saillant nord-ouest du village. Au prix
de « pertes considérables », il gagne également
du terrain; puis, à bout de forces, il se couche à
quelques centaines de mètres de la lisière. Cependant d'importantes réserves allemandes s'acheminent sur Saint-Privat : le *108ᵉ* saxon et, derrière lui, la *46ᵉ* brigade; les fusiliers de la Garde
venus de Sainte-Marie; la *20ᵉ* division débouchant
de Saint-Ail. L'artillerie saxonne accourt à l'aide
de l'infanterie : vers 7 h. 15, seize batteries
dont la gauche est à Roncourt, constituent, à
1 400 mètres environ de Saint-Privat, un demi-
cercle de feux. Six batteries du Xᵉ corps devan-

çant la *20ᵉ* division, s'établissent peu après à leur droite, à 600 mètres à l'ouest du village ; enfin huit batteries de la Garde s'avancent jusqu'à mi-distance entre Sainte-Marie et Saint-Privat (1).

Cent quatre-vingts bouches à feu couvrent de leurs obus le point d'attaque et ses abords, détruisent les murs et les maisons, et provoquent de nombreux incendies, sans parvenir à chasser les vaillants défenseurs auxquels Canrobert, dans un superbe mépris de la mort, prodigue les encouragements. « Il faut avoir été là, en ce moment, pour juger du courage et de l'abnégation de ces jeunes gens qui, presque sûrs de mourir, restaient à leurs postes, le fusil à l'épaule et le doigt sur la détente. Il fallait être là aussi pour voir avec quelle ardeur les officiers prussiens essayaient d'enlever de la voix et du geste, pour les précipiter sur nous, leurs soldats encore hésitants. Enfin les bombes incendiaires pleuvent de tous côtés sur les toits du village ; le feu éclate à la fois sur la maison d'ambulance et sur trois autres points ; Saint-Privat tout entier s'enveloppe d'une immense vague de flammes. En même temps, l'ennemi établit une batterie sur la gauche et prend d'enfilade la rue principale. Un torrent de boulets et d'obus balaie tout ce qu'il rencontre dans cette rue (2). »

(1) *Historique du grand État-major prussien*, VI, 843-847, 854.
(2) Historique manuscrit du 4ᵉ de ligne.

La situation est tendue à l'extrême. Aux derniers rayons du soleil couchant, d'un bout à l'autre des lignes allemandes, les tambours battent, les clairons sonnent, les drapeaux, dont quelques-uns ont changé de mains jusqu'à cinq fois, se déploient et, flottant au-dessus des lignes, en symbolisent l'effort suprême. Prussiens et Saxons s'élancent à l'assaut sur les traces de leurs officiers et atteignent à peu près simultanément la lisière dont les défenseurs, criblés d'obus et de mitraille, ont dû pour la plupart se replier à l'intérieur du village. L'irruption de l'ennemi ne met nullement fin à la résistance : chaque maison exige un siège, chaque mur doit être enlevé d'assaut. L'église, les faces est et nord du village et enfin le cimetière sont le théâtre de combats isolés, livrés à coups de crosse et de baïonnette, luttes sanglantes et opiniâtres échappant à toute analyse et qui se prolongent jusqu'à la nuit close. A 8 heures du soir seulement, les Allemands sont enfin les maîtres de cet amas de ruines dont la conquête leur a coûté si cher (1).

(1) *Historique du grand État-major prussien*, VI, 849-853 ; *Metz*, III, 526. — Les pertes totales de la Garde s'élèvent à près de 8 000 hommes (exactement 7 923) ; celles des Saxons à 2 113 hommes (*Ibid.*, 190* et 198*).

CHAPITRE X

LE 4ᵉ CORPS ET LA GARDE IMPÉRIALE

Situation du 4ᵉ corps vers 5 heures. — Attaque de la 3ᵉ brigade de la Garde. — Contre-attaques du 2ᵉ bataillon de chasseurs et du 43ᵉ de ligne. — Énergique résistance du 15ᵉ de ligne. — Bombardement du bois de La Folie. — Les grenadiers de la Garde impériale à 5 heures. — Ladmirault sollicite leur intervention. — Vives instances du capitaine de La Tour-du-Pin. — Objections de Bourbaki. — Mouvement de la brigade Jeanningros. — Les grenadiers reprennent leur position.

L'attaque de la Garde sur Saint-Privat a eu sa répercussion au sud.

Depuis 4 heures, une accalmie s'est produite sur le front du 4ᵉ corps dont la ligne de combat est intacte : dix-sept bataillons français sont déployés à l'ouest d'Amanvillers et de Montigny. En outre, la division des grenadiers de la Garde est réunie vers 5 heures sur le plateau de la ferme Saint-Vincent. Le général de Ladmirault en est avisé par un billet du général Bourbaki (1). Malheureusement, à part les deux batteries de 12, dont les munitions commencent d'ailleurs à

(1) Rapport du général Berger, commandant la 2ᵉ brigade de la 3ᵉ division du 4ᵉ corps.

s'épuiser, l'artillerie du corps d'armée est réduite au silence. Le 13ᵉ de ligne, déployé au sud-ouest d'Amanvillers, assez éprouvé par une lutte de plusieurs heures et près de manquer de cartouches, rejoint le 43ᵉ en arrière de la crête (1) et est remplacé, vers 5 h. 30, par deux bataillons du 15ᵉ et un du 54ᵉ. Un bataillon du 65ᵉ vient renforcer le centre du 98ᵉ en face de l'Envie, où pourtant l'ennemi ne se montre nullement pressant. La réserve générale du corps d'armée est réduite désormais à cinq bataillons (2). Une des batteries de 12 disparaît bientôt après avoir tiré ses derniers projectiles. Telle est la situation à Amanvillers et Montigny au moment où le IXᵉ corps reprend l'offensive (3).

Le général von Manstein, voyant des masses considérables d'infanterie en mouvement de Saint-Ail sur Saint-Privat, ordonne, vers 5 h. 15, à la 3ᵉ brigade de la Garde, mise à sa disposition (4), de se porter des environs d'Habonville sur Amanvillers. Le mouvement doit être couvert à gauche par le général von Wittich avec quatre bataillons hessois. A 5 h. 30, les six bataillons de la 3ᵉ brigade quittent Habonville et franchissent le chemin de fer; le bataillon de tirail-

(1) Ces deux régiments constituent la brigade Bellecourt.
(2) IIᵉ du 54ᵉ, IIᵉ du 64ᵉ, le 83ᵉ en entier.
(3) *Metz*, III, 472-476.
(4) Voir *supra*, p. 230.

leurs se dirige vers l'est à travers le bois de la Cusse; à sa droite, deux bataillons du *1ᵉʳ* grenadiers obliquent au sud-est pour cheminer vers Amanvillers par un vallon situé au delà du bois. Le *3ᵉ* grenadiers reste provisoirement derrière les taillis (1).

Le IIIᵉ bataillon du 73ᵉ et les 5ᵉ et 2ᵉ bataillons de chasseurs établis au sud du chemin de fer ont ouvert un feu violent et très efficace : l'un des bataillons prussiens perd tous ses officiers, et le commandement reste entre les mains d'un simple enseigne. Néanmoins l'assaillant gagne du terrain, grâce à l'intervention successive des fractions du *3ᵉ* grenadiers, et parvient, vers 6 h. 15, au prix de lourds sacrifices, jusqu'à 400 mètres environ du chemin de terre qui jalonne la ligne française.

Pendant un quart d'heure environ, la situation reste stationnaire, puis deux contre-attaques se produisent. Le 2ᵉ bataillon de chasseurs, fort éprouvé par le feu des batteries de la Garde « dont tous les coups frappent avec une effrayante précision », est tout d'abord contraint d'exécuter un léger mouvement de recul. Mais aussitôt le commandant Le Tanneur, aidé par les officiers encore valides, rallie les chasseurs et les reporte en avant. « Les hommes n'ont presque

(1) *Historique du grand État-major prussien*, VI, 811.

plus de cartouches; ils mettent baïonnette au canon et se jettent sur l'ennemi... Celui-ci qui fléchissait déjà quelques instants auparavant, malgré son énorme supériorité numérique, plie de nouveau et recule. » Considérablement affaiblis par une lutte de six heures, les chasseurs ne peuvent poursuivre leurs avantages; ils brûlent leurs dernières cartouches et en imposent aux grenadiers prussiens qui se contentent de conserver leur position (1).

L'autre contre-attaque est exécutée par les deux premiers bataillons du 43ᵉ de ligne qui, « magnifiquement alignés sur deux rangs, descendent dans le fond du vallon de Champenois, au pas de charge, la baïonnette croisée, sous une pluie d'obus ». Après une courte station marquée par un feu rapide, ils gravissent les pentes de la croupe 326 où sont établies les batteries du IXᵉ corps, et arrivent à courte distance des pièces. Malheureusement « un arrêt se produit, inattendu, inexplicable » ! Le IIᵉ bataillon du 1ᵉʳ grenadiers se ressaisit; les batteries allemandes tirent à mitraille. Des symptômes de lassitude se manifestent parmi les soldats du 43ᵉ; déjà beaucoup se retournent pour regarder derrière eux; puis soudain quelques-uns reculent en rampant et vont chercher un abri dans le fond

(1) Historique manuscrit du 2ᵉ bataillon de chasseurs.

du ravin. Finalement les deux bataillons en entier sont entraînés « dans une déroute indescriptible » jusqu'au delà de Montigny (1).

A peine ces contre-attaques viennent-elles d'être repoussées que six compagnies du *3ᵉ* grenadiers renforcent la ligne de feux du *1ᵉʳ*. En même temps, le général von Wittich, avec trois bataillons hessois, progresse le long de la voie ferrée jusqu'à la maison du garde-barrière dont il s'empare et aux abords de laquelle s'établissent deux batteries hessoises (2). Les deux premiers bataillons du 15ᵉ de ligne, placés à gauche du 2ᵉ bataillon de chasseurs et criblés d'obus par les batteries de la Garde, perdent en peu de temps le colonel, le lieutenant-colonel et les chefs de bataillon. Le capitaine adjudant-major Bonnet, qui prend le commandement, groupe promptement les hommes déjà « un peu débandés », fait déployer le drapeau et sonner le ralliement. Il porte sa troupe en avant avec l'appui d'un bataillon du 33ᵉ, appelé par le général Pajol, et la rétablit sur sa position première. « De ce moment, le drapeau a flotté à 600 mètres environ des lignes ennemies, et il y est resté jusqu'à 8 heures du soir, sans reculer, admi-

(1) Colonel DE COURSON, *loc. cit.*, 99, 105; *Geschichte des Kaiser Alexander Garde-Grenadier-Régiments Nr. 1*, (Metz, III, 484).
(2) *Historique du grand État-major prussien*, VI, 815, 817.

rablement défendu par les soldats du 15ᵉ de ligne (1). »

Si les progrès des Allemands sont désormais arrêtés en face d'Amanvillers et de Montigny, il n'en est pas moins vrai que toute l'aile gauche du IXᵉ corps a pu, depuis 5 heures, s'avancer sensiblement vers l'est et couvrir efficacement les deux lignes d'artillerie (2). Par contre, aux abords de Chantrenne, la situation est restée à peu près stationnaire. Le bois de La Folie, vaillamment défendu par la brigade Clinchant, demeure inaccessible à l'assaillant, malgré les quelques renforts qui lui sont arrivés de Vernéville (3). Vers 7 heures, sur l'ordre du général Alvensleben, l'artillerie concentre ses feux sur ce bois. A cet effet, les quatres batteries montées de l'artillerie de corps, en position au sud-est de Vernéville, exécutent une demi-conversion à droite; trois batteries divisionnaires viennent renforcer les deux batteries qui se trouvent déjà au nord de l'Envie. Ce bombardement est d'ailleurs sans résultat : le bois reste aux Français.

L'attaque de la 3ᵉ brigade de la Garde est donc complètement enrayée, ainsi que celle des Hes-

(1) Rapport du général Pajol, 19 août.
(2) L'une de sept batteries sur le croupe 326, l'autre de quatre batteries, à l'est d'Habonville, avec deux batteries avancées au nord de la maison du garde-barrière.
(3) *Historique du grand État-major prussien*, VI, 818 ; *Metz*, III, 491-492.

sois. Le général de Ladmirault n'a plus, il est vrai, qu'un seul bataillon disponible. Si, pourtant, à la nuit tombante, les grenadiers parviennent à s'avancer jusqu'au chemin de terre qui jalonne pour ainsi dire les positions françaises, ce sera la conséquence non d'un succès local, mais de la victoire remportée à Saint-Privat par l'aile gauche allemande.

*
* *

Vers 5 heures de l'après-midi, la division de grenadiers de la Garde, la seule dont dispose encore Bourbaki (1), se trouve à l'entrée du défilé que traverse le chemin d'Amanvillers, entre les bois des Rappes et de Saulny. Environ une heure après, arrive le capitaine de La Tour-du-Pin, aide de camp de Ladmirault : il sollicite, au nom de son chef, l'intervention de la Garde pour amener la décision sur le front du 4e corps. Le chef d'escadron Pesme, également envoyé par Ladmirault, joint ses instances à celles de La Tour-du-Pin afin d'obtenir l'entrée en ligne des grenadiers à Amanvillers. Bourbaki formule une série d'objections : il n'a sous la main qu'une division ; il a déjà constaté le mouvement rétrograde d'un grand nombre d'isolés ; il lui semble

(1) Voir *suprà*, p. 279.

« imprudent » de ne pas se « tenir en garde
contre un mouvement tournant susceptible de
jeter le désordre et de compromettre les résultats
de la journée (1) » . Les deux officiers insistent
encore : « Mon général, dit La Tour-du-Pin, moi
qui ai débuté sous vos ordres, je ne voudrais pas
vous tromper. Croyez-moi, le danger n'est pas
là, il est devant vous, et là aussi est la victoire.
Venez, venez (2)! » Bourbaki cède, met en
marche la brigade Jeanningros et les trois batteries divisionnaires et envoie chercher la réserve
d'artillerie de la Garde. La Tour-du-Pin s'empresse d'aller annoncer la bonne nouvelle au
général de Ladmirault et la propage chemin
faisant.

Vers 6 h. 45, en débouchant du taillis qui relie
le bois des Rappes à celui de Saulny, Bourbaki
aperçoit quelques fractions refluant en désordre;
il constate un certain encombrement sur les derrières du 4e corps et en conclut que l'extrême
droite de l'armée est en pleine retraite. La Tour-
du-Pin, qui revient à ce moment en faisant dé-
blayer la route, est fort mal accueilli : « Ce n'est
pas bien, capitaine, ce que vous avez fait là !
s'écrie Bourbaki. Vous m'avez promis une victoire, et vous m'amenez pour assister à une dé-

(1) Note du général Bourbaki.
(2) Souvenirs inédits de M. de La Tour-du-Pin (cités par
P. DE LA GORCE, loc. cit., 138).

route. Vous n'en aviez pas le droit. Il ne fallait pas pour cela me faire quitter des positions magnifiques. » Interpellé d'une façon aussi vive, La Tour-du-Pin ne peut rester maître de lui : « Mais, mon général, vous pouvez les reprendre ! » — « C'est ce que je vais faire », répond Bourbaki, et, en même temps, il commande : « Halte! Demitour (1)! » Il ne semble pas s'être demandé si le devoir ne lui imposerait pas d'engager ses troupes pour secourir son collègue dont il jugeait la situation compromise, plutôt que de reprendre de « magnifiques positions » que personne ne songeait à attaquer. « L'exclamation du général Bourbaki trahissait naïvement un état d'esprit et une conception des choses de la guerre qui ne lui étaient malheureusement pas personnels (2). »

La brigade Jeanningros, qui vient de sortir du bois, exécute aussitôt une marche rétrograde, qui impressionne de la manière la plus fâcheuse les isolés du 4e corps : un grand nombre d'entre eux s'enfuient dans le fourré en poussant des cris de terreur. Des trains, des convois pris de panique refluent à toute vitesse vers Lorry. L'inquiétude gagne les grenadiers eux-mêmes. A la vue des fuyards, le lieutenant-colonel Delatte prescrit à deux batteries de la réserve du 3e corps en posi-

(1) Note du général Bourbaki ; *Procès Bazaine,* Dépositions du général Bourbaki, 233 ; du capitaine de La Tour-du-Pin, 282.
(2) *Metz,* III, 499.

tion d'attente à la ferme Saint-Vincent, de se placer à cheval sur la route, à 600 mètres environ du débouché des bois. L'obstacle matériel que présentent les batteries et la confiance qu'inspire la belle attitude de cette troupe ont bientôt raison de l'affolement. Vers 7 heures, la colonne, atteinte dans son moral par cette contre-marche et par l'aspect des fuyards, vient se reformer sur le plateau qu'elle a quitté une heure avant (1). Voyant la Garde rétrograder définitivement, La Tour-du-Pin retourne auprès de Ladmirault et lui expose les faits. A ce moment même, arrive le commandant de Lonclas, aide de camp de Canrobert, annonçant que le 6ᵉ corps est « en pleine retraite ». Ladmirault ne répond que par un geste accablé, puis ordonne à La Tour-du-Pin de repartir aussitôt : « Allez vers le général Bourbaki, et dites-lui que peut-être je vais être obligé d'en faire autant pour éviter d'être enveloppé (2). »

Ladmirault comprend alors que l'heure de la défaite vient de sonner irrévocablement. L'entrée en ligne des grenadiers de la Garde à Amanvillers eût-elle suffi pour décider de la journée en notre faveur ? La question reste douteuse. Mais il est certain que, d'une manière générale, des

(1) Rapport du lieutenant-colonel Delatte, **25** septembre ; Note du général Bourbaki ; *Metz*, III, 497-501.

(2) *Procès Bazaine*, Déposition La Tour-du-Pin, **282**.

errements comme le particularisme et l'inertie
de Bourbaki ont contribué pour une grande part
à nos défaites, tandis que la solidarité et l'activité des généraux prussiens, érigées en principes absolus, ont été une des causes principales
de leurs succès.

CHAPITRE XI

RETRAITE DES 6ᵉ ET 4ᵉ CORPS

Dispositions prises par Canrobert. — Le général Péchot chargé
de couvrir la retraite. — Désorganisation de la Garde prussienne. — Mouvement en avant de l'artillerie allemande. —
L'artillerie française des carrières de La Croix la tient à distance. — Arrivée des grenadiers à l'est d'Amanvillers. — Les
batteries de la Garde. — Retour offensif du 25ᵉ de ligne. —
Encombrement sur la route de Woippy. — Le flanc droit du
4ᵉ corps découvert. — Changement de front de la division de
Cissey. — Repli organisé aux bois de Saulny. — Intervention
du IIIᵉ corps prussien. — Résistance énergique de la division
Lorencez. — Retour offensif du 41ᵉ de ligne.

Dès qu'il a constaté l'impossibilité d'enrayer
l'assaut des Saxons, dont les fractions avancées
vont atteindre Saint-Privat, le maréchal Canrobert a chargé le commandant Caffarel de rendre
compte à Bazaine de la nécessité pour le 6ᵉ corps
de battre en retraite par la route de Saulny à
Woippy. Caffarel devra ajouter que toutes les
précautions sont prises « pour défendre jusqu'à
la dernière extrémité l'entrée de la gorge de
Saulny (1) » .

(1) Instruction relative au procès Bazaine, Déposition Caffarel.

Aussitôt après le départ de l'aide de camp, le maréchal Canrobert fait commencer le mouvement que, malgré les circonstances critiques, certaines unités exécutent « avec beaucoup de calme » et dans un ordre imposant (1). La retraite est couverte par le général Péchot, qui a pris le commandement des IIe et IIIe bataillons du 100e, du 2e chasseurs d'Afrique et du 94e. Ce dernier régiment, auquel se sont joints les débris du 9e bataillon de chasseurs, est chargé par Canrobert de constituer l'extrême arrière-garde et de protéger ainsi jusqu'au bout l'artillerie et le convoi du 6e corps (2).

L'infanterie ennemie exténuée et occupée à se reconstituer ne fait d'ailleurs aucune tentative de poursuite. La Garde prussienne, en particulier, est dans la plus grande confusion. « Je renonce à peindre l'épuisement des hommes, dit l'un des officiers généraux de cette troupe d'élite. Le désordre effroyable qui se produisit dans les villages avant l'arrivée de la nuit empêchait à peu près complètement d'obtenir quoi que ce soit. La chaussée débordait de voitures, de canons, d'hommes pêle-mêle. Tout se pressait vers Sainte-

(1) Rapport du général Bisson, 19 août; Historique manuscrit du 100e de ligne; *Metz*, III, 528-529.

(2) « Vous ne vous remettrez en marche vers Metz, dit Canrobert au colonel de Geslin, que derrière le dernier caisson » (Le colonel de Geslin au ministre de la Guerre, janvier 1900). — Cf. Rapport du colonel de Geslin, 20 août; *Metz*, III, 529.

Marie où la confusion était à son comble. Beaucoup de blessés se trouvaient encore dans cette cohue sans exemple. Tout effort pour leur porter secours ou pour remettre de l'ordre était inutile... Les profonds et larges fossés de la route furent dangereux pour beaucoup : les cris et les jurons des conducteurs dominaient l'appel des blessés qui, en grand nombre, y avaient cherché un abri. Je n'atteignis Sainte-Marie qu'à grand'-peine et trouvai les rues encombrées, les places remplies d'une foule si désordonnée que je perdis l'espoir de retrouver aucun de mes hommes (1). »

L'artillerie allemande qui, elle, a conservé sa cohésion, s'est portée en avant par échelons : vingt-trois batteries (2) viennent couronner les crêtes qui s'étendent au sud de Saint-Privat, les dernières n'entrant en ligne qu'après la tombée de la nuit. Douze d'entre elles, secondées par sept batteries saxonnes déployées le long du chemin de Saint-Privat à la forêt de Jaumont, tirent sur l'artillerie française établie aux carrières de La Croix (3). Le lieutenant-colonel de Montluisant a réuni sur ces hauteurs douze batteries du 6e corps ; étagées sur plusieurs lignes, elles ouvrent le feu sur l'artillerie allemande dès son appari-

(1) Rapport du général von Kessel, cité par KUNZ, *loc. cit.*, 96-97.

(2) Appartenant à la Garde, au Xe corps et à la 5e division de cavalerie.

(3) *Historique du grand État-major prussien*, VI, 855.

tion à hauteur de Saint-Privat, et la tiennent à distance (1). Onze batteries du 4ᵉ corps sont installées à l'ouest et au sud, et surveillent les hauteurs d'Amanvillers. D'autres forces interviennent d'ailleurs pour couvrir la retraite du 6ᵉ corps : une partie de la Garde impériale débouche enfin — mais trop tard — sur cette partie du champ de bataille.

Sur l'ordre de Bourbaki, les quatre batteries à cheval de la réserve ont quitté vers 7 heures le mont Saint-Quentin pour rejoindre les grenadiers. Il est près de 7 h. 45 quand elles arrivent sur le plateau de la ferme Saint-Vincent; Bourbaki se décide alors à reporter en avant une partie de ses troupes (2). La brigade Jeanningros se met en marche avec les trois batteries de la division de grenadiers, deux batteries de la réserve et un régiment de cavalerie du 4ᵉ corps. Les cinq batteries doublent la colonne d'infanterie et traversent la bande boisée : l'une d'elles reste à peu de distance au delà, les quatre autres s'établissent sur la croupe qui, de la station d'Amanvillers, remonte vers les hauteurs de La Croix, et ouvrent le feu contre l'artillerie prussienne placée au sud-

---

(1) Bon nombre de ces batteries n'ont plus que quelques coups dans leurs coffres.

(2) Il n'est pas possible de savoir à quels motifs attribuer ce revirement. D'après sa déposition au procès Bazaine, il semble que Bourbaki ait réfléchi après l'accès de mauvaise humeur qui l'avait déterminé à rétrograder (*Metz*, III, 532).

ouest de Saint-Privat. Un bataillon de grenadiers et un bataillon de zouaves encadrent ces quatre batteries ; le reste de la brigade Jeanningros est échelonné en arrière. Enfin, les deux dernières batteries à cheval de la Garde et les deux batteries du lieutenant-colonel Delatte placées sur le plateau au nord-est de la ferme Saint-Vincent tirent sur Jérusalem, mais de trop loin pour produire grand effet. La présence de ces troupes fraîches et la ferme contenance des corps qui se retirent en imposent à l'ennemi (1). Les débris du 25ᵉ de ligne, ralliés encore une fois par leurs officiers, tentent même un retour offensif dans la direction de Saint-Privat. Réunis autour des drapeaux et entraînés par le colonel Gibon, ils s'avancent, aux accents de la *Marseillaise,* jusqu'à peu de distance de Jérusalem. Mais à ce moment, la nuit est complète et, après avoir parcouru un kilomètre, ces braves reçoivent du maréchal Canrobert l'ordre de battre définitivement en retraite (2).

Le long couloir que suit la grande route depuis Marengo jusqu'à Saulny est bondé de voitures de toutes sortes au travers desquelles roule le flot toujours grossissant des isolés qui refluent vers Metz. Après la prise de Saint-Privat, les troupes du 6ᵉ corps viennent également s'engouffrer dans ce

(1) Rapport du lieutenant-colonel Delatte ; *Metz,* III, 535.
(2) Historique manuscrit du 25ᵉ de ligne.

défilé où l'encombrement devient énorme. Après huit heures de combat, la nervosité et la lassitude physique et morale sont telles que les moindres incidents provoquent des paniques (1). Heureusement quelques unités restent compactes et tiennent tête à l'adversaire. Pas une pièce de canon du 6e corps ne tombe en son pouvoir. La division de cavalerie du Barail exécute sa retraite au pas « dans un ordre parfait, couvrant la plaine, masquant les mouvements de notre infanterie et appuyant les troupes d'arrière-garde qui contiennent l'ennemi (2) ».

*
* *

La retraite de Canrobert a découvert le flanc droit du 4e corps. Aussi, dès 7 heures, la situation de la division de Cissey est-elle devenue difficile. L'artillerie, dont le personnel est très réduit et dont les munitions sont à peu près épuisées, a dû se retirer vers les carrières de La Croix. Ce fut, dit l'historique d'une des batteries, « le moment le plus terrible de la journée (3) ». Abandonnée à peu près à ses propres forces, l'infanterie ne con-

---

(1) Rapport du colonel Henrion-Bertier, du 70e; Journal de campagne du lieutenant Palle; Historique de la 5e batterie du 15e; *Metz*, II, 544-550.

(2) Rapport du général Bisson, 19 août; Rapport du général du Barail, 20 août.

(3) Historique de la 12e batterie du 15e.

tient qu'avec peine les grenadiers de la 3ᵉ brigade
de la Garde et surtout les Hessois, qui cherchent
à gagner du terrain dans le vide laissé au nord
d'Amanvillers par la retraite de fractions du
6ᵉ corps. La première ligne de la division exécute
un changement de front à droite et, par des
feux à commandement, par-dessus les tirailleurs,
arrête pour quelque temps ce mouvement
débordant (1). Mais, Saint-Privat une fois conquis, l'artillerie prussienne a fait un bond en
avant et prend maintenant d'écharpe les bataillons du 4ᵉ corps dont la position devient critique.

« Il y a près de cinq heures que nous sommes sous
le feu du canon, a écrit plus tard Cissey ; le
général de Golberg a été frappé d'un obus à
l'épaule ; le colonel Supervielle (du 73ᵉ) a été
emporté du champ de bataille, les jambes fra-
cassées ; le colonel Frémont (du 1ᵉʳ de ligne) est
également blessé ; tout mon état-major est démonté, mon escorte brisée, dispersée, le champ
de bataille est jonché des plus effroyables débris (2) ! »

Prévoyant que la retraite va devenir inévitable, Cissey fait demander des ordres à Ladmirault. C'est le moment où le commandant du
4ᵉ corps vient d'apprendre à la fois les événements qui se sont déroulés à Saint-Privat et le

(1) Général DE CISSEY, Souvenirs inédits.
(2) Ibid.

mouvement rétrograde de la Garde impériale vers
la ferme Saint-Vincent. Dans ces conjonctures,
il est urgent de préparer une position de repli au
nord-est d'Amanvillers, afin de s'opposer à la
manœuvre enveloppante que pourra tenter l'ennemi après la prise de Saint-Privat. La 2ᵉ brigade de la division de Cissey se porte sur le bois
de Saulny en bon ordre, malgré « un feu écrasant » ; à peine arrivée à la lisière, elle fait face
à l'adversaire qui s'est lancé à sa poursuite, et
l'arrête par une vive fusillade (1). Complètement
isolé désormais à l'est des Mares, le 1ᵉʳ de ligne
est « pris de flanc, de face et à revers par les
batteries ennemies... dans un véritable océan de
fer et de feu ». Sur l'ordre de Cissey, il rétrograde vers la tranchée du chemin de fer où il se
maintient encore pendant plus d'une heure (2).
Le reste de la division gagne les bois au sud des
carrières de La Croix et, entre 8 heures et demie
et 9 heures, se met en marche sur Metz par
Saulny et Woippy (3).

Avant de se résoudre à replier la division de
Cissey, Ladmirault a envoyé successivement plusieurs officiers à Le Bœuf pour l'informer de la
situation du 4ᵉ corps et lui demander le secours

(1) Historiques manuscrits des 57ᵉ et 73ᵉ de ligne ; *Metz*, III,
555.
(2) Historique manuscrit du 1ᵉʳ de ligne.
(3) *Metz*, III, 556.

de quelques-uns des bataillons encore disponibles aux environs de La Folie. En attendant, il prescrit à la division Lorencez de résister jusqu'à la dernière extrémité sur le plateau d'Amanvillers (1). De son côté, Frédéric-Charles a fait appel à des réserves, mais celles-ci sont autrement puissantes. Vers 7 heures, il a mis à la disposition de Manstein une brigade du IIIᵉ corps, alors réunie auprès de Vernéville, pour appuyer un nouvel effort, projeté contre Amanvillers. Dès le début de la journée, Alvensleben, toujours audacieux, a eu l'intention de se porter, avec tout son corps d'armée massé, contre le bois et la ferme de La Folie. « Il attendait de cette manœuvre des avantages décisifs », mais sa proposition est rejetée en haut lieu. Dès que lui parvient l'ordre de renforcer Manstein, c'est toute son infanterie, au lieu d'une seule brigade, qu'il met en mouvement entre les bois de la Cusse et Champenois. Toutefois, le combat reprenant avec violence sur la droite, vis-à-vis de la Iʳᵉ armée, les deux divisions du IIIᵉ corps sont acheminées vers le bois de Génivaux d'où l'on craint de voir déboucher les Français. Mais, bientôt, la lutte diminue d'intensité et ne sera plus reprise sur ce point (2).

(1) Conseil d'enquête sur les capitulations, Déposition du général de Ladmirault.

(2) *Historique du grand État-major prussien*, VI, 862. — Ce

Cependant les Prussiens, arrêtés en face d'Aman-villers, exécutent des mouvements « fort inquié-tants » au nord-ouest, cherchant à tourner, par le nord du chemin de fer, un bataillon du 54ᵉ, les 2ᵉ et 5ᵉ bataillons de chasseurs. « Les dernières batteries du 6ᵉ corps se sont tues depuis quelque temps sur les hauteurs de Saint-Privat. Le feu de l'artillerie ennemie est au contraire inces-sant... Les batteries prussiennes avancent de position en position ; de nombreux bataillons d'infanterie les précèdent et les accompagnent ; déjà ils sont à notre hauteur, bientôt ils nous dépassent ; notre droite est débordée. Il semble qu'une ouverture se soit faite entre nous et le 6ᵉ corps, et que l'ennemi se soit précipité par là... Tout à coup, un obus éclate au milieu du chemin où les soldats sont serrés les uns contre les autres ; un second, puis un troisième lui succèdent immédiatement. Ils viennent d'une batterie prus-sienne qui s'est placée dans la direction du chemin que nous occupons, afin de le balayer. Cette batterie, qui fait sur nous un feu à grande vitesse, rend la situation d'autant plus périlleuse que l'infanterie prussienne nous déborde de plus en plus sur les collines situées à notre droite (1). »

document manque un peu de précision sur ces points ; il serait intéressant, en particulier, de connaître les intentions du com-mandement au sujet de l'emploi du IIIᵉ corps.

(1) Historique du 5ᵉ bataillon de chasseurs.

Les trois chefs de corps se concertent et recon-
naissent qu'il n'y a plus qu'un parti à prendre :
gagner au pas de course les hauteurs du bois
de Saulny. Le mouvement s'exécute sous une
grêle d'obus, mais sans que l'ennemi poursuive :
les deux bataillons de chasseurs traversent Amanvillers en flammes; le bataillon du 54ᵉ s'arrête en
deçà du village (1).

Au sud-ouest d'Amanvillers, l'infanterie de la
division Lorencez et de la brigade Pradier maintient ses positions le long du chemin de terre
jusqu'à 8 heures du soir, et recule ensuite de
300 mètres environ, couvrant toujours Amanvillers devenu le point d'appui de notre aile
droite (2). Un renfort débouche à ce moment des
abords de La Folie et s'avance, tambour battant,
dans la direction du nord-ouest : c'est le 41ᵉ de
ligne, envoyé par le maréchal Le Bœuf au secours
du 4ᵉ corps (3). Deux bataillons sont déployés en
première ligne, le troisième suit en soutien; puis,
sur l'ordre du colonel Saussier, tous les hommes
crient : « Vive la France! Vive l'empereur! » et
ne cessent de pousser de formidables hourras. Il

(1) Historiques du 2ᵉ bataillon de chasseurs et du 54ᵉ de ligne.
(2) *Metz*, III, 561.
(3) Le Bœuf avait désigné en outre deux bataillons du 71ᵉ et
deux batteries du 17ᵉ. Les deux bataillons s'établissent à la
lisière du bois de Châtel, face à Amanvillers; les deux batteries
sont arrêtées par le général de Berckheim (Historiques du 71ᵉ et
des batteries; Rapport du maréchal Le Bœuf, 20 août).

est 8 heures lorsque le régiment aborde Montigny. « L'horizon n'est plus éclairé alors que par
les lueurs du vaste incendie dans lequel se con-
sument les villages de Vernéville, d'Amanvillers
et les fermes environnantes. On distingue enfin
le 15ᵉ d'infanterie français luttant avec acharne-
ment autour de son drapeau. C'est le moment
d'agir. Le colonel Saussier brusque l'attaque.
Après avoir fait mettre pied à terre à tous ses
officiers, lui seul devant rester à cheval pour
mieux diriger l'opération et parer aux événements, il donne le signal de la charge. Tambours
battant, baïonnette au canon, le régiment s'élance
à l'assaut. L'ennemi, déjà fort impressionné, est
hésitant. Il cherche d'abord à nous arrêter par
des feux; mais son tir, mal ajusté, ne produit pas
d'effet. Finalement, il n'ose pas attendre l'attaque
à l'arme blanche, il lâche pied et recule dans le
bois de la Cusse (1). » En fait, le retour offensif du 41ᵉ eut surtout pour résultat d'impression-
ner favorablement les bataillons déjà un peu désunis de la division Lorencez et de la brigade

(1) Note du général Saussier, 8 juin 1901. — Il y a, semble-
t-il, quelque exagération dans la dernière phrase de cette note.
L'*Historique du grand État-major prussien* ne relate pas cette
attaque, non plus que celui du *1ᵉʳ grenadiers*, généralement très
véridique (*Metz*, III, 574). Le rapport de Le Bœuf, en date du
20 août 1870, dit simplement : « Ces renforts (41ᵉ et 71ᵉ),
vigoureusement conduits, réussirent à contenir les progrès de
l'ennemi et à couvrir mon aile droite. »

Pradier. Quelques-uns d'entre eux suivent en très bon ordre le mouvement de retraite de la division de Cissey, mais la plupart, au nombre de treize environ, restent jusqu'à 9 heures sur les positions primitives du 4ᵉ corps. Toute la brigade Pradier bivouaquera même sur le champ de bataille au sud-ouest de Montigny (1).

En fin de journée, l'aile droite de Ladmirault a été rejetée, il est vrai, sous Amanvillers, mais l'abandon ultérieur de ce point d'appui n'est en réalité que la conséquence de l'échec du 6ᵉ corps, qui a entraîné aussitôt la retraite de la division de Cissey (2). Que l'on suppose un instant Canrobert conservant ses positions jusqu'à la nuit, Ladmirault serait resté inébranlable sur les siennes. C'est donc bien l'attaque de flanc des Saxons qui a décidé du gain de la bataille par la désagrégation successive de la ligne de combat française depuis Roncourt jusqu'à Montigny (3). La part du haut commandement allemand est d'ailleurs faible dans la conception de cette manœuvre, qui a eu lieu sans l'intervention de Frédéric-Charles et absolument à l'insu de Moltke, resté avec le vieux souverain vers l'autre extrémité du champ de bataille.

(1) Rapport du général Pradier, 20 août.
(2) L'*Historique du grand État-major prussien* le reconnait (VI, 862).
(3) *Metz*, III, 586.

CHAPITRE XII

ÉCHECS DES ALLEMANDS A LEUR DROITE

Situation du 2ᵉ corps vers 6 heures. — Les troupes allemandes autour de Saint-Hubert. — Le IIᵉ corps se porte sur Grave-lotte. — Mouvement du 8ᵉ de ligne. — Instructions du roi pour une nouvelle attaque du Point-du-Jour. — Les Français reprennent le feu. — Panique des Allemands. — Offensive de la *32ᵉ* brigade. — Le *9ᵉ* hussards en déroute. — Attaque de la *3ᵉ* division. — Nouvelle panique. — Intervention de la *4ᵉ* division. — Le 2ᵉ corps maintient toutes ses positions.

Après l'attaque infructueuse des Allemands contre les positions du 2ᵉ corps (1), la fusillade a diminué peu à peu sur tout le front qui s'étend de Leipzig aux carrières du Point-du-Jour. De 5 heures à 6 heures un quart, le combat cesse presque complètement. Bien que vingt-deux batteries françaises soient disponibles pour contre-battre à nombre égal l'artillerie de Gravelotte, huit seulement sont en action, contraintes à tout instant d'interrompre leur tir et d'abriter leur personnel. Les deux batteries prussiennes, qui se

(1) Voir *suprà*, p. 271.

sont maintenues près de Saint-Hubert, se trouvent, vers 5 heures, à bout de forces : l'une d'elles, ne pouvant plus servir qu'une pièce, est ramenée en arrière (1).

La situation de notre infanterie s'est peu modifiée depuis la dernière tentative de l'ennemi. A Moscou et au nord, sur un front de 1 700 mètres, dix bataillons du 3ᵉ corps sont embusqués soit dans des tranchées, soit derrière les murs de la ferme. De Moscou au Point-du-Jour, sont déployés, sur une étendue d'environ 900 mètres, huit bataillons ayant des vues directes sur Saint-Hubert et ses abords. Au sud du Point-du-Jour, sur un front de 1 200 mètres, se trouvent neuf bataillons, abrités pour la plupart dans les fossés de la grande route. La grande majorité de ces troupes a peu souffert. En arrière de la crête, sont réunies d'importantes réserves : dix-sept bataillons pour le 3ᵉ corps, treize pour le 2ᵉ. Neuf bataillons des voltigeurs de la Garde, stationnés près de Châtel, portent le total des forces disponibles à notre aile gauche au chiffre de trente-neuf bataillons (2). Malheureusement, le commandement s'abstient de toute contre-attaque organisée et semble toujours n'avoir d'autre but que de conserver ses positions par la résistance

(1) *Historique du grand État-major prussien*, **VI**, 783.
(2) *Metz*, III, 592-594.

passive. Il n'en serait pas moins inexact d'affirmer, avec l'État-major prussien, que, vers 5 heures, l'armée du général Steinmetz a « accompli sa tâche primitive d'attirer sur elle les forces de l'adversaire (1) ». Il est encore plus faux de déclarer que, pour briser les attaques des Allemands, « le défenseur avait sans doute mis en jeu et épuisé toutes ses forces (2) ».

Autour de Saint-Hubert et le long de la lisière orientale des bois de la Mance, les unités d'infanterie allemande — bataillons et même compagnies — sont presque toutes enchevêtrées et dissociées par les péripéties du combat. Près de la ferme notamment, se trouvent pêle-mêle des fractions de six régiments d'infanterie et du bataillon de chasseurs du VIIIe corps (3). En arrière, jusqu'aux taillis, il y a environ « deux bataillons et demi en colonne les uns derrière les autres, serrés et mélangés les uns aux autres, sans cohésion ni direction... Il ne vient à l'idée de personne de faire revenir en arrière ces masses qui forment un obstacle au déploiement et au mouvement des autres troupes ». Au sud de la grande route, le champ de bataille offre le spectacle de « monceaux de cadavres d'hommes et de chevaux, de pièces abandon-

---

(1) *Historique du grand État-major prussien*, VI, **798**.
(2) Fritz Hœnig, *loc. cit.*, **238**.
(3) *Historique du grand État-major prussien*, VI, **784**.

nées, d'avant-trains démolis et renversés (1) ».

Vers 5 heures, le roi et Moltke reçoivent, non loin de la Malmaison, du quartier-maître général von Wartensleben, le rapport sur la situation de la Ire armée, et la demande faite, au nom de son général en chef, de l'intervention du IIe corps. Une demi-heure plus tard, l'ordre est envoyé au général von Fransecky de se mettre à la disposi-tion de Steinmetz (2), ce qui permet de penser que Moltke songe à ce moment à obtenir avec sa droite un résultat qui se dessine trop lentement à son gré à l'autre aile (3).

A 5 h. 45, la 3e division et l'artillerie de corps se mettent en marche de Rezonville sur Grave-lotte; la 4e division, qui n'est pas encore ras-semblée tout entière, suit trois quarts d'heure plus tard. Les têtes de colonnes sont encore à plus de deux kilomètres de Gravelotte, quand, vers 6 heures, Steinmetz prescrit aux quatre bataillons restants de la 32e brigade de se porter

(1) Fritz Hœnig, *loc. cit.*, 236.

(2) *Historique du grand État-major prussien*, VI, 798. — Cet ouvrage dit plus loin (p. 800) que le roi avait reçu égale-ment, un peu après 5 heures, un message du lieutenant-colonel von Brandenstein exposant que « tout marchait bien » à la IIe armée. Mais, d'après l'ouvrage postérieur, *Der 18. August 1870* (p. 303), cette dépêche serait parvenue au roi à 6 h. 45 seulement.

(3) C'est aussi l'opinion de l'État-major prussien (*Kriegsges-chichtliche Einzelschriften herausgegeben vom grossen Gene-ralstabe, König Wilhelm auf seinem Kriegszuge in Frankreich 1870*, p. 42).

à l'attaque du Point-du-Jour. Déjà Gœben a pris
l'initiative de cette nouvelle entreprise (1) ; mais
une reconnaissance personnelle à Saint-Hubert
lui offre « le spectacle peu réjouissant » d'une
multitude d'isolés groupés pêle-mêle aux abords
de la grande route ou blottis dans le fond du
ravin de la Mance (2). Dans ces conditions, Gœben s'abstient de tenter au milieu d'une pareille
cohue une attaque au reste peu opportune. Les
quatre bataillons demeurent sur la chaussée
auprès de leurs faisceaux.

Au 2ᵉ corps, quelques modifications fâcheuses
se produisent sur la ligne de combat. Suivant les
errements de l'époque, le général Vergé fait prévenir vers 6 heures le colonel de Waldner, du
55ᵉ, de se préparer à se retirer du feu, « attendu
qu'il est engagé depuis le matin sans interruption (3) ». Le colonel déclare qu'il a perdu « très
peu de monde » ; il juge sa position excellente et
se fait fort « de la tenir au moins jusqu'à
10 heures du soir ». Il ajoute qu'en traversant à
découvert, avec le régiment rallié, le terrain
battu par l'artillerie prussienne, il subirait plus
de pertes qu'il n'en a éprouvées jusqu'alors (4).

(1) Von Schell, *les Opérations de la Iʳᵉ armée*, 195.
(2) Fritz Hœnig, *loc. cit.*, 254.
(3) Général de Waldner-Freundstein, *loc. cit.* (*Spectateur
militaire*, 1ᵉʳ juillet 1886).
(4) *Ibid.*

Grâce à cette attitude énergique, le projet du général Vergé n'est pas suivi d'exécution.

Il n'en est pas de même d'un ordre analogue du général Fauvart-Bastoul, enjoignant au 8ᵉ de ligne de relever le 23ᵉ. Vers 6 heures, le 8ᵉ, formé en colonne par pelotons, longe par le nord la voie romaine. En débouchant sur la crête, cette masse attire immédiatement le feu de l'ennemi. Le colonel tombe l'un des premiers, et tous les officiers supérieurs ayant été mis hors de combat l'avant-veille, un capitaine prend le commandement et déploie le régiment de part et d'autre de la voie romaine, un peu à l'est du coude de la grande route. Le 8ᵉ vient s'entasser dans des tranchées et fossés déjà occupés par d'autres troupes, et c'est au prix de grandes difficultés que s'exécute la retraite des hommes du 23ᵉ manquant de cartouches et appréhendant de traverser le terrain en arrière sillonné de projectiles (1). A 6 heures et demie, le 66ᵉ de ligne est chargé de renforcer le 8ᵉ. Le colonel Ameller dirige son Iᵉʳ bataillon, puis le IIᵉ, sur le Point-du-Jour. Mais, dès l'arrivée des premières fractions, le général Sanglé-Ferrière invite le colonel Ameller à les retirer et à cesser l'envoi des suivantes : « loin d'avoir besoin de renforts », il se plaint au contraire d'être gêné par « l'encombrement ».

(1) Rapport du général Mangin, 18 août; *Metz*, III, 616.

Le 66ᵉ reste en conséquence derrière le talus de
la route (1).

*
* *

Vers 6 heures et demie, la 3ᵉ division prussienne, suivie de l'artillerie de corps, a atteint
Gravelotte. L'artillerie française s'est tue, la fusillade a cessé presque partout. De son poste
d'observation, à l'ouest de la ferme Mogador, le
roi Guillaume croit voir dans cette accalmie les
indices « d'une profonde lassitude » et de notre
« découragement (2) ». Le jour commence à
baisser; on entend un redoublement de feux dans
la direction du nord, et « le moment semble
opportun pour prononcer aussi un effort plus
puissant contre la gauche française ». Ordre est
donné à Steinmetz de « lancer contre les hauteurs du Point-du-Jour toutes les forces disponibles (3) ».

Cette nouvelle attaque est aussi peu préparée,
aussi intempestive que la précédente. Blessé des
reproches qui lui ont été faits par le roi (4),
Steinmetz « se contente d'exécuter uniquement

(1) Rapport du colonel Ameller (sans date); général DEVAU-
REIX (alors lieutenant au 66ᵉ), *Souvenirs et observations sur la
campagne de 1870*, 220; *Metz*, III, 617.
(2) *Historique du grand État-major prussien*, VI, 800.
(3) *Ibid.*
(4) Voir *suprà*, p. 274.

ce qui lui est prescrit, sous forme d'ordres nettement définis », bien que, antérieurement, il ait jugé une tentative analogue impraticable et conseillé d'agir contre notre droite (1). Moltke, au contraire, fait valoir de sérieuses objections tant sur la direction que sur l'opportunité de l'attaque; mais le roi persistant dans son projet, il s'éloigne lentement, s'arrête à cent pas environ sur la droite et affecte de s'absorber dans un travail personnel. Cette attitude de muette réprobation frappe tout l'entourage, et la scène produit « une grande impression (2) ».

Cependant Steinmetz a pris ses dispositions : Zastrow est invité à porter au delà du ravin de la Mance les bataillons du VIIᵉ corps encore à l'ouest des bois; Fransecky devra « coopérer à l'attaque » avec la 3ᵉ division qui se rassemble déjà au sud de Gravelotte (3). C'est en ces termes vagues qu'est définie l'intervention de ces troupes fraîches.

Il est environ 7 heures du soir, et les Allemands se préparent à tenter ce dernier effort, quand une activité nouvelle et inattendue se manifeste sur nos positions. L'infanterie française ouvre brusquement un feu violent, et les batteries voisines de Moscou rentrent en action. L'arrivée

(1) Fritz HŒNIG, *loc. cit.*, **269**.
(2) *Ibid.*, **276** (d'après les déclarations de témoins oculaires).
(3) *Historique du grand État-major prussien*, **VI**, **180**.

de masses considérables sur le plateau de Gravelotte n'a pas échappé à Le Bœuf et à Frossard, qui
se sont concertés pour parer à ce nouveau danger. Trois bataillons de la division Aymard renforcent la ligne de combat aux abords de Moscou ; trois batteries, dont deux de 12, reprennent
le feu. Malheureusement l'artillerie du 2ᵉ corps
n'agit pas de même, et neuf batteries du 3ᵉ seulement font face à l'ennemi menaçant (1). Le
Bœuf demande à la brigade des voltigeurs de la
Garde, stationnée dans les bois de Châtel, de le
soutenir, mais le général Brincourt se retranche
derrière des prescriptions formelles de Bourbaki
lui interdisant « de se laisser engager, ni surtout
porter en première ligne, sans un ordre formel
du commandant de la Garde (2) ». Le Bœuf, pas
plus que Frossard, ne songe d'ailleurs à préparer
une contre-attaque : c'est toujours le système de
la défense passive qui prévaut (3).

La brusque réouverture du feu produit une
impression de profonde démoralisation parmi
les troupes désorganisées et épuisées stationnant

---

(1) Conseil d'enquête sur les capitulations, Déposition du
maréchal Le Bœuf ; *Metz*, III, 618.
(2) *Ibid.* — Cf. Ordre de Bourbaki à Deligny.
(3) L'*Historique du grand État-major prussien* (VI, 801) et
Fritz Hœnig (*loc. cit.*, 260), relatent à ce moment un mouvement offensif exécuté « par des tirailleurs français débouchant en
lignes épaisses ». Les rapports et historiques français ne signalent rien à ce sujet (*Metz*, III, 621).

vers Saint-Hubert aux abords de la grande route. La plupart, prises de panique, refluent au fond du ravin de la Mance, déjà encombré, et de là vers la ligne d'artillerie du plateau de Gravelotte. « Ce n'est que bien loin en arrière qu'elles s'arrêtent; des officiers de toutes les armes, du général au lieutenant, y mettent la main (1). » Une partie de la batterie prussienne restée près de Saint-Hubert est même « entraînée dans le torrent des fuyards », et il faut toute l'énergie du capitaine et l'adjonction à ses canonniers d'auxiliaires d'infanterie pour que les trois pièces restantes puissent continuer le feu (2).

Les quatre bataillons de la 32e brigade placés sur la chaussée prennent vivement les armes, et bien que les fractions de tête aient été entraînées dans la déroute, la colonne se porte en avant au pas de charge. Un feu intense l'oblige à s'arrêter à Saint-Hubert, et une tentative pour progresser vers le Point-du-Jour échoue à la suite d'une courte contre-attaque de quelques compagnies du 80e et du 85e de ligne. Réduite à l'état de cohue, la 32e brigade est désormais vouée à l'impuissance (3).

Le 9e hussards, qui a suivi l'infanterie, arrive

(1) Fritz HŒNIG, *loc. cit.*, **270**. — Cf. VON SCHELL, *loc. cit.*, **203**.

(2) *Historique du grand État-major prussien*, **VI, 801**.

(3) Général DE TISSONNIÈRE, *Revue du Cercle militaire*, **25** janvier 1902, 115; *Metz*, III, 625-630.

à son tour à l'ouest de la ferme et est criblé de
balles. Le colonel fait sonner le demi-tour ; mais
presque aussitôt les réservistes du régiment, placés en queue de colonne et montés sur des chevaux de complément, prennent le trot. « L'allure
devint de plus en plus rapide ; les chevaux, qui
n'étaient pas habitués au feu, prirent peur... et
s'emballèrent », entraînant la moitié de l'escadron suivant. « Une masse de cavaliers sortit à
fond de train du débouché occidental de la
forêt... Les chevaux affolés se jetèrent dans les
débris de divers régiments qu'on était en train de
rassembler sur la grande route... A droite station-
naient des voitures de toute nature et des chevaux
de main... Au passage des hussards, une partie
des attelages s'excita, fit demi-tour, puis se lança
également dans la cohue. Rien n'y fit ; plusieurs
officiers se jetèrent, le sabre au clair, dans cette
foule terrifiée d'hommes et de chevaux, et s'effor-
cèrent d'arrêter ce flot furieux. Hussards, fantassins de tous les corps, chevaux de main et ordon-
nances, fourgons à bagages et autres, tout se
mélangea et se fraya violemment un passage vers
l'arrière. La confusion était indescriptible... Plusieurs fuyards ne s'arrêtèrent qu'aux environs de
Vionville répétant partout : « Nous sommes
« battus ! (1) » Suivant d'Andlau, le grand quar-

(1) Fritz Hœnig, *loc. cit.*, 267. — L'*Historique du 9ᵉ hussards*
atténue la panique (162-163). L'*Historique du grand État-major*

tier général envoya en toute hâte l'ordre de débarrasser les ponts de la Moselle et leurs abords (1).
Dans la suite du roi, tout le monde saute à cheval ; les uns s'empressent de conduire le souverain
en lieu sûr ; les autres se groupent autour de
Moltke qui, l'alerte passée, retourne vers Gravelotte (2). « Préparer la retraite, voilà où en était
le généralissime au moment où la II⁰ armée,
livrée absolument à elle-même, cueillait à Saint-
Privat, (point qu'on ne lui avait pas indiqué), les
lauriers de la victoire (3) ! »

* * *

On est mal renseigné tant sur la nature des
ordres donnés par Steinmetz pour l'exécution
de l'attaque, que sur les mesures préparatoires
prises par Zastrow et Fransecky (4). Zastrow ne
porte en avant que quatre bataillons dont l'offensive, dirigée à la fois sur le Point-du-Jour et sur

prussien ne la mentionne même pas. — « Nous avions sous les
yeux une panique complète, et maint visage dut manifester à ce
moment une expression d'anxiété » (VERDY DU VERNOIS, *Im
grossen Hauptquartier*, 97).

(1) D'ANDLAU, *loc. cit.*, 93. — Le renseignement fut donné
par un hussard chargé de porter l'ordre en question et fait prisonnier (Bulletin de renseignements de l'état-major général,
22 août).

(2) VERDY DU VERNOIS, *loc. cit.*, 97.

(3) G. G., *loc. cit.*, 241.

(4) L'*Historique du grand État-major prussien* et Fritz Hœnig
donnent peu de détails sur ces points.

les carrières, ne donne aucun résultat. Fransecky
se rend compte de la difficulté de traverser sur
un large front la bande boisée du ravin de la
Mance, mais il connaît trop le caractère de Steinmetz pour risquer une objection et se décide à
faire marcher toute son infanterie par la grande
route. Parvenu au débouché oriental du défilé, il
se propose de la déployer en échelons très serrés
et de « jeter, dans le moindre délai, une masse
considérable de troupes dans l'action engagée sur
le versant opposé (1) ». La cavalerie devra rester
à Gravelotte ; l'artillerie de corps s'établira à
l'ouest du ravin de la Mance.

Il est 7 heures et demie environ quand la
3e division, précédée d'une avant-garde de quatre
bataillons et d'une batterie, se porte à travers
champs, des abords sud-ouest de Gravelotte vers
la chaussée, en longeant les bois de la Mance.
Sous les yeux de Moltke, de Steinmetz et de
Fransecky, l'infanterie s'engage dans le défilé,
musique en tête et tambours battants. La contenance des troupes est excellente, malgré la rencontre de nombreux fuyards qui courent vers
Gravelotte, à la suite de la panique du 9e hussards.

Dès que, dans l'obscurité, les fractions marchant en tête de colonne aperçoivent Saint-
Hubert, qu'elles croient en notre possession, elles

(1) *Historique du grand État-major prussien*, VI, 804.

ouvrent un feu violent. Les débris des cinquante-
neuf compagnies prussiennes entassés en désordre aux abords de la ferme, recevant tout à
coup des balles à revers, s'affolent et refluent
vers le fond du ravin dans une inexprimable confusion. « Là s'entrechoquent dans l'obscurité
deux courants de sens contraire : l'un se dirigeant, en désordre et sans chef, de l'avant à l'arrière ; l'autre venant à sa rencontre... Il ne pouvait être question d'exécuter une attaque de nuit
dans de semblables circonstances ; cette nouvelle
panique, la plus funeste et la plus durable de la
journée, avait, dès le début, étouffé dans son
germe toute action d'ensemble (1). » Une seule
brigade fraîche lancée dans cette cohue, et c'était
pour Frossard un succès certain.

Quand on fut parvenu à faire cesser la méprise
et à calmer un peu le désarroi, les bataillons de
la 3ᵉ division reprirent leur marche en avant.
Leur effort se porte à la fois vers Moscou, vers le
Point-du-Jour et les carrières situées au sud de
la route. La division Vergé les accueille par des
feux à volonté qui les arrêtent à hauteur de
Saint-Hubert. La confusion renaît avec l'afflux
de nouvelles troupes et la tombée de la nuit. Un
moment vient où des chaînes de tirailleurs allemands s'avancent sur nos tranchées ; mais quel-

(1) Fritz HOENIG, *loc. cit.*, **290**.

ques feux de salve et, sur certains points, des
charges à la baïonnette les font promptement
reculer. La nuit est si complète que l'assaillant
ne peut plus distinguer amis et ennemis. Les
lueurs des incendies du Point-du-Jour et de Moscou et les éclairs produits par les feux incessants
des Français donnent seuls une idée vague de
leurs emplacements. A plusieurs reprises, les
Allemands tirent les uns sur les autres, et le désordre prend « des proportions effrayantes (1) ».

Ainsi, les dix bataillons qui ont pris part à
l'attaque de la 3ᵉ division, loin d'agir en masse
sur Saint-Hubert et le Point-du-Jour, comme se
le proposait Fransecky, se sont égrenés peu à
peu dans différentes directions. Quelques fractions seulement ont pu s'engager à courte distance, mais en aucun point n'ont pu nous déloger.
Les débris de la Iʳᵉ armée et de la 3ᵉ division
n'échappent à la destruction que grâce à notre
passivité constante.

Vers 9 heures, Fransecky est à Saint-Hubert
avec un certain nombre de généraux et d'officiers supérieurs. Tous se concertent et, au lieu
de chercher à « remettre de l'ordre dans ces
débris informes appartenant à trois corps d'armée », ils commettent une nouvelle faute en faisant avancer un régiment frais, le 42ᵉ, et toute la

_____

(1) Kunz, *loc. cit.*, I, 47. — Cf. *Historique du grand État-
major prussien*, VI, 806.

4e division (1). A 10 heures et demie, on peut compter quarante-huit bataillons, dont vingt-quatre de troupes intactes, massés sur un espace de 1 500 mètres de front et de 1 000 mètres de profondeur. « Pareil fait s'est-il jamais produit? Après 10 heures, les Allemands s'étaient ainsi privés eux-mêmes de leurs *moyens de défense*, car ils ne pouvaient plus se mouvoir pour livrer combat (2). » La formidable attaque lancée par le IIe corps a donc abouti uniquement à l'engagement réel d'environ trois bataillons en face des tranchées françaises du Point-du-Jour, au coude de la route (3). Seules, quelques fractions du VIIe corps obtiennent un succès relatif en occupant les carrières qu'elles trouvent évacuées (4). Fransecky tente de faire cesser le feu au moyen de sonneries; néanmoins, de nombreuses luttes fratricides se produisent encore, suivies d'une série presque ininterrompue de paniques (5).

Au 2e corps, bon nombre de compagnies et de bataillons sont ralliés par leurs chefs et ramenés en arrière. Ainsi des fractions du 80e et du 8e de ligne sont rassemblées et conduites dans le voisinage de Moscou, où le 85e occupe toujours ses tranchées. Les fossés de la route restent toutefois gar-

---

(1) Fritz Hoenig, *loc. cit.*, 307.
(2) *Ibid.*
(3) *Metz*, III, 658.
(4) Kunz, *loc. cit.*, I, 65-66.
(5) *Ibid.*, 50-51.

nis par un assez grand nombre d'hommes de tous
les régiments, notamment du 32e de ligne. Dans
le voisinage du Point-du-Jour, le général Sanglé-
Ferrière a dû appeler à lui le 66e un peu avant
10 heures. A ce moment, un commencement de
panique se manifeste de part et d'autre de la voie
romaine, mais des officiers du 8e de ligne se jettent au devant des fuyards et les arrêtent assez
facilement (1).

Bien que quelques fractions prussiennes parviennent à la faveur de la nuit jusque dans les
fossés en deçà de la grande route, où elles restent
jusqu'au lendemain matin, les positions du
2e corps et de la division Aymard ne sont forcées
sur aucun point. Malgré la supériorité écrasante
de leur artillerie et les troupes nombreuses engagées, les Allemands ont échoué dans toutes leurs
attaques; ils sont demeurés impuissants à chasser le défenseur, et les infimes résultats dont ils
peuvent se prévaloir ont été achetés au prix des
plus lourds sacrifices.

(1) Rapports du général Mangin et du colonel Ameller; Historique manuscrit du 8e de ligne; *Metz*, III, 662.

CHAPITRE XIII

FIN DE LA BATAILLE

Moltke se rend à Rezonville. — Il reçoit dans la nuit la nouvelle du succès remporté à Saint-Privat. — La Ire et la IIe armée à la fin de l'action. — Les 2e et 3e corps couchent sur leurs positions. — Les pertes. — Bazaine à Plappeville. — Rapports du commandant Caffarel, du capitaine de La Tour-du-Pin, du commandant de Lonclas. — Appréciations de Bazaine. — Motifs probables de son atttitude.

Moltke a quitté les environs de Gravelotte vers 9 heures et demie et s'est dirigé sur Rezonville (1). Depuis plusieurs heures, il n'a aucune nouvelle de la IIe armée, et il s'éloigne du champ de bataille sous l'impression des échecs répétés, subis en face du Point-du-Jour (2). Chemin fai-

(1) Suivant Verdy du Vernois (*loc. cit.*, 101), Moltke ne serait parti qu'après avoir eu l'impression » que la hauteur (du Point-du-Jour) avait été enlevée d'assaut... et que tout allait à souhait ». Cette satisfaction était due sans doute à la constatation que les Français n'avaient pas profité de la situation pour infliger un échec à la Ire armée. Il n'est guère possible de donner une autre explication. Fritz Hœnig dit d'ailleurs que « l'impression qu'avait laissée à Moltke le combat de la Ire armée n'était pas favorable » (*loc. cit.*, 315). Ce témoignage est conforme aux faits.

(2) *Der 18. August*, 339.

sant, il apprend que le roi, déjà arrivé à Rezonville, lui demande un rapport sur la situation.
Moltke prend le trot, mais à peine a-t-il dépassé
Gravelotte que Verdy du Vernois lui fait observer les inconvénients de cette allure. Déjà, en
effet, ce mouvement en arrière un peu précipité
impressionne à ce point les blessés et les nombreux isolés qu'il y a lieu de redouter une nouvelle panique. Moltke met son cheval au pas et
atteint ainsi la sortie ouest de Rezonville. Au
sud de la chaussée, le roi s'est installé devant
un feu de bivouac près d'une grange incendiée;
lui aussi, ignore encore à ce moment le succès
remporté par la IIe armée. Verdy du Vernois
entend un officier d'un grade élevé dire sur
un ton très convaincu : « Maintenant, Majesté,
sauf meilleur avis et après les grandes pertes
de la journée, j'estime que nous ne devons pas
continuer l'attaque demain, mais au contraire
attendre les Français. » Verdy juge l'idée si mons-
trueuse qu'il ne peut s'empêcher de protester :
« Alors, je ne sais pas pourquoi nous avons
attaqué aujourd'hui ! » Mais le haut personnage
riposte aussitôt assez sèchement : « Lieutenant-
colonel, que désirez-vous? » Moltke s'interpose
à ce moment et, de sa voix la plus calme : « Si
l'ennemi, dit-il, se trouvait encore demain en
avant de Metz, Votre Majesté n'aurait qu'à donner l'ordre de reprendre l'attaque. » Les instruc-

tions à cet effet sont rédigées sur le champ (1).

Dans des circonstances aussi critiques, Moltke, on doit le reconnaître, a montré la fermeté d'âme et l'esprit de décision des grands capitaines. Lorsque dans la nuit (2) arrive la nouvelle du succès remporté par la IIe armée à Saint-Privat, il l'accueille avec une indifférence apparente, comme s'il n'eût pu en être autrement, et il prend immédiatement toutes les mesures que commande la situation nouvelle créée par cette victoire, malgré tout inespérée (3).

A la fin de l'action, Steinmetz s'est rendu à Gravelotte, où se rassemblent les éléments épars

---

(1) VERDY DU VERNOIS, *loc. cit.*, 101-102. — Le personnage d'un grade élevé dont il est question est vraisemblablement le général Roon, ministre de la Guerre. Le roi semble avoir fait quelques difficultés pour approuver l'attaque du lendemain (Moltke, *Gesammelte Schriften*, V, 298-299). On s'explique mal que Moltke ait pu, suivant l'État-major prussien, féliciter le roi du gain de la bataille (*Kriegsgeschichtliche Einzelschriften*, Heft 19, 46). On ne comprend pas davantage que le télégramme du roi à la reine annonçant que les Français sont « complètement battus », porte l'indication 9 heures du soir (*Ibid.*, 47). Verdy du Vernois indique 10 heures (*loc. cit.*, 102), ce qui semble encore prématuré.

(2) « Après minuit », selon Fritz HOENIG (*loc. cit.*, 326).

(3) Dans l'après-midi du 19, Moltke retourne à Pont-à-Mousson avec Verdy du Vernois et le capitaine von Winterfeld. Il semble plongé dans ses réflexions. Soudain il rompt le silence : « J'ai pourtant appris, une fois de plus, que l'on n'est jamais assez fort sur le champ de bataille. » Non loin de Pont-à-Mousson, très pittoresque et d'aspect riant au coucher du soleil, Moltke reprend : « Avec quelles pensées arriverions-nous ici si nous avions été les vaincus ! » (VERDY DU VERNOIS, *loc. cit.*, 111-112)

et dissociés des VII⁰ et VIII⁰ corps, sauf pourtant les bataillons engagés sur la lisière orientale du bois de Vaux, qui passent la nuit sur les positions conquises dans les derniers instants de la lutte. La 1re division de cavalerie s'installe au bivouac près de Rezonville. Le II⁰ corps demeure au contact des Français, en face du Point-du-Jour et de Moscou (1).

A la II⁰ armée, les troupes qui ont réellement combattu sont à peu près épuisées. A 8 heures et demie du soir, Frédéric-Charles donne l'ordre suivant :

« Les corps d'armée bivouaqueront sur les emplacements qu'ils occupaient à l'issue de la bataille; ils établiront des avant-postes d'infanterie, qui auront à se relier avec les corps latéraux et se tiendront en garde contre les tentatives désespérées que l'ennemi pourrait prononcer dans la nuit pour s'ouvrir un passage (2)... »

En conséquence, les unités de la II⁰ armée s'établissent : le XII⁰ corps entre Montois, Roncourt et Saint-Privat; la Garde entre Roncourt, Saint-Privat, Sainte-Marie; la cavalerie à Batilly; le X⁰ corps à Saint-Privat et Saint-Ail; le IX⁰, assez morcelé, à Vernéville, à Chantrenne et au bois de la Cusse; le III⁰ près du bois des Génivaux; la 5⁰ division de cavalerie entre Saint-Ail et

(1) *Historique du grand État-major prussien*, VI, 868.
(2) *Ibid.*, 867.

Sainte-Marie, la 6ᵉ à l'ouest de Vernéville.

Les pertes des Allemands s'élèvent à 899 officiers, 19 260 hommes de troupe (1).

A l'armée du Rhin, le général Frossard et le maréchal Le Bœuf conservent toute la nuit les positions qu'ils ont si vaillamment défendues. Il en est de même de la brigade Pradier, du 4ᵉ corps, et du 41ᵉ de ligne venu à son aide, qui couvrent, par quelques grand'gardes échelonnées à l'ouest et au nord de Montigny-la-Grange le point d'appui de l'extrême droite française. La majeure partie du 4ᵉ corps, comme le 6ᵉ tout entier, se replie par une marche de nuit sur Metz, et, aux premières lueurs du jour, les troupes de Ladmirault et de Canrobert sont réparties un peu au hasard, entre le fort Moselle, Devant-les-Ponts et Woippy. La division de cavalerie du Barail réoccupe ses camps du 14 : Ban Saint-Martin et Porte de Thionville. La Garde bivouaque au sud du fort Plappeville et sur le mont Saint-Quentin (2).

Le total général des pertes est de 619 officiers, 12 599 hommes de troupe (3).

(1) Officiers : tués 328, blessés 571. Troupe : tués 4 909, blessés 13 858, disparus 493 (*Historique du grand État-major prussien*, VI, 200*).
(2) *Metz*, III, 699.
(3) Officiers : tués 185, blessés 434. Troupe : tués 958, blessés 6 754, disparus 4 887 (*Ibid.*, 738).

*
* *

Tandis qu'à Rezonville, le roi Guillaume et Moltke, témoins des échecs successifs éprouvés par leurs troupes sur la Mance et ne sachant rien encore des succès remportés par Frédéric-Charles, demeurent soucieux et inquiets du lendemain, à Plappeville le maréchal Bazaine se montre, par une incroyable aberration, rassuré au point de paraître satisfait.

Vers 9 heures du soir, un sous-intendant militaire se présente au grand quartier général et rend compte d'un fait assez troublant. Un convoi de vivres, dirigé sur le 6ᵉ corps par la grande route de Woippy à Saint-Privat, a été arrêté dans sa marche et mis en désordre par la rencontre de voitures et de cavaliers affolés fuyant le champ de bataille et poussant des cris de détresse. On croit, dans l'entourage de Bazaine, qu'il s'agit d'une simple panique de conducteurs et de cantiniers, et la nouvelle est de trop minime importance pour modifier l'optimisme qui règne à l'état-major général. Jarras invite le sous-intendant à rallier son convoi, à le compléter et à rejoindre le 6ᵉ corps (1).

A ce moment, survient le commandant Caffa-

_____

(1) Général JARRAS, *loc. cit.*, 127.

rel, aide de camp de Canrobert, qui annonce la défaite et la retraite de l'aile droite de l'armée. Bazaine a fait fermer sa porte « afin de pouvoir travailler sans être dérangé inutilement (1) ». Jarras force néanmoins la consigne et introduit l'officier supérieur porteur de ces nouvelles aussi inattendues que graves. Bazaine écoute le rapport, sans laisser paraître ni émotion ni surprise : « Il ne parut pas affecté de l'échec que nous venions d'éprouver, dit Caffarel. Après m'avoir demandé quelques détails sur les différentes phases de la bataille, il me dit : « Vous n'avez « pas à vous attrister de cette retraite ; le mouve- « ment qui s'opère en ce moment-ci devait être « exécuté demain matin ; nous le faisons donc « douze heures plus tôt, et les Prussiens n'auront « pas trop à se vanter de nous avoir fait reculer. « Dites au maréchal Canrobert de prendre de- « main les emplacements que le chef d'état-major « général a dû faire connaître à chacun des sous- « chefs d'état-major des corps d'armée (2). »

Peu après arrive le capitaine de La Tour-du-Pin. Il a quitté Ladmirault au moment où l'aile droite du 4ᵉ corps n'a pas encore été forcée de rétrograder et présente la situation sous un jour moins sombre que ne l'a fait Caffarel. A son dé-

(1) Général JARRAS, loc. cit., 128.
(2) Instruction relative au procès Bazaine, Déposition du commandant Caffarel.

part, les positions étaient intactes, la division Lorencez était à Amanvillers, la brigade Pajol à Montigny ; « le 3ᵉ corps était ferme dans ses lignes » et venait d'envoyer un régiment au 4ᵉ. « La bataille n'est pas perdue », conclut La Tour-du-Pin, elle est « à recommencer demain matin ». Ces paroles énergiques n'ont pas le don de modifier la décision de Bazaine : « Il s'agit bien de cela ! répond-il. Nous devions nous en aller demain matin ; nous nous en irons ce soir, voilà tout (1) ! » Le commandant de Lonclas, introduit ensuite, relate à son tour les péripéties de la lutte à Saint-Privat. Bazaine l'écoute d'un air calme et dégagé, affectant de taxer d'exagération son récit. Il ajoute qu'il connaît les résultats de l'*engagement*, appuyant sur ce mot et atténuant l'importance de la lutte, et qu'il vient de donner des ordres pour la concentration sur Metz (2).

Ainsi, 13 000 hommes sont tués ou blessés ;

(1) *Procès Bazaine*, Déposition du capitaine de La Tour-du-Pin, 282. — « J'étais à ce moment-là, a dit Bazaine, sous l'impression des nouvelles que je venais de recevoir des mouvements de l'ennemi qui grossissait et devait se monter à 250 000 hommes, et plus, sur le plateau. Pour remonter le moral de ces messieurs, ou plutôt pour le soutenir, car il n'était pas abattu, je leur ai dit, sans leur faire part de mes renseignements : « Vous deviez faire ce mouvement demain matin, — nous y aurions été forcés à cause des renforts considérables qu'avait reçus l'ennemi —; eh bien, vous le ferez cette nuit ! Ce propos n'avait pas d'autre portée » (*Ibid.*, 283).

(2) G. BAPST, *Éclair* du 23 juillet 1908, d'après des notes du commandant de Lonclas.

l'armée, refoulée dans Metz, a perdu ses communications avec l'intérieur du pays ; les routes d'invasion sont largement ouvertes à l'ennemi ; il ne reste plus d'autres forces à lui opposer que les éléments disparates groupés en hâte au camp de Châlons, autour des débris échappés de Frœschwiller ; et le général en chef continue à vouloir ignorer ces funestes conséquences de la journée ! Comment expliquer une telle mentalité, sinon par la satisfaction d'avoir trouvé le prétexte plausible, cherché depuis plusieurs jours, de ne plus quitter Metz ?

Sans doute, Bazaine se préoccupa quelques jours plus tard du jugement que provoquerait sa conduite. On l'entendit se plaindre amèrement des troupes et de leurs généraux, en essayant de dégager sa responsabilité et de leur incriminer la défaite. Il s'efforça de prouver que, dans son esprit, cette journée ne devait être qu'une action purement défensive où le commandement n'avait pas d'initiative à prendre. Afin de mieux établir le fait officiellement, il décida que, dans les rapports et les pièces à fournir, la journée du 18 août prendrait, par une désignation mitigée et à dessein équivoque, le nom de *Défense des lignes d'Amanvillers*. De la sorte, pensait-il, ce n'était plus une bataille, et les reproches ne pouvaient atteindre le général en chef (1).

(1) Colonel d'ANDLAU, *loc. cit.*, 101.

Dans la nuit, les corps reçoivent l'ordre de mouvement pour le 19, rédigé avant la bataille et communiqué déjà dans la matinée du 18 par le colonel Lewal aux sous-chefs d'état-major. Rien n'est changé aux dispositions prises, malgré les événements importants qui ont eu lieu. Les troupes, précédées de leurs équipages, doivent évacuer leurs positions de combat au jour, et à 4 heures et demie du matin au plus tard. C'est la retraite générale sur Metz (1).

Ainsi se réalisent les secrets desseins de Bazaine : s'enfermer dans la forteresse et, derrière ses murailles où il sera à l'abri des incertitudes des batailles, délivré aussi de la direction d'opérations en rase campagne, dont il se sent incapable, attendre que l'issue de la guerre se produise sur un autre terrain. Alors, après la chute du régime impérial qu'il prévoit, après la conclusion de la paix qu'il croit prochaine, ne sera-t-il pas, avec son armée intacte, le maître de la situation et l'arbitre des destinées du pays ? Toutefois, dans ces menées tortueuses, Bazaine n'a pas tenu compte de la durée de la résistance de la France. La guerre se prolongera bien au delà de ses prévisions, et c'est la famine qui réduira les vaillants soldats de l'armée du Rhin, dignes d'un autre chef, à sortir de la place désarmés et prisonniers.

(1) *Metz*, III, 694-696.

CHAPITRE XIV

CONCLUSIONS

Les opérations en Lorraine, si malheureusement terminées par le retour de Bazaine sous les murs mêmes de Metz, ont exercé une influence capitale sur le sort de la guerre et sur les destinées de la France. Leur funeste aboutissement devait avoir des conséquences irrémédiables. L'armée du Rhin, sur le point d'être investie, était désormais définitivement séparée des forces qui se rassemblaient en hâte au camp de Châlons, et dont le moral était déjà atteint, dont l'organisation présentait de graves défectuosités. L'emploi de cette nouvelle armée allait être subordonné d'ailleurs à la situation et aux projets de Bazaine, de sorte que la catastrophe de Sedan est, dans une certaine mesure, le contre-coup des événements de Metz.

Dans les brillants résultats dont peut se prévaloir l'ennemi, quelle est la part de la stratégie allemande? Quelle est celle du hasard et de nos fautes? Jusqu'à quel point Moltke a-t-il prévu ces manœuvres couronnées de tant de succès et en a-t-il poursuivi la réalisation en imposant sa loi à l'adversaire ? Selon l'*Historique du grand État-major prussien,* « l'idée principale » qui se dégage d'un mémoire de Moltke rédigé dans l'hiver de 1868-1869, en vue d'une guerre contre la France, se serait traduite, « dès les premières opérations déjà, par une tendance évidente à refouler le gros des forces ennemies au nord de leur communication avec Paris (1) » . Ainsi présentée, cette assertion semble incxacte : le mémoire en question se borne à indiquer que le plan d'opérations « consiste uniquement à rechercher l'armée principale de l'ennemi et à l'attaquer là où on la trouvera (2) » . Au printemps de 1870, dans une note relative au mouvement vers la Moselle, Moltke reste également muet sur le prétendu projet de couper l'armée française de ses communications avec l'intérieur du pays. Il précise seulement la direction générale à suivre pour rencontrer le plus sûrement les forces adverses et leur livrer bataille (3). De fait, le mouvement prescrit par l'ordre du 9 août 1870 revêt absolument le caractère d'une marche directe, sans trace d'une manœuvre quelconque destinée à rejeter les Français vers le nord. Il en est de

(1) *Historique du grand État-major prussien,* I, 71.
(2) *Correspondance militaire du maréchal de Moltke,* n° 157.
— Cf. *Metz,* I, 47.
(3) *Ibid.,* 171 ; *Metz,* III, 725.

même de l'ordre du 12, et l'on ne saurait sous-
crire à cette opinion exprimée à nouveau par le
grand État-major prussien en 1895 : « Le 14,
les armées allemandes devaient continuer la conversion à droite commencée les jours précédents,
mais en prenant désormais comme pivot, la
Ire armée arrêtée sur la Nied (1) ». En réalité,
c'est dans la soirée du 16 août seulement que
Moltke exprima nettement l'intention « de refouler vers le nord, en les coupant de Châlons et de
Paris, la plus grande partie possible des troupes
ennemies et de les poursuivre jusqu'à la frontière du Luxembourg (2) ». Encore cette combinaison eût-elle été bien compromise par une
simple reprise de la lutte le 17 août au matin.

Envisageant dans leur ensemble les opérations
autour de Metz, l'*Historique du grand État-major
prussien* a émis une autre appréciation, qui,
comme la précédente, mérite d'être examinée
avec attention :

« Les batailles des 14, 16 et 18 août forment
réellement par leur connexion et par leurs conséquences, comme la préparation, le prologue et
le dénouement d'une seule et même grande opération, dont le résultat final était d'enfermer la
principale armée française dans un cercle de fer

(1) *Kriegsgeschichtliche Einzelschriften*, Heft 18, 525.
(2) *Correspondance militaire du maréchal de Moltke*,
n° 171.

qu'elle ne devait plus rompre qu'en mettant bas
les armes (1). »

Ces affirmations sont-elles justifiées par les
faits? Les journées de Borny, de Rezonville, de
Saint-Privat sont-elles vraiment, ainsi qu'on les
a représentées, trois actes successifs d'un même
drame, conçu par un esprit génial, se déroulant
selon le développement logique déterminé par la
pensée créatrice, se dénouant enfin suivant les
prévisions du commandement?

Borny s'engage contrairement aux intentions
et même aux instructions du grand quartier général prussien. Les résultats sont insignifiants : la
retraite de l'armée française n'en est pas retardée d'une heure. Seules, les dispositions défectueuses prises par Bazaine ont paralysé sa marche,
quand l'utilisation de toutes les routes disponibles lui permettait d'être hors d'atteinte dès le
16 au soir. Au lendemain de Borny, Moltke pro-
jette de récolter les fruits de sa prétendue victoire.
Mais il ignore la véritable situation de l'armée du
Rhin : les directives, assez vagues d'ailleurs,
reposent sur une hypothèse vraisemblable, mais
en réalité fausse. Quant à Frédéric-Charles, il
estime close la première période des opérations
et ne songe qu'à atteindre la Meuse. Ici se manifeste une des caractéristiques de la stratégie alle-

(1) *Historique du grand État-major prussien*, VI, 877.

mande de 1870 : l'appel constant à la logique et au calcul pour déterminer la situation de l'ennemi auquel on prête les résolutions les plus conformes à ses intérêts, puis, par un travail de déduction, la conception de la manœuvre convenable (1). Celle-ci échouera maintes fois parce que l'adversaire aura fait autre chose que ce qu'on avait prévu.

Rezonville surprend complètement le haut commandement. Deux corps isolés se heurtent inopinément à toutes nos forces réunies, et il ne faut pas moins de tout le coup d'œil militaire et de l'énergie d'Alvensleben, secondés par l'inpacité de Bazaine, pour leur éviter un désastre. En hâte, Moltke ordonne la concentration générale; mais, pour la bataille décisive cherchée au début sur la Sarre, puis sur la Nied, il ne disposera que de huit corps d'armée sur quinze. Après la bataille du 16, les Allemands passent la nuit au contact immédiat de l'armée française et, dès le lendemain, ils arrivent à ce résultat surprenant de la perdre de vue dans l'étroit espace où devaient se localiser les recherches. Ils la laissent libre de prendre le large et de se dérober sur Verdun. Bien plus, ils ignoreront encore sa situation exacte pendant toute la matinée du 18.

On ne saurait donc trouver, dans les opéra-

(1) Colonel Foch, loc. cit., 477.

tions autour de Metz, la réalisation d'une de ces
manœuvres artistiques et décisives où se révèlent
les grands capitaines, tant dans l'éclat de la conception que dans la fermeté de l'exécution. « Où
reconnaître là dedans cette volonté de fer qui, de
Schleiz à Iéna, mène les hommes et les faits tambour battant, ce coup d'œil d'aigle qui, dès le
12 octobre (1806), discerne le champ de bataille
du 14, cette superbe assurance qui, trois jours à
l'avance, annonce l'issue de la campagne? Schleiz,
Saalfeld, la pointe sur Géra et Naumbourg, la
conversion sur Iéna sont l'enchaînement d'une
même pensée qui ne dévie jamais, qui étreint la
fortune et lui impose ses lois. Chez les Allemands, de la Sarre à Metz, de la Moselle à
l'Orne, la direction stratégique conserve le même
caractère méthodique et timoré. Subordonnée
aux renseignements, aux mouvements de l'adversaire, cette direction demeure incertaine, hési-
tante; elle se règle sur les événements et ne les
prépare point; elle les domine encore moins (1). »

*
* *

Le haut commandement allemand, si incertain dans ses conceptions stratégiques, si flottant
dans la direction des armées, s'est-il révélé du

(1) G. G., *loc. cit.*, 236.

moins d'une manière éclatante dans le domaine
de la tactique? Il serait assurément téméraire de
l'affirmer : Saint-Privat, la première bataille de
la guerre à laquelle assiste Moltke, ne laisse
aucun doute à cet égard.

On pourrait insister sur les obscurités de la
matinée, si faciles à dissiper, sur l'imprudence
de la marche de flanc à travers champs, à
quelques kilomètres des positions françaises, sur
la divergence de vues entre le généralissime et
ses subordonnés, sur les fluctuations de la pensée
du haut commandement; mais il suffit de se
demander quel a été le rôle de la direction, une
fois la situation exacte de l'armée du Rhin connue? Suivant quelques opinions, une partie des
forces allemandes aurait, conformément aux doctrines napoléoniennes, exécuté une attaque sur
tout le front, destinée à immobiliser, à investir
l'adversaire, tandis que les Saxons et la Garde
auraient eu pour mission de déborder son aile
droite et de produire l'action décisive. Moltke
a-t-il en effet discerné le point où serait porté
cet effort suprême? A-t-il désigné Saint-Privat,
comme Napoléon a fixé le plateau de Pratzen à
Austerlitz, l'aile gauche des Russes à Friedland,
la tour de Neusiedel à Wagram? Il n'en est rien.

En fait, la Ire et la IIe armée ont livré, l'une à
Gravelotte, l'autre à Saint-Privat, deux actions
distinctes faiblement reliées par le IXe corps.

Après avoir prescrit d'abord aux deux armées une attaque simultanée, dans laquelle l'aile gauche de la II⁰ armée agirait « par le nord », Moltke réserve ensuite à Steinmetz un rôle démonstratif ; puis, par un revirement inexplicable, il cherche la solution à son aile droite et, dans plusieurs tentatives, ne récolte que l'insuccès. Pendant ce temps, la II⁰ armée « glisse en quelque sorte entre les doigts du grand quartier général (1) ». Moltke ignore à peu près tout de ses opérations, si bien qu'il juge nécessaire de renouveler l'attaque le lendemain, lorsqu'il reçoit enfin, très tard dans la nuit, la nouvelle de la victoire remportée à son aile gauche. La part de Frédéric-Charles lui-même dans cette journée est d'ailleurs assez faible : le mérite en revient surtout au prince de Saxe, à qui sont dues l'initiative et l'exécution du mouvement tournant. La qualité des troupes, leur nombre, l'énergie et la solidarité des chefs subordonnés, la faiblesse enfin du commandement français et ses doctrines de défensive pure ont fait le reste (2).

A plusieurs reprises, nous laissons échapper l'occasion de remporter des succès partiels. L'intervention de la Garde impériale vers Saint-Privat, au moment où les Saxons n'avaient pas encore achevé leur mouvement tournant, eût

(1) Fritz HOENIG, *loc. cit.*, 327. — Cf. G. G., *loc. cit.*, 252.
(2) Lieutenant-colonel ROUSSET, *loc. cit.*, 268.

sans doute changé l'issue de la journée. Il en est
de même d'une offensive générale des 2ᵉ et
3ᵉ corps succédant à l'une des paniques qui se
produisirent devant le Point-du-Jour. Selon Verdy
du Vernois, une défaite des Allemands le 18 août
n'aurait pu avoir de conséquences funestes : les
réserves eussent permis au prince Frédéric-
Charles d'exécuter un changement de front en
arrière; la jonction avec la IIIᵉ armée était
assurée et eût donné une telle supériorité numérique qu'il était permis d'envisager une nouvelle
bataille avec toute confiance (1). Il n'en est pas
moins vrai qu'une victoire de l'armée du Rhin à
Saint-Privat, après une action à fronts renversés,
eût contraint les Allemands à une retraite difficile vers les ponts de la Moselle peu nombreux et
précédés de véritables défilés (2). Et quelle eût
été la portée morale d'un tel retour de fortune!

*\
* *

Les succès à la guerre ne se mesurent pas toujours à la valeur du général en chef : Napoléon,
malgré la supériorité incontestée de son génie,
n'a pas en effet remporté de plus beaux triomphes
que ceux de Metz et de Sedan. Est-ce à dire que,
dans une certaine mesure, les Allemands ne les
aient point mérités? Semblable thèse serait aussi

(1) VERDY DU VERNOIS, *loc. cit.*, 111.
(2) P. LEHAUTCOURT, *Histoire de la guerre de 1870*, V, 672.

erronée qu'une admiration aveugle pour le vainqueur. Ces victoires, nos ennemis les doivent à une rationnelle et minutieuse organisation du temps du paix, à des études militaires approfondies, à une communauté de doctrines aboutissant à la coordination des efforts, à une tactique résolument offensive, à des états-majors remarquablement instruits, à des exécutants pleins d'initiative, d'énergie et d'abnégation, à la judicieuse appréciation de la puissance des forces morales. Toute cette œuvre appartient, sans contredit, à Moltke. C'est par cette préparation laborieuse et sans précédent à la guerre d'armées, et par une saine logique déductive au cours des opérations, qu'il s'est rendu digne de vaincre. Mais, en toute équité, il faut tenir compte de la valeur du commandement opposé. Les généraux français du second Empire, excellents entraîneurs de troupes, comptant de nombreuses campagnes et de brillantes actions d'éclat, remplis d'expérience pour des opérations en Afrique, ignoraient ou avaient perdu de vue les vrais principes de la guerre en Europe. Peu habitués au maniement de masses aussi nombreuses, paralysés au combat par une centralisation excessive, ils méconnaissaient par surcroît la puissance matérielle et morale de l'offensive pour s'en tenir à la défense passive de positions réputées inexpugnables.

Quant aux troupes, condamnées à une attitude
contraire à leur tempérament et à leurs traditions,
leur conduite au feu — à part quelques rares
défaillances — a été au-dessus de tout éloge.
Pour vaincre sur les champs de bataille de Lorraine, ces braves n'ont manqué que d'un chef;
et, par ce mot, il ne faut entendre ni un stratège
éminent, ni un tacticien émérite, mais simplement un général sachant frapper dès que ses
forces sont réunies, un soldat vigoureux, loyal et
pénétré de ses obligations envers ses troupes et
la patrie. Pour le malheur de la France, la fata-
lité a voulu que l'armée tombât aux mains d'une
sorte d'aventurier égoïste, incapable et apa-
thique, préoccupé de menées ténébreuses qui
l'amèneront bientôt à de coupables négociations,
et justement condamné trois ans plus tard pour
n'avoir pas fait « tout ce que lui prescrivaient le
devoir et l'honneur ».

Dans les opérations autour de Metz, Bazaine a
été le meilleur artisan des victoires de Moltke,
et cette conclusion, si elle ravive de douloureux
souvenirs, offre aussi pour l'avenir de légitimes
espoirs.

Français
Allemands

Echelle

TABLE DES MATIÈRES

QUATRIÈME PARTIE

REZONVILLE

CHAPITRE IX

LES CHARGES DE VILLE-SUR-YRON

CHAPITRE X

LA BATAILLE JUSQU'À LA NUIT

CINQUIÈME PARTIE

SAINT-PRIVAT

CHAPITRE PREMIER

LES POSITIONS DE L'ARMÉE FRANÇAISE

Description d'ensemble. — Saint-Privat et Roncourt. — Emplacements généraux des grandes unités. — Valeur

CHAPITRE V

LE MOUVEMENT TOURNANT DES SAXONS

CHAPITRE VI

ENGAGEMENT DES 2e ET 3e CORPS

CHAPITRE X

LE 4ᵉ CORPS ET LA GARDE IMPÉRIALE

CHAPITRE XI

RETRAITE DES 6ᵉ ET 4ᵉ CORPS

PARIS. — TYP. PLON-NOURRIT ET Cⁱᵉ, 8, RUE GARANCIÈRE. 14461.

www.ingramcontent.com/pod-product-compliance
Lightning Source LLC
Chambersburg PA
CBHW072011270326
41928CB00009B/1618